世纪的面影

我所采访过的文化名人

葛昆元——著

上海大学出版社
·上海·

图书在版编目（CIP）数据

世纪的面影：我所采访过的文化名人 / 葛昆元著.
上海：上海大学出版社，2025.6. -- ISBN 978-7-5671-5243-4

Ⅰ. K825.4

中国国家版本馆CIP数据核字第2025BP3541号

责任编辑　陈　强
封面设计　缪炎栩
技术编辑　金　鑫　钱宇坤

世纪的面影：我所采访过的文化名人
葛昆元　著

上海大学出版社出版发行
（上海市上大路99号　邮政编码200444）
（http://www.shupress.cn　发行热线021-66135112）
出版人　余洋

上海三联读者服务合作公司排版
上海华业装潢印刷厂有限公司印刷　各地新华书店经销
开本　710mm×1000mm　1/16　印张19.5　字数255千
2025年6月第1版　2025年6月第1次印刷
ISBN 978-7-5671-5243-4/K·303　定价65.00元

版权所有　侵权必究
如发现本书有印装质量问题请与印刷厂质量科联系
联系电话：021-39978673

冰心老人（右）与作者合影

夏衍先生（右）与作者合影

艾青先生(左)与作者合影

萧乾先生(右)和作者合影

陈从周先生（左）与作者合影

施蛰存先生（右）与作者合影

胡道静先生(右)与作者合影

赵萝蕤教授(右)与作者合影

作者和李丽芳（右一）、李慧芳（右二）一起合影

严文井先生（右）
与作者合影

姚明与作者合影

自　序
仁者莫大于爱人

　　《世纪的面影》发稿前，责任编辑请我写篇序言。乍一听，觉得有些为难。不知道应该怎样写？我担心，弄不好，很可能变成自我吹嘘。责任编辑对我说："可以对编辑工作生涯做个回顾，也可以谈谈采访文化名人时的酸甜苦辣。"

　　这句话启发了我。于是，思考了两天后，我便下笔写了起来。

　　我喜欢做编辑，是源于我小时候的一个梦想。记得1963年，我11岁。一位家乡的表叔陪妻子来上海治病，借住我家约一年。他有个好习惯，每天傍晚从医院回来，都会在徐家汇报刊门市部，花三分钱买一份《新民晚报》带回家看。尽管当时《新民晚报》只有四个版面，但内容却不少，除了国内外新闻外，大多是老百姓喜闻乐见的短文章。一家人都喜欢看，虽然那时我还是个小学生，但我也会坐着看半天，看不懂的，就问大人。看久了，就很钦佩那些写文章的人，同时更佩服那些每天编报纸的人，幻想着自己将来长大了也能做一个"编报纸的人"。

　　后来长大了，我如愿做了报刊编辑，才知道它是一件"为他人作嫁衣"的工作。我觉得非常快乐！更令我高兴的是，在组稿和采访中，我见到了仰慕已久的冰心、夏衍、艾青、苏步青、施蛰存、萧乾、胡道静、赵萝蕤、陈从周、贾植芳、赵超构、丁景唐等近百位文学大家和著名学者。他们或回溯往事，怀念故人；或笑谈古今，臧否人物。

然而，最令我感动的却是，有时，我会幸运地得到一些文化大家的悉心教诲，精心指导，这使我受益匪浅，终身难忘！

比如，施蛰存先生。

1985年秋天，我经应国靖先生介绍去拜访施蛰存先生。当时，施老虽然已经是八旬老人，但他精神矍铄，反应机敏。

施老一生的文学创作和学术研究成果颇丰。他形象地概括了自己一生的四扇"窗子"：第一扇是文学创作，第二扇是翻译外国文学作品，另外两扇则是中国古典文学研究和碑版文物研究。

施老的父亲是晚清时期杭州的一位秀才，家学渊源。敬佩之余，我就顺口问道："施老，您一生能取得如此多的文学与学术成果，成为一代大家，这恐怕与您出身在书香门第有关吧？"

我以为，施老会按照我提的问题，谈起他的父亲，谈起他家的祖训家教……孰料，施老却非常严肃地对我说："在你写我的文章中，千万不要写我出身在书香门第！"

"为什么？"我不解地问。

这时，施老提高了嗓门说："读书人就是香的吗？劳动人民就是臭的吗？"他停顿了一下，用坚定的口吻说："其实呀，历史上坏事做得最多最绝的大都是读书人。比如，宋朝的奸臣蔡京、秦桧，抗战时期的汪精卫、陈公博以及'文革'中的张春桥、姚文元等不也是读书人吗？"

我一听，不觉心头一震！是呀，施老的话真是一语中的，尖锐深刻。

"其实呀"，施老感慨地说，"在我们这些知识分子当中，认为读书人香，体力劳动者臭的，不在少数。"

"哦，怎么讲？"

这时，施老叹了口气说："就在十年前，有一天，我和十几个教师在校园里扫地。忽然，监管人要我们到校门口去扫地。我转身就走向校门，走了几步，回头却发现有几位教师没有移步。我问为什么，有人却支支吾吾地说，到校门口扫地怕碰见熟人难为情。当时，我就严肃地批评他，看来你还是看不起劳动人民，看不起扫马路的清洁工人。自认为教师比清洁工人高一等。这种想法是错误的，应该深刻批判！你们不是追求人人平等吗？我看你们首先要和清洁工人保持平等，做到每天扫马路不怕难为情。"

施老说完，我立刻赞叹道："施老，你讲得太好了！太切中要害了！"

施老笑道："其实，这个道理很简单，一点也不深奥。但要化为自觉的行动，恐怕也不太容易。不过，那天大家还是一起到校门口扫了地。"说完，他笑了。

那天采访结束后，我对施老说："我回去将专访写好后，送来请您审阅，帮我把把关。"

不料，施老立刻回绝说："不要送来。你送来我也不看。因为这是你通过采访后，写出的对我的看法。如果我看了，势必会修改。这篇文章就不全是你的看法了。"停了一下，他又说，"我的原则是你写你的，我是出门不认账！"

"如果有的地方写错了，怎么办？"我问。

"那就到将来你编集子的辰光再修订。"

施老的回答，又令我心里一震。我觉得，这既是一位文化前辈对年轻作者的尊重与信任，同时也展现出施老豁达开朗的性格。

再比如陈从周先生。

陈从周先生的古建筑园林学研究名扬中外，文章写得精美典雅，读来就是一种享受。我想向他请教，怎么样才能写好文章？

有一次，采访快结束时，我问陈老："每次读您的书或是您发表在报刊上的文章，总感到很美！文字典雅，意境深远，形象生动，说理透彻。恍若在读明人小品。我想学习您的文章写法，无奈我怎么也学不会，希望您指点一下。"

陈老听了，立即轻松地笑道："你要想写好文章，就一定不要去读什么语法修辞之类的书。那些书你读得越多，文章就越写不好。"

"为什么？"我不解地问。

"因为这些书看多了，条条框框就多了，写出来的文章就死板了。"陈老回答。

我急着请教："那么应该读些什么书才能写出好文章呢？"

陈老笑道："其实很简单，你只要熟读《古文观止》，并能熟练地背出二十篇名作，你就能写出好文章了。"

"哦！"我似乎有点明白了。

之后，我按陈老的指点，读古文，背名篇，多练习，时间长了好像多少有了点长进，但我天生愚钝，时常偷懒，离陈老的要求还差得远呢！

虽然如此，陈老的指点却成了我当编辑时，判别来稿优劣的重要标准之一，也成为我写作的努力方向。

第三位，我想说说萧乾先生。

萧乾先生远在北京，我在上海，我和萧老相隔千里之遥，相识不易，但萧老还是给了我很多帮助。

1984年，我调入《书讯报》当编辑，分管书评工作。但是，我对书评一无所知，无从下手。茫然之际，我看到一套刚出版的《萧乾选集》（四卷本，四川人民出版社出版），就随手翻阅起来。哎，我不经意间，竟然在第四卷中读到了萧老写的《书评研究》。他对书评的定义、方法以及书评家的素质要求讲得非常清楚。这真令我眼界大开，深受启发。

激动之余，我立即写了一篇读后感，发表在1985年5月25日的《书讯报》上，与当时在振兴中华读书活动中涌现出来的业余书评作者们分享。

同时，我给萧老写了封信，并附上这期《书讯报》，想寄给他，听听他对我这篇"读后感"的意见，并请他对我的书评编辑工作进行指导。可是，在写信封时，我呆住了，因为我不知道萧乾先生的住址。往哪儿寄呢？我想了一下，觉得萧老既是一位著名新闻记者，又是一位著名作家。如果我将信寄到中国作家协会，请作家协会的同志转给萧乾先生，这是个可靠的途径。

果然，十多天后，我就收到了萧乾先生的回信。他在信中，首先感谢我对他的《书评研究》的评论。他不无感慨地写道，没想到几十年后会有人提到他的这本书。同时告诉我，他还有一些书评研究的文字，散落在《萧乾文集》的其他三卷里，建议我有空时也可以参考一下。这时我注意到，萧老已经在信笺的右下角，写下自己的姓名和日期后，又在左下角的空白处补写了一段文字。我注意一看，原来萧老告诉我，他在1936年和1937年在上海编辑《大公报》文艺副刊时，曾经编辑过"书评特刊"，专门邀请巴金、朱光潜、沈从文、李健吾等十几名著名作家、学者参加讨论。他希望我到上海藏书楼去查阅，或许对我搞好书评会有一些帮助。

这个补充太重要了，我非常感动！萧老和我原本不认识，仅凭我一封信，他就给与了我如此热情的指导。让我深感萧老真是一位古道热肠、乐于扶持后进的老前辈。

后来，我遵照萧老的指导，在藏书楼查阅到了当年《大公报》上的"书评特刊"。拍照复制之后，又在萧老的指导下，将这十多位著名作家、学者的书评论述，加上自己的一些学习体会，于1988年编写出版了一本《怎样写书评》（同济大学出版社出版），以供广大书评爱好者学习参考。

十多年里，萧老与我通信达三十余封，大多是对我书评工作的指导和鼓励。这期间，我曾经三次拜见萧老。每次，他和我谈得最多的还是书评。他还深情地说："书评是他一生追寻的梦。"

最后，我还想谈谈赵超构先生。

我和赵超构先生虽然只见过一面，但是却永生难忘！因为就是这仅有的一次会面，他老人家拒绝了我的采访和约稿。

也是在1985年，我在《书讯报》编发了一篇关于张恨水的小说《金粉世家》的书评文章。作者是张恨水研究专家袁进。文章引起不少读者的兴趣。由此，我想再组织一些文章讨论，以扩大影响。自然就想到了赵超构先生，因为赵老当年在《新民报》与张恨水是同事。

我想当然地以为，当年，赵超构先生的《延安一月》问世前，张恨水曾为之写过序言，可见二人关系不错，想必赵老也一定读过《金粉世家》。此番我请赵老谈对该书的一些看法，应该不会有问题的。另外，我还想请赵老写一篇"我的第一本书"的文章，准备刊于《书讯报》专栏里。

可是，令我意想不到的是，我的两个要求，都被赵老拒绝了！为什么？

赵老和蔼地告诉我，他没有读过张恨水的《金粉世家》，所以无法评论。我听了，不觉一愣。但我不死心。我提出请他写"我的第一本书"。可是，赵老说他的第一本书不值得写。我赶紧说，赵老您的《延安一月》可是名扬天下啊！孰料，赵老又告诉我，《延安一月》不是他的第一本书。

我听了，顿觉非常惭愧。我的准备工作做得太粗糙了，我连赵老写的第一本书都未弄清楚，就贸然来约稿，实在是太丢人了。

那天，辞别赵老后，我心想，由于我的莽撞，赵老再也不会和我有片言只语的联系了。

不料两天后，我却意外地收到了赵老写给我的一封信。我激动地抽出信一看，一股暖流涌入了心田。

赵老在台头称我为"葛昆元同志"，正文开始是"辱承枉驾，失迎为歉"。接下来,赵老再次恳切地告诉我:"恨水先生的《金粉世家》,我从未读过,无法发表评论。"他还谦虚地表示"至于第一本书,我实在谈不上",并指点我"这是应该请文坛上的作家来谈的"。最后,赵老坦言自己"事杂体虚,实在无法写这类稿子。务请曲谅是幸"。

读完信,我想了好久。这次我拜访赵老被拒,完全是我的错。首先是我没有预约,便贸然登门拜访,其次我也没有做好采访约稿的准备工作,被拒绝也是很正常的。可是,赵老在信中非但没有丝毫的责备,却还担心我是否会因此影响情绪,还专门写信来安慰我,再次说明他拒绝我的理由,并指导我如何约稿。

古人云:"仁者莫大于爱人。"赵老的这封信就是最生动的体现!他和施蛰存、陈从周、萧乾以及许多文化前辈一样,如同"老母鸡护小鸡"似的,细心地关心和爱护着每一个年轻人。这也就是我们常说的大师风范,先贤高德。

编辑出版《世纪的面影》这本集子,就是想把这些文化前辈们的嘉言懿行、高风亮节记在书中,流传下去,使其成为我们乃至我们的子孙后代读书、做事、做人的榜样!

这本书的顺利出版,首先要感谢上海大学出版社的大力支持,感谢设计、排版、校对、印刷等各部门同志们的辛勤劳动。当然,还要特别感谢责任编辑陈强先生为本书的出版所做的一切。

是为序。

葛昆元

2025 年 3 月 1 日

于上海一尺斋

目 录

他们喜欢上海	1
夏公爱上海	4
艾青与长诗《大上海》	7
我与萧乾先生的"书评缘"	10
萧乾的梦	28
探望曹禺	31
"虚心如竹为民仆"	
——访著名数学家苏步青	34
"负版"精神	
——访我国著名农业科技史专家胡道静	36
魂牵梦绕若许年	
——胡道静和《梦溪笔谈》	39
胡道静先生对我的"修志启蒙"	41
当年,我采访瞿独伊	44
淡如水　甜于蜜	
——记施蛰存与夫人陈慧华	55
施蛰存的豁达	60
雪夜煮酒无名斋	63
贾植芳的"特种幽默"	66
陈从周教我写文章	68

I

"理以文出，文以理深"
——访古建筑学家、园林文学艺术家陈从周 70
"花影移墙，峰峦当窗"
——著名园林建筑专家陈从周谈文艺 73
赵超构的"婉拒" 76
巫山风雨夜潇潇
——同济大学土木工程学教授俞调梅谈作诗 79
谈华师大往事，谈爱孙施一公
——施平忆今昔 82
姚以恩情系犹太文学大师五十年 87
"抓错高手"姚以恩 97
孤儿·战士·学者丁景唐 99
汤志钧："出书要晚" 110
雷兴山："只有历史与文明，没有金钱" 112
专注
——杨鸿勋印象 115
沈寂：我参与创作的几部电影 118
沈寂忆述中的胡蝶 127
沈寂：新中国建立之初我在香港遇见的大亨和明星 131
沈寂："我只是个爱国者" 147
沈寂的眼睛 149
沈寂三哭 152
为艺术不要命的阮玲玉 154
张权：最美丽的人生 159
民国"助产士"赵凤昌
——杨小佛访谈录 162
杨杏佛赵志道婚姻曲终人散 170

徐志摩的一封绝笔信	181
与百岁老人杨小佛聊天	183
杨小佛留下的那句话	185
文化老人度夏	187
严文井三到上海	190
遥忆赵萝蕤先生	193
最重真情舒绣文	196
利群俗子心	
——访著名作家秦瘦鸥	199
秦瘦鸥的谦虚	202
百龄画家玄采薇	204
请李丽芳、姚周兄弟在文庙演出	211
菊满花城访秦牧	214
雪落黔灵访叶辛	217
叶辛，一篇书评一段佳话	219
蒋丽萍，一封旧书信的回忆	223
王观泉谈《共产党宣言》中的那句著名口号	228
上虞访书	231
"文化大使"戈保权	234
"行脚诗人"朱夏	237
诗心流霞	
——访《流霞集》作者姚昆田	240
"走厂人"的足迹	
——访著名彝族作家李乔	242
浆果飘香	
——记张草纫与叶甫图申科的一次会见	244
姚明父母捐赠纪事	246

姚明父母"因材施教"	249
姚明谈差距	251
姚明谈球赛	253
繁华中的高雅	256
散步偶遇	258
美好的邂逅	260
萧丁的严谨	262
鲁秀珍：做嫁衣的人	264
艰难的辉煌	
——记中国科学院院士杨雄里	267
杨雄里，那一份潇洒	275
叶圣陶关心上海蔬菜供应	278
听夏弘宁谈上海蔬菜供应	280
吴云溥：人生能吃几只蟹	283
吴云溥忆述的一件往事	288
忘不了，老王那双深情的眼睛	291

他们喜欢上海

1993年5月,北京杨花飞舞,一片春色。我去采访著名翻译家、北京大学赵萝蕤教授。

年逾80岁的赵先生用普通话向我讲述了她如何花费整整12年,翻译完成了美国诗人惠特曼的《草叶集》。随后,我问她:"您老去过上海吗?"赵先生听了,立刻笑起来,突然改用上海话说:"去过。上海老闹猛的。我老欢喜上海的。但是我最喜欢的是城隍庙南翔小笼包,太好吃了。"她停顿一下,又说,"一口咬下去,那一包汤汁,实在是太鲜了!"说完还啧啧两声,一副陶醉的样子。

我笑道:"赵老,何时再到上海来,我请您再到城隍庙南翔小笼包店吃个够。"她连声说:"好啊,好啊!"

人们对一座城市的喜欢,常常因为一种食品或一幢房子,也可能是那里的几个老朋友,或者是有过一段难忘的经历……赵萝蕤先生就因为小笼包,喜欢上了上海。

那么,因为有几位老朋友而喜欢上海的人就更多了,比如冰心老人。

那是在前一年的5月。一天上午,年届92岁的冰心老人看到我带给她的《上海滩》杂志,很自然地和我说起了上海。她告诉我,她出生刚七个月,父母就带她到了上海,一直到四岁才随父母去了烟台。

我问她:"喜欢上海吗?"她说:"喜欢,但也有不喜欢的地方。"我有点愕然,屏住气听老人说。冰心老人严肃地说:"当年,我最恨上海马路上的'红头阿三',他们经常在马路上谩骂殴打中国老百姓。""是呀,着实可恨!"我附和道。"但是,上海也有我喜欢的事情。"冰心老人说。

我问:"哪些事?"

冰心老人告诉我:"上海很早就是一座开放城市,汇集了各种人才。进步文学创作活动非常活跃!1946年,我到上海,会见了巴金等老朋友。后来在1980年,我从日本访问回国路过上海时,曾在上海逗留了几天,再次见到了巴金等许多老朋友。"说到这里,她有点遗憾地说:"又是十几年过去了,真想再去上海,与上海的老朋友们再聚聚,但医生不允许。好在上海的老朋友常给我来信。昨天又收到了巴金的信,很高兴。"

我说:"这么多老朋友给您来信,那么您对上海的发展一定很了解吧。"

"是呀。"冰心老人高兴地说,"我不仅看上海老朋友来信,而且还从报纸上看到浦东已经开发开放,还造了大桥,开了公路,很高兴。我希望浦东能建成一座新的上海城。"

我为冰心老人对上海的深厚感情而感动。此刻,我看采访时间已到,便想起身告辞。不料,冰心老人又问我:"如今上海市领导中有无女同志?"我立刻如实回答:"有!"并说出那位女副市长的姓名。冰心老人听后开心地说:"好!多些女同志好!"

相比冰心,外交部原副部长韩念龙喜欢上海,则是因为他在上海崇明岛一段气壮山河的抗战经历。

那天,韩老与我一谈起上海,就十分感慨地说:"上海崇明岛上的老百姓爱国、豪爽、侠义、不怕牺牲。"我有点疑惑,韩念龙是贵州人,怎么会对崇明老百姓这么了解呢?

韩老告诉我，1939年，他在上海做地下工作。那年秋天，上级领导刘长胜派他到崇明与茅珵、陈国权同志一起领导崇明抗日民众自卫总队，担任政训处副主任，主管部队的思想政治工作。不久，他们指挥部队沉重打击了日伪的嚣张气焰，但也遭到敌人的疯狂反扑。在日军调集重兵大扫荡之前，部队奉命撤出崇明，跳出了敌人的包围圈。可是，当时韩念龙病重不便转移，只能留在岛上隐藏起来，由地下党组织和可靠的群众掩护照顾。敌人清剿落空后，便对崇明老百姓进行威逼利诱：交出抗日游击队员有赏，否则就杀头。可是，竟没有一人屈从。于是，日军就对岛上抗日群众进行残害，制造了惨绝人寰的竖河镇大烧杀。

说到这里，韩老有点激动，停了一会儿说："我是在崇明老百姓的掩护下，才得以养好病安全撤退到苏北根据地的。"

"后来，您与崇明的老百姓有联系吗？"我好奇地问。

"有哇！"韩老高兴地说，"去年冬天，我当年的房东苏雅英同志还在其女儿、女婿陪同下，特地从上海崇明岛来北京看望我和老伴，我十分激动。"

"这份深情厚谊真使人感动！"我说。"是呀。"韩老继续说，"苏雅英当年还是个年轻姑娘，有文化，家境不错，住房宽敞，我们游击队常在她家休息和隐藏。其实，她家没有一个是党员，但却十分可靠，不怕汉奸告密，不怕鬼子屠杀。十分了不起！几十年来，她一直与我们保持通信联系。"

韩老的深情讲述使我明白了，他喜欢上海，是源于与上海崇明人民在抗日烽火中，结下的生死情义。

（原载《新民晚报》2023年10月1日）

夏公爱上海

夏公（即夏衍）爱上海。过去我是通过他的作品、他的革命经历而依稀感觉到的。而切身感受到他老人家对上海的那份深情，还是源于20世纪90年代初的一次采访。

采访夏公，是我好多年的愿望。20世纪五六十年代，我还是一个孩子时，就读了他的《包身工》，读了他译的高尔基的《母亲》，看了他改编的电影《林家铺子》，崇敬之际，就梦想哪天能见到他就好了。80年代末，我在《上海滩》杂志当了记者后，就常常在寻觅赴京采访夏公、实现多年心愿的机会。

90年代初，我终于有了赴京采访文化名人的机会，心想，这次一定要采访到夏公。可是就在离沪前，听朋友说，这两年夏公因年事已高，不再接受记者采访。我听了，心中不禁一沉。

那天，我一到北京，就先给夏公家挂电话，提出采访夏

夏衍先生回忆上海的往事

公的请求。接电话的是夏公的女儿。她和气地告诉我，父亲因年事已高，不接受记者采访。但因为您是远道而来的上海记者，我可以帮您征求一下父亲的意见，请您明天傍晚再打电话来问一下。放下电话，我心里不由得打起了鼓：难道我真的无缘采访夏公吗？第二天，好不容易挨到傍晚，我忐忑不安地又拨通了夏公家的电话。夏公的女儿高兴地说：父亲听说您是上海来的记者，很高兴接受您的采访。不过，时间只有半小时。我听了，开心得差点跳起来。开心过后，我转而一想，夏公之所以破例赐见，并非是因为我这个素不相识的小记者，而分明是因为他对上海怀有深厚的感情，我是沾了上海的光了。

那天上午，我准时来到夏公府上。果然刚一落座，夏公就以他那特有的杭州官话，同我谈起了上海。他说："上海开放最早，接触国外最早，许多革命运动都发生在上海……"说到这里，夏公弯腰伸手抱起脚边的一只小猫，笑着说："这只小猫见我只同您说话，不理它，不高兴了，老是用前爪撩搔我的手背，现在抱着它就好了。"说完，夏公又笑了笑。接着，他一边用手轻轻抚摸着小猫，一边继续说道："我们现在搞社会主义市场经济，上海出现了证券交易所、经纪人，这些现象在旧上海就有，但好多北方人就搞不懂什么是经纪人。所以，我们现在搞市场经济，不仅有体制问题，而且还有人的思想和生活习惯问题。上海应当多实践，多总结些经验。"

我告诉夏公，许多读者喜欢读他的《懒寻旧梦录》，有专家说这是一部"跨世纪的书"。夏公谦逊地笑笑，平静地说："我是一个平凡的人，但所处的时代却很不平凡。我1900年出世，那年八国联军打进北京，以后爆发过两次世界大战。我经历了'五四'、抗战、解放战争。上海沦陷时，我在上海。广州沦陷时，我在广州。辗转跑到桂林，国民党特务又抓我。香港沦陷时，我又正巧在香港。"

我不禁感慨地插言道："夏公，您老这一生真是风云多变、历尽坎坷。"夏公点点头道："是呀，'五四'时我是个中学生，第二年毕业后东渡日本留学。1926年我回国到上海，从事'左联'工作，一直待到1937年抗战爆发。其间，我写了《包身工》等作品，反映上海童工奴隶般的生活。结识了巴金、柯灵、于伶等许多上海朋友。"

我问夏公："目前正在写什么文章？"夏公答道："我正在写《懒寻旧梦录》续篇。从建国后写起，已写到1955年了，都是我在上海的事情。建国初，我在上海市委宣传部工作，后来调到华东局宣传部，1955年调到北京……"夏公说起上海，真是如数家珍，情深意长。

很快，半小时过去了。当我起身告辞时，夏公嘱咐我回到上海后，转达他对巴金、柯灵、于伶等上海朋友们的问候，希望他们保重身体。

遗憾的是，两年后夏公便驾鹤西去。虽然，再也听不到夏公的谈笑声了，但他对上海的那份浓浓情意，却永远镌刻在我的心间。

（原载《新民晚报》2006年9月5日）

艾青与长诗《大上海》

年前,上海气温骤降,寒风凛冽。我躲在家中,围炉煮茶,翻阅旧书。不经意间抽出一本1957年出版的《艾青诗选》,重读了一遍《大堰河——我的保姆》《我爱这土地》等诗篇。想起1992年春天拜访诗人艾青的一段往事。

那天上午,我兴冲冲地走进艾青家里,首先见到的是艾青夫人高英。我说明来意后,双手送上刚出版的《上海滩》杂志,她就带我走进艾青的书房,见到年已82岁的艾青。他微笑着伸出手来,一边和我握手,一边说:"欢迎你来我家。"高英也高兴地请我在写字桌的一边坐下,并将《上海滩》杂志放在艾青面前。

艾青低头一看,乐呵呵地说:"这个名字好呵。读者喜欢,我也喜欢。"停顿一下后,他继续说:"刊物取名,就要这样取。"接着,他对印在封面上有关陆小曼等文章题目很感兴趣,还看着印在封面上的白杨照片笑着说:"呵,白杨,已经有点认不出了。"我插话道:"艾老,你对上海很熟悉啊。"艾青点头道:"是的。我30年代在上海,参加了左联,写了不少诗。还被捕入狱。永远难忘!"

我趁机请他和高英写一些有关上海的文章。高英快人快语,马上告诉我,艾老早在1957年,就曾写过一部名为《大上海》的长诗。我一下来了兴趣,马上请高英说下去。

原来,早在1956年,艾青在报刊上陆续发表了如《启明星》《景

著名诗人艾青回忆上海往事

山怀古》等歌颂新社会的短诗。诗人郭小川读后，犹嫌不足，就向艾青建议："我觉得您可以写一部大作品。我看您可去上海写一部有关大上海的作品。"

艾青觉得郭小川言之有理。上海自鸦片战争以来一百多年的历史，正是中国人民受帝国主义侵略、掠夺的缩影，写出上海的沧桑巨变极有意义。况且，20世纪30年代，他曾经在上海生活过、战斗过。上海也是他熟悉和"爱得深沉"的一块土地。于是，他与高英在1957年3月就来到了上海。

高英告诉我，他们来到上海后，前两个多月，几乎每天都泡在四马路（今福州路）旧书店里，购买大量参考书。每天都抱着一大摞书回到住处。晚上，艾青就迫不及待地阅读、做笔记。

作家周而复时任上海市委统战部副部长，工作繁忙，但他还是挤出时间，陪着他们逛了上海的各个角落，加深了艾青对上海的认识。

巴金更是给了他们多方面的照顾。高英感动地说："巴金不仅热情地请我们吃饭，介绍上海的风土人情、生活习俗，而且，他见到我怀孕快要生孩子了，便建议我在上海生，还让他爱人萧珊帮助做些准备。上海的朋友真是太好了！"

是年5月底，艾青和高英回到北京后，艾青就开始创作长诗《大上海》。

很快，他就写完了作品中的《哈同》和《沙逊》，两篇共计一万两千多行。他请徐迟先看，并提意见。徐迟读后，拍案叫绝，高兴地对艾青说："写得太棒了，比你的《大堰河——我的保姆》要好！"

可惜，正当艾青埋头创作之际，风云变幻，艾青一家迁到了新疆。但艾青依然坚持创作《大上海》。日积月累，稿子已有厚厚的一叠，足有半尺高。

我问艾老，为什么这么执着地创作《大上海》？

艾老说："我非常喜欢上海，喜欢上海的朋友们！"

这使我想起了艾老的著名诗句：

为什么我的眼里常含泪水？
因为我对这土地爱得深沉……

尽管后来他的《大上海》诗稿被抄走，再也没能要回来，但是，艾青长诗《大上海》的创作，已然在上海留下了一段深深的记忆！

（原载《新民晚报》2024年3月13日）

我与萧乾先生的"书评缘"

几十年做报刊编辑，免不了与作者通信。其中有约稿，有请教，也有讨论……多年下来，我便积累了不少文化名人的来信。退休之后，翻阅这些珍贵的名人来信便成了我一大乐事。有一天，我竟然边看边整理出萧乾先生的来信达30封之多！

萧乾先生是一位文化大家，曾任中国作家协会顾问、中央文史研究馆馆长。他不仅是一位著名作家和翻译家，更是一位了不起的战地记者！二战期间，他从欧洲发回国内的大量战地通讯和特写，鼓舞了我国人民坚持抗日斗争的士气。他的名字也随着他的这些战地通讯而名闻遐迩。

我，一个普通的青年编辑怎么会与大名鼎鼎的萧乾先生认识的呢？他又怎么会给我写了这么多信呢？

这要从我在1985年担任《书讯报》的书评编辑说起。

萧乾收到了我通过中国作协转交的信

那年，我刚调到《书讯报》当书评编辑时，对书评一窍不通。就在我一筹莫展之际，我偶然在四川人民出版社出版的《萧乾选集》（1984年6月出版）里，读到了萧乾先生早年写的《书评研究》，真是喜出望外！他对书评的定义、方法，尤其是对书评家的人品和文化素养等作了系统和精到的论述,对我来说真似醍醐灌顶,仿佛对书评一下子明白了不少。

我反复阅读后,结合当时蓬勃开展的振兴中华读书活动和自己的书评工作实践,斗胆写了一篇读后感,刊登在1985年5月25日的《书讯报》上。我在文章一开始,就根据萧乾当年提出的为了褒扬推广优秀作品,贬斥杜绝低劣读物所提出的"我们每需要两个批评学者,六个批评家,就需要五十个书评家"的论述写道:"处于知识爆炸的今天,我们就需要五百、五千、五万乃至更多的书评家。"然后,又根据萧乾的《书评研究》的启示,指出"书评既然是一门独立的学科,那就需要书评家既有批评家的眼力,又要有作家的某些素质,还需要较广博的知识","还必须具有鲜明的观点、公正的品格",等等。

那天,我看着《书讯报》上的这篇拙作,忽然想到,如果将这张《书讯报》寄奉给萧乾先生,请他指正拙作中的不当之处,并向他请教在振兴中华读书活动中如何办好书评版面、做好书评工作、当好书评编辑,不是很有意义吗?

可是,当我写好信后,突然担心萧乾先生和我素不相识,他的工作一定很忙,哪有时间看一个陌生人的信和文章呢?即使看了,也不大可能会给一个远在千里之外的上海的青年编辑作指导。怎么办呢?

犹豫之际,我下意识地翻看《萧乾选集》里的照片。当我看到《萧乾选集》第四卷放在正文前的那张照片时,我心里有把握了,踏实了。因为我看到了一张充满慈爱、笑容可掬的脸庞,使我感到十分亲切。他的那双深邃而智慧的眼睛,则仿佛在告诉我:"年轻人,胆子大一点,我喜欢和年轻人讨论问题!"

想到这里,我就将信和那张《书讯报》折好放入信封里。可是,问题又来了:我不知道往哪里寄!我只从《萧乾选集》中了解到,萧乾先生住在北京,但不知道他的具体住址。怎么办呢?我左思右想,突然灵光一闪:哎,萧乾是一位著名作家,肯定与中国作家协会有联系，我何不请中国作协的同志帮忙将我的报纸和信转给萧乾先生呢？

于是，我立刻不揣冒昧地在信封上写了"北京　中国作家协会转萧乾先生　收"，并在信封下端详细写了我的寄信地址和我的姓名。最后，再给中国作协写了一封信，请他们务必帮忙将信转交给萧乾先生。

果然不出我所料，中国作协的同志收到我的信后，很快就转给了萧乾先生。萧乾看了我的信和那篇稚嫩的读后感后，于百忙之中很快就给我写了回信，时间是1985年6月7日。距我寄出信件的时间仅12天。可见萧老对我这个素不相识的陌生求教者，是如何的重视！令我感到十分鼓舞！

萧乾教我查找三十年代《大公报》"书评特刊"

萧乾在来信台头称我为"昆元同志"，使我感到有一种亲切感。接下来，他写道："谢谢你们在《书讯报》上两次介绍我早年的习作，尤其《书评研究》。那是早已被遗忘了的。"非常谦虚，但又有一点遗憾！因为"我至今仍认为书评对于文化事业是十分必要的"，接下来他"希望你们这刊物用实际行动来提倡"。

萧乾先生真是文章高手！给我这样一个陌生人的第一封信，竟没有过多的客套，仅用了寥寥数十语，就说出了他一生对书评的追求、遗憾和希望。真是热情似火！我觉得，我和他一下子拉近了距离，就像久违的两个老朋友。

接下去，他在信中写下了他家的住址，希望我与他多联系。就在他于信末写上自己的名字和日期后，却又在信笺的下面空白处补上了一段非常重要的话。他告诉我："1936年下半年至1937年八一三之间，我曾在当时上海《大公报》上编过四五个'书评讨论特辑'，请许多方面的作家、出版家讨论。"希望我"找出复制一下，甚至重印",并希望"如复制祈送我一份。我可写回忆录"。

这段短短的补充文字,使我非常兴奋。我明白,这是萧乾先生用他当年的书评实践在指导我。我立即写了回信,表示我会尽快到上海藏书楼去查阅当年的《大公报》,并复制两套。一套寄给他,一套我留下学习。

一种想了解文化前辈们有关书评的思想和观点的愿望,强烈地吸引着我。于是,我在忙完几期稿子和读书活动之后,就走进了位于徐家汇的上海藏书楼。

记得那已是9月里的一天上午,我来得早,藏书楼里读者还比较少。我走到借阅处,一位四十岁左右的女管理员热情地接待了我。她根据我的要求,很快就捧着一大摞《大公报》合订本交给我。我找了一个靠窗的位置坐下,报纸放在桌子上,便专心地翻阅起来。

可是,当我一口气查阅了几个月的"文艺副刊",竟没有发现一个"书评特刊"!我心里不禁有点着急。不过,我转而一想,萧乾先生的记忆决不会错!人们往往对自己年轻时的记忆是很牢固的。

于是,我继续查阅。果然,很快在1936年4月1日《大公报》"文艺副刊"上,发现了"书评特刊"。我立刻仔细阅读起来。这期"书评特刊"除了发表几篇书评文章之外,还刊登了巴金先生的一篇题为《片断的纪录》的文章。

巴金在这篇文章里,对一些批评家提出了批评。他写道:"有时批评家的文章也会使我发笑的。譬如最近一位'尊'(我不用'贬'字)为'变质的作家'的批评家读到我的《神、鬼、人》,说我的'作风有了一个显明的转向灯,也许是多读了旧俄的作品。'其实我近两年来就没有读过旧俄的小说。我写《神、鬼、人》很受日本小说的影响。这是一眼可以看出来的。然而,我们的批评家却别具慧心了。"很显然,巴金在这篇文章中是尖锐批评了某些所谓的"批评家"不认真阅读作品,不认真分析作家的创作思想和艺术手法,就闭着眼睛胡说一气的作派。

我想，巴金批评的这种现象，在我们当前开展的群众性的书评活动中，也会以不同形式出现。这是我们要注意防范的。所以，我更加坚信，萧乾先生要我来查阅这些"书评特刊"是很有必要的。

紧接着，我又在1936年8月2日的《大公报》上，读到了朱光潜先生写的《谈书评》的文章。

他厌恶和反对那些"攻击唾骂"式的批评。他认为："一个作品的最有意义的批评往往不是一篇说是说非的论文，而是题材相仿佛的另一个作品。如果你不满意一部书或是一篇文章，且别费气力去咒骂它，自己去写一部比它们好的作品出来，至少，指点出了一部比它较好的作品出来！"他还说："与其消耗精力去攻击一千部坏书，不如多介绍一部好书，没有看到过小山的人固然不知道大山的伟大，但是你如果引人看过喜马拉雅山，他就不会再相信泰山是天下最高峰。……把好书指点出来，读者自然能见出坏书的坏。"

朱光潜先生的论述，也给了我很大的启发。是呀！我们在振兴中华读书活动中开展的书评活动的重心，的确应该是向广大工人和市民群众多推荐一些优秀的图书，引导大家去多读优秀的作品和激昂向上的图书。尤其是我们正处在图书出版数量和品种激增的年代，更应如此。

我越看越兴奋，一口气看完了1936年《大公报》后，正想请那位女管理员帮我换1937年的《大公报》时，她却轻轻地提醒我说："午饭时间了，吃了饭再来看吧。"

我抱歉地说："我带了两只馒头，想边吃边看。我辰光蛮紧的。"女管理员善意地对我说："不忙，你吃完饭后，休息一会儿。我一直在这儿，随时可以给你拿报纸。"接着，她又指着不远处桌子上的热水瓶告诉我："你吃馒头，要是口渴，那里有热水瓶，可以倒些开水喝。"

我说了声"谢谢"后，便去倒了开水，吃了馒头，无心休息，便回到原先的座位上，只见她已将我所需要的《大公报》都放在桌子上了。我朝她道了谢，随即埋头查阅起来。

很快，我读到了沈从文先生写的《我对书评的感想》；随后，又接连读到了刊登在1937年4月25日和5月9日"文艺副刊"上的两个专门讨论书评的特刊。上面集中发表了叶圣陶、巴金、朱光潜、沈从文、张天翼、李健吾、刘西渭、艾芜、杨刚、张振亚等十位著名作家和学者有关书评的议论文章。这些文章既有观点相近、相互呼应的，也有思想碰撞、溅出火星的……真是百家争鸣，高论迭出啊！我真的从心底里佩服萧乾先生，他同样是个副刊编辑，怎么就能吸引来这么多的著名作家和学者，为他出的题目做文章，亮观点，各抒己见，不惜争得面红耳赤？可以想见，当时的这场"书评讨论"吸引了多少文化人和读者的关注啊。

我想复印这些《大公报》上的"书评特刊"。可是，那位女管理员却不允许。

"为什么？"我急切地问。

她为难地告诉我："这些旧报纸不能复印，是因为年代久了，纸张变脆了。"

我想想也是，这些《大公报》距今已有近半个世纪了。纸张变脆是必然的，不能复印也在情理之中。

怎么办呢？我有点着急地问："这些资料对我很重要，还有什么其他办法吗？"

"有。"女管理员认真地回答，"一是手抄；二是用照相机翻拍。"

我马上说："那么，我就明天来翻拍吧。"

说完，我赶紧走出藏书楼。此时，已是下午四点多钟，我快步走到不远处的华山路衡山路口，这里有一家蛮有名的华山照相馆。不仅可以为客人拍照，还出租照相机和售卖胶卷。我向一位年长的营业员租了一架135型照相机，还买了四卷胶卷，说好第二天下午用好归还。

次日上午,我刚走进藏书楼阅览室,那位女管理员就微笑着说:"我这就给您去取《大公报》。"

不一会儿,她捧来了一大堆《大公报》,我立刻逐一翻拍起来。这位女管理员也在一旁主动地伸手帮忙。她一会儿帮我将报纸挪到光线明亮处,一会儿又帮我将报纸凸出的地方抚平,使我的翻拍十分顺利。

拍完后,我向她表示感谢,她却平淡地说:"不客气。这是阿拉应该做的。"

随后,我就到照相馆归还了照相机,并冲印两套资料照片。

几天后,我在照相馆取出了资料照片后,回家做了整理。于10月初,将一套资料照片挂号寄给了萧乾先生,还有一套留给自己学习用。

不久,也就是在1985年10月12日,萧乾先生就来信说:"昆元同志:非常感谢你寄来的《大公报》'书评'复制件。"他还非常感慨地说,"我同它们阔别已半个世纪。我当十分珍贵(惜),并且会好好使用。一定写一文报答你。"怎么报答呢?

萧乾先生继续写道:《我的第一本书》,题目出得好。我已列入十二月计划,能提前完成更好。"接着,他告诉我,"目前,我正在写两篇长文(回忆录性质),搁下不利于势头,请谅……"

嗬,我看了信,一下子对他肃然起敬。这一年,萧乾已经75周岁了,身体又不太好。可是,看得出,他是在争分夺秒,奋笔疾书,想在有限之年,做完他想做的事情!他要写回忆录,要翻译优秀的外国文学作品,要整理自己几十年来发表在各类报刊上的新闻特写和通讯,还要应各种报刊的约稿而见缝插针写稿"还债"。比如,他在信中说要写一篇《我的第一本书》的文章,就是我向他约的稿。这是《书讯报》的一个很有特色的栏目。另外,他还常常与我通信,了解上海开展书评活动的情况,并提出他的指导意见。

萧乾写信指导我如何搞好书评

萧乾先生在1985年8月的一封来信中告诉我,当年他除了编《大公报》"书评特刊"外,他自己"谈书评的也有一些"。比如,1935年商务印书馆出版的《书评研究》;还有在《萧乾选集》第一卷代序、第三卷第404页至443页、第四卷第70页都收有他有关书评的文章。又如,他在编天津和上海《大公报》"文艺副刊"时,以编者名义写过一些有关书评的文字。

他表示:"我十分支持你们对书评的重视。希望你们深入下去……"

他已经在这封信落款署名、写了日期,但他还意犹未尽,又添纸着笔写下了他的几点"小建议":

第一,关于你们办书评讲习班(在国内还是创举),似应在上海《文学报》及北京《文艺报》好好宣传一下。可以起提倡作用。

第二,建议你通过对书评深入研究,给诸如北京的《读书》杂志写篇有分量的文章。

第三,武汉有个类似《书讯报》的刊物,你们应取得联系。凡搞书评的都联系起来,就会壮大声势,互相推动。

后来在1987年4月4日的来信里,他又建议《中国文化报》负责"书与人"栏目的编辑韩金英同志与我取得联系,还要她向我请教。

这一系列建议都让我眼界大开,信心倍增。他老人家在百忙之中,不顾病魔缠身,利用他的一切社会联系、一切机会为上海的书评活动鼓与呼。

与这封信仅隔五天的4月9日,我又收到了萧乾先生的信。信一开始,他就写道:"昆元同志:非常非常高兴听到上海要建立书评协会,并创办大型书评杂志。"这是我在几天前刚写信告知他的一个好消息。所以,他一收到信,就抑制不住心中的喜悦,马上放下手中的事情，写了这封回信，还连用了两个"非常"，以表示他当时喜悦的心情。接下来他高兴地写道："现在，武汉抓报告文学，天津抓散文，湖南抓'走向世界'，上海肯来抓造福读书界的书评工作，再好没有了。因为书出得越多，读者越需要书评家来'响导'一下。"最后，他还对即将问世的《书评》杂志提了几点希望。

首先，"要坚定地站在读者一边，即掏腰包买书者的立场，尽可能对每本书做出尽可能客观公正的评介。坚决不接受变相的广告。评什么，话不必多，但见棱见角，而不模棱两可。不让读者看了莫衷一是。让他知道值不值得一读，值不值得去买"。接下来，他还对"书评文章"的格式、形式（专论、短评、专辑等），图书广告，以及建立一支书评队伍，逐渐形成一支职业书评家的队伍，提出了指导性的意见。

按照萧乾先生的意见，并在上海市振兴中华读书活动办公室的支持下，我更加有信心，更加有计划地开展书评工作。一时间，书评培训班、书评讲座遍地开花。一批优秀学者、出版社优秀编辑走上讲台，给广大振兴中华读书活动中的积极分子讲述"怎样选好书？""怎样读好书？""怎样写书评？"等。其间，我一边在《书讯报》上，挑选编发优秀的书评文章，一边也经常到一些工业局、一些工厂和街道去给读书小组或书评小组讲"怎样写书评"的课题。整个上海读书气氛十分浓厚，书评活动蓬勃发展。

是年10月底，我们编辑的大型《书评》杂志（16开、148页）问世。萧乾收到后十分高兴。他于当年11月19日的来信中说："第一期阵容很壮，栏目也不少。"这是表扬。但是，他是一位有话直说、胸怀坦荡的人。接下来，他就直言："一定要说点逆耳的意见。我认为它过于'高档'，是上海版的《读书》。"

接着，他又指点我们："也许它与你们的《书讯报》事先有分工。总之，书的消息（尤其是写作或排印中的）不多。我认为，两个刊物既有分工，又应有重叠。"最后，他鼓励我们："搞个刊物不容易，搞成这样尤不容易。刊物只能在办的过程中，建立并扩大队伍，丰富内容。"

萧乾先生的意见，引起我深思：怎么才能将书评深深扎根于广大读者之中呢？

萧乾先生不仅为我搞好书评工作，经常在来信中出谋划策、悉心指导，而且还在1986年2月21日的来信里写道："希望你有朝一日写一本有关书评的书。"

当时，在读书活动中的确有不少群众对书评缺乏了解，使得读书活动难以深入。萧乾先生的鼓励成了我很大的动力。我决心，尽快编写出一本谈书评的通俗读物，给广大书评爱好者作参考。

于是，我就在自己的书评讲座中，结合上海群众性的读书活动的实际，努力融入巴金、朱光潜、沈从文、艾芜、李健吾、萧乾等文学前辈有关书评的思想和观点，提出自己的一些粗浅的书评看法，由此渐渐地积累了一组书评讲稿，同时将巴金、叶圣陶等文学前辈们发表在《大公报》"书评特刊"上的十多篇书评文章集中起来编成了一本小册子，冠以《怎样写书评》的书名，由同济大学出版社于1988年5月出版。第一版就印了15000册。这本小册子甫一问世，立即受到广大书评爱好者的欢迎，上海市振兴中华读书活动办公室很快将这本书列为推荐书目，向全市乃至全国读者推荐。

萧乾收到我编著的《怎样写书评》后，于1988年6月12日来信说："我对你这本书很感兴趣。"这是对我最大的鼓励。我知道，没有萧乾先生的鼓励和指导，哪里会有我这第一本书的出版，我从心底里感激他老人家。

我有幸三次拜访萧乾

我和萧乾除了通信外，我还先后三次拜访了萧乾先生，使我获益良多。

第一次拜访是在1987年的夏天。

那年,我有幸被评为"全国振兴中华读书活动优秀辅导员",并应邀于是年8月到北京出席"全国振兴中华读书活动积极分子表彰大会"。

会议结束后,我带着新婚不久的妻子(当时妻子是教师正放暑假)去拜访萧乾先生和夫人文洁若。

那天下午两点多,我们在北京复兴门外,找到那幢大楼,而后登上三楼,叩开房门后,萧乾和文洁若高兴地欢迎我们进屋坐坐。

我们进门后,看到一间不大的客厅里,放有一张大桌子,上面堆满了各种书籍和报刊资料,周边椅子上和地板上也放了不少书籍报刊资料,可以活动的空间已不大,我们就坐在了靠门边的凳子上。

我介绍了妻子与二老认识后,文老师乐呵呵地为我们俩沏了两杯茶,送到我们面前的桌子上,并高兴地说:"很高兴你们来我家玩。"萧乾先生则笑眯眯地坐在桌子对面的椅子上看着我们俩,像我们家的一位慈祥的长者。

尽管是第一次见到萧乾先生和文老师,我却一点儿不陌生。我知道,萧乾先生之所以坐着未动,那是因为老人家身体不好。他曾经在1985年6月25日来信中告诉我:"最近,我从医院出来。我的左肾已切除,右肾功能又出问题。大夫嘱我暂时搁一下笔。原定的随政协去敦煌、新疆视察,也打了退堂鼓……"

我看着这间"杂乱"的客厅,好奇地问道:"萧老,您的书斋在哪里?"

"书斋?"萧老笑道,"我非文人骚客,谈不上书斋。我是最近几年才开始有了个不摆床的房间。现在用它除了工作,也会客,听音乐,吃早餐。"说到这里,他似乎满意地笑了。而后,他又幽默地说:"我这个房间一个特点,就是乱——乱得出奇,而又乱中有头绪。"说完,他开心地笑了。

一阵谈笑之后,我着重向他们二老讲述了全国振兴中华读书活动表彰大会的情况。他们很感兴趣地听着,不时地还问一些问题。我讲完后,萧乾先生肯定地说:"你们上海的读书活动就是搞得好!还搞了一支人数众多的书评队伍,还有《书讯报》的推波助澜,值得向全国推广。"说到这里,他停了一下后,鼓励我说:"你们《书讯报》大力倡导书评,还要出《书评》杂志,发表书评文章,推动群众性的书评活动,的确做得不错!"他喝了一口茶,略有所思地继续说,"不过,我希望群众性的书评活动能长久地开展下去,坚持下去,才会有深远的影响。"

我明白他的心愿,他从20世纪30年代就提倡书评,认定书评具有推动群众读书、提高人民文化素质的重要作用;同时也具有摒弃坏书、推荐好书、促进出版业发展的重要作用。于是,我认真地说:"萧老,您放心!我一定竭尽所能,办好书评版面,培训书评骨干。只是我能力有限,难有大的作为。"

萧乾听了,微笑着鼓励我:"我相信你们!"

说到这里,我觉得我们该离开了。因为打扰萧乾先生和文老师已经多时了。

萧乾先生似乎看出了我的内心,便笑着问道:"你们开了会,应该在北京玩几天,特别你爱人是第一次来北京,更应该到处看看玩玩。"我马上回答:"我们已商量好了。准备游故宫,逛颐和园,看圆明园,登长城等。"

"应该去,这些地方都应该去!"萧老笑道,"不过,我建议你们有时间啊,可以到万寿寺去看一下中国现代文学馆的筹建情况。"

我从报上早就知道这件事。筹建中国现代文学馆是巴金提议,得到冰心、阳翰笙、萧乾等众多著名作家支持的。我便立马说:"好啊!我们一定去看看。有可能的话,我可以写篇报道在我们《书讯报》上宣传一下。"

"那就更好了！"萧乾高兴地说，"你到了那里，可以找舒乙同志。他会给你们详细介绍情况的。我会打电话告诉他的。"说到这里，怕我不明白，他又补充道，"舒乙是那里的负责人，他是作家老舍的儿子。"

我一看时间只有下午三点半左右，决定马上就去。萧乾听后立即打电话给舒乙，舒乙表示欢迎。

大约是下午四点多，我们来到了万寿寺，找到了中国现代文学馆筹建处。

舒乙热情地接待了我们，介绍了筹建情况。他讲的最多、给我印象深刻的是巴金、冰心、萧乾等著名作家决定捐献出自己宝贵的藏书、著作和手稿给文学馆。所以，文学馆决定为他们开辟以他们的姓名命名的专门文库。

在舒乙的引导下，我们果然看到了"巴金文库""冰心文库""萧乾文库"，里面已经摆放着他们捐赠的图书和手稿。我感慨道："这真是一种无私的奉献啊！"

回上海后，我写了一篇散文叫《秋野的奉献》，热情赞扬了巴金等文学前辈的无私奉献精神。

第二次拜访萧乾先生是在上海。

那是在1990年6月下旬，萧乾先生已任中央文史研究馆馆长一年多。他专程到上海公干。公事之余，他不顾病体和劳累还抓紧时间与上海的老朋友们见面畅谈。当时，我虽然已调到《上海滩》杂志任编辑，但也应约于那天晚上七点多，跟随《上海滩》杂志副主编华将谟来到了衡山宾馆。

走进会客室，见到《解放日报》的"读书"副刊编辑查志华也在座。

萧乾和我们寒暄之后，就开始关心地问我们报刊出版发行的情况。华将谟副主编感谢萧乾先生赐稿《上海滩》，并希望他今后多写一些有关上海的回忆文章在《上海滩》发表。

萧乾先生回忆了30年代在上海编《大公报》"文艺副刊"时的往事，还高兴地说起当年邀请巴金、叶圣陶、朱光潜、沈从文、李健吾等十几位著名作家、学者在《大公报》"文艺副刊"上，开展有关书评的讨论的往事。

我们都希望萧乾能写写当年的这些往事。萧乾微笑着说，这些内容大多已经写进了他的回忆录《未带地图的旅人》。等这本书出版了，我们就可以看到了。

这时，我见机插话说："萧老，您老一生成果颇丰，但我总觉得您老对书评总有一点遗憾？"

"是呀。"萧乾叹了口气后说，"我从30年代在上海《大公报》上推广书评，至今已有半个多世纪了，仍然未能出现我期望的局面。当然，这几年上海在振兴中华读书活动中大力开展书评活动做得很好。"说到这里，他转向我说，"昆元同志也参加了，做了不少事情。但在全国来看还是不够的。特别是我们处在一个人情社会，很难拉下面子说真话。有些书评文章，尽是吹捧，毫无批评，害怕得罪人！还有一些书评文章，自身无底气，缺乏说服力。反映出书评作者缺乏训练。"

我听了，不住地点头说："萧老，您看我们的书评还有希望搞好吗？"

"当然有希望！我觉得全国各地都能像上海这样抓，就一定有希望。"

时间过得很快，这时，已是晚上9点多了。为了让萧乾先生不要太劳累，早点休息，我们就只能向他告别了。萧乾站起来将我们送到门外，才微笑着挥手作别。

走出衡山宾馆，华将谟老师与我们作别后，查志华对我说，能否写一篇萧乾先生与书评的千字文，发表在下一期《解放日报》的"读书"副刊上？

我立刻答应了。

因为我觉得，萧老说得对。我们广大读者读好书需要书评的引导，而我们出版事业繁荣，则更需要书评的"抑恶扬善"！我还觉得，萧老是一位有情怀、有担当、有梦想的文化人。他将书评这种容易得罪人的工作，视为一生追求的梦想，并为之努力奋斗了整整半个多世纪！

想到这里，我突然灵光一闪，挥笔写了《萧乾的梦》这个题目，紧接着我在文章开头写下了"人在年轻时皆有梦，有梦金、梦官、梦神、梦鬼，也有梦房子、梦女人的；然而萧乾梦的却是书评，且一梦便是50多年"。然后，我就回顾了萧乾从1934年在燕京大学念书时，就开始对"书评感起兴趣"，发现书评是现代文化巨厦一根不可或缺的梁柱。他的大学毕业论文就是《书评研究》。

大学毕业后，他到上海接替沈从文编《大公报》"文艺副刊"，就大力倡导书评，发表书评文章，在上海掀起了一场书评热。尽管后来抗战爆发，萧老远赴英伦和欧洲战场，冒险向国内报道反法西斯战争的战况，但他还是坚持写了一些评论英国作家福斯特及其他作家小说的书评文章。

新中国成立后，萧老回国后写了《好兵帅克》等书的书评。后来，尽管他历尽磨难，但依然做着他的"书评梦"。1985年，我写了《评萧乾的〈书评研究〉》的书评文章。萧老看到后，立即写信予以肯定。1988年春节，我写信告诉他，上海成立了许多书评协会，办起了好几份书评刊物，他来信表示"非常非常高兴"。1990年6月，他来上海与我们见面时，谈的最多的还是书评。他还叹息，历经半个多世纪，书评对于他仍是个"未完成的梦"。

稿子写好后，我立刻送给查志华。很快这篇稿子便发表在这年7月12日的《解放日报》"读书"副刊上。

而我第三次拜访萧乾先生则是在1992年5月7日。

在此之前的5月5日上午,我应邀到北京参加了"萧乾六十年文学生涯展览"。在中国历史博物馆大门前签到时,见到了上海文史研究馆的沈飞德兄。我们一起走进会场,参加了开幕式。

在发言的嘉宾中,台湾著名女作家林海音的即席发言,最令人感动。

她说:"那天晚上,到北京机场已快10点。我与丈夫何凡匆匆领着孩子直奔萧乾先生的家,想对他们先表示祝贺。谁知,到了他家门口,我刚要按铃,孩子突然拉拉我,指指门上的两片纸要我看。我一看,禁不住泪水蒙住了眼睛,只见上面写着:'为了避免您走后,他犯心脏病,祈您务必简短。洁若辞恳。'另一张是萧乾先生的字:'病魔缠身,仍想工作,谈话请短,约稿请莫,'我一见,领着家人转身悄悄离去。心里难受极了。"

两天后,我拜访萧乾先生时,好奇地问起林海音。他感慨地告诉我:"林海音可是位老北京啊!她从小就生活在北京,感情深厚。风靡全国的电影《城南旧事》就是她对儿时在北京城南琉璃厂一带生活的描写。"

"那么,您是怎么认识她的呢?"我问道。

萧老笑了笑答道:"其实,认识她还是在1988年8月,我与黄秋耘、柯灵等人出席在韩国汉城(今首尔)举行的第52届国际笔会年会,其间,汉城《京乡日报》邀请林海音、韩国的许世旭和我三个人对话。主题是:'文学的分隔与统一'。"

"对话,是轻松愉快的。林海音和我都是老北京了,说起话来京味特浓。许世旭留学中国台湾,中国话说得也很流利。很快我们就熟悉了。"

"我得到她一本赠书《家住书坊边缘——京味儿回忆录》,写的是她童年时代北京琉璃厂一带的所见所闻,写得情真意切。此后,她帮助我们在台湾出版了一些书。1990年5月，她来北京下了飞机当晚便来看我们，对我妻子文洁若能与我患难与共十分欣赏。此次，她来北京也是一下飞机就来看我们。谁知，竟让她一家难受了。她还帮我做了一千张我的住址条，以便通信用。"萧老的话深深地打动了我。我说："若不是您老门上有言在先，我还真想约请您为我们《上海滩》杂志写写林海音呢！"

萧老略带歉意地笑道："眼下，我与洁若正忙着翻译乔伊斯的《尤利西斯》，70万字，工程已过半。若是今年下半年我能如期去台湾访问，一定为你们写，因为我觉得《上海滩》是办得最活泼的刊物，我很喜欢。"

我连忙大声说道："我非常期待您能顺利访问台湾！"

这时，我向萧老提出最后一个问题。我问："萧老，您的住房这样拘促，连个书房都没有。我听说，按职务规定，您本来可以搬到一套大一些的房子去住的，为什么您不搬呢？"

萧老听了笑道："是有这回事。但是，我们的想法是，我的身体不好，搬家是个很折腾人的事情。我们不想折腾了！只想抓紧时间赶紧做事。眼下就是抓紧将《尤利西斯》翻译完。"

萧乾先生的这番话，说出了他的实际情况和真实想法。他已是82岁的患病老人。他的左肾已摘除，右肾也不好，还患有严重的心脏病……他似乎预感到自己的时间已经不多了！他不愿意将这些最后的宝贵时间花费在搬家等杂事上面，他是在与时间赛跑！他想抓住最后的几年时间，和夫人文洁若一起做完自己想做的事情，眼下最要紧的就是按时翻译完乔伊斯的《尤利西斯》（全译本），补上国内的这一空白。

果然，1994年10月，萧乾和文洁若翻译的《尤利西斯》（上、下册，全译本）率先在国内出版。

听到这一喜讯，我从心底里为萧乾和文老师高兴！并立刻到新华书店去买了这套由他们俩翻译多年的《尤利西斯》，希望哪天有机会到北京，请萧老和文老师在书的扉页上题字签名。

可惜，凡人琐事多。后来，我竟然再未获得进京拜访萧乾先生的机会，直到1999年2月萧老逝世。我这才明白，此生再也见不到他老人家了！

萧乾的梦

人在年轻时皆有梦,有梦金、梦官、梦神、梦鬼,然而萧乾梦的却是书评,且一梦便是50多年。

1934年在燕京大学念书时,他阅读了英国著名批评家穆雷等欧美学者对于书评的论述后,突然"心血来潮,对书评感起兴趣"。他发现书评并不仅仅是报刊上偶尔设置的一个栏目,而实在是现代文化

萧乾和夫人文洁若合影

这座巨厦中一根不可或缺的梁柱。

于是，他的毕业论文即是《书评研究》。1935年，由北平商务印书馆出版。这是我国第一部书评研究专著。

翌年大学毕业，他到上海接替沈从文编《大公报》"文艺副刊"，便着手实践他的书评梦：他经常刊登各种短小精悍的书评文章，何其芳的《画梦录》，施蛰存的《将军的头》等书，因此都有书评文章见诸报端；此外，还出版了六期"书评特刊"。令人更为惊羡的是，他还团聚了巴金、叶圣陶、朱光潜、沈从文、张天翼、艾芜、李健吾、杨刚、施蛰存、张振亚、李影心等10多位著名作家、评论家在特刊创刊号上对书评展开了讨论。一时间，妙文连篇，高论迭出，吸引了大批读者加入讨论，在上海着实掀起了一股"书评热"。1985年，著名剧作家曹禺在新版《日出》的跋中，还提到萧乾当年在《大公报》上组织叶圣陶、茅盾等10多位作家，评论家对《日出》的精彩评论。

当年的萧乾年轻力足，十分勤奋。他一面大力倡导着书评，编着副刊的其他文章，一面还趴在亭子间的小桌上写了长篇小说《梦之谷》，以及短篇小说和散文；每隔十天半月还与巴金、靳以等作家雅集于大东茶室，纵论天下大事，笑谈文坛趣闻，每至天色将晚茶酣兴尽而归。

可惜，好景不长。"八一三"淞沪抗战爆发，萧乾满含悲愤怅然离沪。但不管漂泊何处，他始终不忘书评。在英国剑桥大学他写了不少关于英国著名作家福斯特以及其他作家小说的书评文章，并在和这些作家的通信中，评论着他们的书，从此和他们结成好友。

多年以后，他婉辞谢绝了剑桥大学的热情挽留，回到新生的祖国。他梦想着在这片新生的故土上实现他多年的梦。他饱蘸着热情，写出了《好兵帅克》等书的书评。但不久，同事胡风突遭厄运，他立刻敏感到厄运正向自己逼近。一场风暴将他卷入了灾难的深渊，几达二十二年之久。待他回来一看,他的所有藏书连同书评资料以及许多手稿,均化为乌有。一向乐观的他,禁不住老泪纵横。

然而,他还是继续做着他的书评梦。

1985年,他读到我写的评论他《书评研究》的文章后,立刻写信给我高兴地说:"我至今仍认为书评对于文化事业是十分必要的。"当我于1988年春节写信告诉他,上海建立了诸多的书评协会,办起了好几份书评刊物后,他来信表示:"非常非常高兴。"还指导我们如何办好书评刊物;并将他在各省热心书评的朋友介绍给我,要我同他们加强联系。

1990年6月,他来上海我们见面时,他除了告诉我他的回忆录《未带地图的旅人》已在香港香江出版社出版英文版,上海文艺出版社将出版他的散文集《八十自省》外,谈得最多的还是书评。他以八十高龄老人特有的深沉告诉我,半个世纪后,书评还没能尽如人意地在读书界成为一种不可忽视的力量,也没有见到有人像当年的宗钰、李影心那样以书评为职业。他叹息,书评对于他仍是个"未完成的梦"。

不知怎么与他分别后的最近半个多月内,他的叹息老是在我心里萦绕不散。我觉得,唯有我们共同努力,才能实现萧乾先生的梦。

(原载《解放日报》1990年7月21日)

探望曹禺

我第一次读《雷雨》剧本时，就很想拜见曹禺先生。然而，真正见到曹禺先生，已是15年后的事情了。

那是1993年的5月初，北京春和景明，杨花飞舞。我赴京公干。办完事后，我便抓紧时间去拜访曹禺先生。门扉叩开，开门的是一位头发花白的老阿婆。她一开口就用上海话问我："侬找啥人啊？"我心中一乐，笑着用上海话说："阿婆，侬是上海人。我是上海来的记者，是来拜访曹禺先生的。"

老阿婆倒是快人快语，双手一拍遗憾地说："啊哟，曹先生最近身体不舒服，住到北京医院养病了。"

我赶忙问："曹禺先生毛病要紧哦？我可以到医院去看看他哦？"

老阿婆听了，想了一会儿说："格能好哦？我是曹老先生家里的保姆，我现在就要到医院去给老先生送小菜去。我将侬的愿望告诉他。侬明天早上8点半到北京医院大门口等着。说不定，运道好，就可见到曹先生了。"

没等我表示谢意，老阿婆就急急下楼，乘车走了。

次日早晨，尽管我对能否见到曹禺先生心中没底，但还是按照老阿婆的吩咐，提早一刻钟就等在了北京医院大门口。8点半还差两分钟时，我看见老阿婆从医院里走出来，老远就对我招手。待她走到跟前，还未等我开口问，她就笑吟吟地说："今朝老先生精神老好咯。

他欢迎侬进去采访他。喏,侬现在就朝里厢走,转弯角子上,立了一个人,是老先生的秘书,他会带侬去见老先生的。"

我按照老阿婆指点,走到那个转角处,果然是曹禺先生的秘书在此等候我。他热情地同我握手,并叮嘱我,为了曹老的健康,采访只能15分钟。随后,他将我引到曹老的病房里。

我一见到坐在轮椅里的曹禺先生,立刻趋步向前,向他问好。

他感慨地说:"上海是我永远忘不了的城市,那里有我许多朋友。有巴金、于伶、柯灵等。他们都好吗?"

我回答说:"他们都很好。"

曹禺先生听了,高兴地说:"当年最早发现《雷雨》的是巴金。是他将《雷雨》推荐给郑振铎主编的《文学季刊》才得以发表的。"

我由衷地对他说:"《雷雨》确实写得很精彩。"随后,我向他说了,我们七位大学同学昼夜读《雷雨》的故事。

他听了,笑了。

接着,我还告诉他,后来我还读过他的《日出》和《原野》等剧本,还观看过《雷雨》《日出》《原野》的话剧演出或电影。

曹禺先生听完我的话后,微笑着对我说:"《日出》是我30年代在上海生活的感受,是有感而发吧。你知道吗,《日出》和《原野》的首演都是在上海。"说完,他停顿了一下,眼睛看着窗外,喃喃说道:"我真想念上海,想念上海的老朋友啊。"

此刻,秘书俯身对曹禺先生说:"会见时间快到了,您该休息了。"

曹禺先生听了,有点遗憾地对我说:"不能多说了,医生要有意见了。你从上海来看我,我送本书(《曹禺代表作》)给你作个纪念。"他笑着对我说:"今天是五四运动七十四周年,真是一个值得纪念的日子。"

我理解曹禺先生此时此刻的心情,五四运动对他们这一代作家的影响是十分巨大的。我记得,曹禺先生曾经说过,易卜生的作品虽然是非常深刻动人的,但"无论如何不能使我像读五四时期作品一样的喜爱"。可以说,曹禺是受五四新文化影响成长起来的剧作家。

(原载《新民晚报》2007年12月15日)

虚心如竹为民仆

——访著名数学家苏步青

冬日,气和天朗,我们访问了我国著名数学家——苏步青教授。

门开了,苏老站在门旁,微笑着边和我们握手,边热情又幽默地说:"你们怎么不走前面的大门,却走了这后边的小门呢?"我们听了,都相觑而笑了。

苏老的客厅不大,颇雅。几幅墨竹,苍松挂轴,劲节挺拔,凌风冲寒,直抒主人胸臆。苏老今年八十有三,他兴致浓郁地谈了对治学的一些见解。

"非淡泊无以明志,非宁静无以致远。"苏老早年留学日本,二十多岁便显露才华,不少人挽留他在日本深造。但是,他志在以才学和知识拯救祖国于水火之中,服务于人民。1931年,正当祖国遭受日寇欺辱之际,他决然抛弃优厚的待遇回到故乡浙江大学任教。从此,他过着淡泊清寒的生活,为建设世界一流的数学系而默默地工作。在治学上,他不是为了出书成名,而是坚持教学与科研相结合,一门"微分几何学"课程整整讲了16年,年年有增删,次次有新意。他及时将世界各国及自己最新科研成果的"源头活水"引入教材。直至1948年教材《微分几何学》问世。三十多年过去了,该书仍然得到海峡两岸教育界的重视。

他与老友陈从周教授一样,在治学上很注意"文理相通"。他不仅精通数学,而且还善书,工诗,爱赏绘画。陈从周教授曾称赞苏老的诗与他的数学论著一样,精致细腻,极富概括力。即将面世的《理想·学习·生活》里就精选了他的百余首诗。

几十年来,苏老在数学的原野上辛勤地耕耘,将自己的科研和教学成果,先后汇集出版成《几何学基础》《仿射微分几何》《高等几何讲义》《计算几何》(与刘鼎元合作)等十多本专著。这些著作都是苏老一生的心血。此外,他还造就了一个"浙江大学微分几何学派",培养出一代又一代学生,他们大多已成为我国当今数学界栋梁。人们皆誉之为"苏步青效应"。

目前,苏老壮心不已,他不仅担任全国人大常委会委员兼文教委员会副主任、复旦大学名誉校长等重要职务,而且还在继续进行科研活动,汇集整理出版其著作。据悉,他的那本拓扑学的讲义行将付梓。

握别的时候,苏老笑吟吟地说:"我送你们从前面大门走出去,不用再走后面小门了。"我们又不约而同地笑起来。

(原载《书讯报》1986年4月28日)

"负版"精神

——访我国著名农业科技史专家胡道静

在由周谷城先生亲笔题写的"海隅文库"四字的书斋里，我见到了我国著名农业科技史专家胡道静先生。他那布满皱纹的清癯稍黑的脸庞，没有丝毫儒雅的"学者"风度，倒更像一位常年躬耕于桑田的敦厚的"老农"。然而，正是这位"老农"，在中国农业科技史的园地上目耕手耘了半个多世纪，以他累累硕果享誉海内外。

我向他请教治学方法，他沉思片刻后说，做学问应像唐代柳宗元笔下的"负版"小虫那样，在积聚资料上，日积月累，不厌其多；在研究上要如"负版"那样喜欢向上爬，"竭其力不已""虽九死其犹未悔"。虽然，柳宗元的本意只是借"负版"讽喻那些"愚货不避""日思高位"的小人，而胡老却是反其意而用之，自喻在做学问的道路上也算是一只小"负版"，因此称作"负版精神"。

胡老先生家学渊源。父亲胡怀琛和伯父胡朴安都是著名学者。他自幼聪颖好学，十几岁就继承了父亲凡读书必作抄录的治学方法，收到"手抄一遍，胜读十遍"的效果。15岁，他插班考入上海持志大学国学系，后来参加了伯父组织的学术团体——中国学会，得以广泛求师。他先后从师于陈乃乾、周予同、吕思勉、姚明辉、姜亮夫、王庸、蔡尚思、闻宥、辛树帜、胡先骕等先生，学习了版本学、目录学、索引学、经史学、通史、历史地理学、音韵学、思想史、语言学、古文字学、农业生物学、植物学等多种学科，博学多识使他19

岁那年就出版了处女作《公孙龙子考》。之后便一发而不可止，先后发表论文近百篇，出版专著十余部。对此，南社柳亚子先生曾引用杜甫的"雏凤清于老凤声"的诗句赞誉胡老的治学和为人。尤其在1956年，他花了整整26年撰写成的《〈梦溪笔谈〉校正》一书，得到了国内外学术界的高度评价。顾颉刚先生誉其为"有似裴松之注《三国志》。"连海外的胡适也承认："此书作者造诣甚深，真了不起。"巴黎的一家杂志写道："这两卷本的校证，对于这部世界上最古老、最重要的科学史著作来说，无疑是汇集了最丰富的文献。"1981年，国际科学研究院一致推选他为通讯院士。

"踏开世界不平路，援登科学第一峰。"胡老治学的一生恰如姜亮夫先生书赠他的这两句诗，历经坎坷，九死一生。"一·二八"淞沪战争，使他十多年收藏的数万册图书和大量文稿葬身于炮火。全面抗战爆发时，为避免再遭兵燹之灾，他只得将家中数年内辛苦积聚的大量书籍全部捐给震旦大学图书馆。特别是"十年动乱"中，又将他经年累月、呕心沥血收集的各种资料、撰写的各种文稿，其中包括十多年心血凝成的百万余字的《中国古农书总录》、四十余万字的《梦溪笔谈补证》等，以及国内外著名学者寄来的学术讨论书信三千多封，尽数焚毁。当他从九年冤狱里被释还家时，已是"家徒四壁，无片纸之存"。他这只"负版"犹如从九天之上摔下来，几乎粉身碎骨了。说到这里，无限的痛楚布满了他的面庞。

但是，他毕竟是个刚毅的"负版"。炼狱的磨难，催他更加奋发。近年来，他不仅重新积聚了大量书刊资料，还先后撰写发表了十多篇论文，出版了《中国古代的类书》《农书和农史论集》等专著。目前，他一边在重写《梦溪笔谈补证》一书，一边还主编了《道藏要籍选刊》。1981年，他被任命为国务院古籍整理规划小组成员，为我国的古籍整理事业尽职尽力。此外，他还精心培养学生，常用自己的治学经验启发学生。

倘若说，农家的耕耘还有忙闲之分的话，那么，这位已经74岁的"老农"却是不分晨昏昼夜和春夏秋冬，辛勤耕耘在中国农业科技史的园地上，并在"援登科学第一峰"的陡峭山路上，留下他这只"负版"的坚实脚印。

（原载《中国科技报》1986年7月2日）

魂牵梦绕若许年
——胡道静和《梦溪笔谈》

当代著名学者胡道静生于世代书香之家，从小在著名学者父亲胡怀琛、伯父胡朴安的教诲下，系统学习了古文字学和校勘学。胡老15岁那年读了美国学者卡特的《中国印刷术的发明及其西传》，惊喜地发现了《梦溪笔谈》，一读就入了迷，从此就魂牵梦绕了一辈子。

经过反复阅读，他发现这部书的不同版本的歧异处不少。于是，他意识到，古文字学和校勘学不仅只适用于先秦、两汉古籍，即使对《梦溪笔谈》这样的宋代古籍也要校勘。他博览勤记，日积月累，几本《梦溪笔谈》中被多种色彩的笔密密麻麻地写满了注释。1932年"一·二八"淞沪战争中，日军炮火摧毁了他家的住房及藏书，1938年他乘坐的列车被日军飞机炸毁，《梦溪笔谈》两度失去，但他一经安定，立即寻觅新的《梦溪笔谈》，重新研究，重新注释，寻乐于《梦溪笔谈》的字里行间，一时竟忘记了生活的困苦，战时的动荡。

整整26年过去了，1956年早春，他终于写出了80万字的《梦溪笔谈校证》，成了数百年来世界上第一部《梦溪笔谈》校注本。北京大学历史系将其列为建国10周年古籍整理的两大主要成就之一，顾颉刚先生则誉之为"有似裴松之注《三国志》"。在海外的胡适读后也慨叹："此书作者造诣甚深，算了不起。"《梦溪笔谈校证》问世后不久，胡道静发现，我国浩瀚的古籍中还散落着无数的《梦溪笔谈》的注释和注述，非数十年之功，不能穷尽。他自嘲自己是"不自量力"，才得此"江心补漏"的惩罚,命中注定他这一生被《梦溪笔谈》缠绕住。又是 10 年耕耘,他完成了 40 万字的《梦溪笔谈补证》。竺可桢先生为此书题了签。然而,横空一场"风暴"将他卷进囚牢几近十年,40 万字的《梦溪笔谈补证》书稿,连同其他百余万字的稿件,以及他与郭沫若、柳亚子、竺可桢、李约瑟等人的三千多封通信,均化为灰烬。出狱后,他见此"家徒四壁,无片纸之存"的惨景,就如从九天摔下来似的,心破肝裂。

然而他还是一头扎进了《梦溪笔谈》,至今《梦溪笔谈补证》书稿已达 80 万字。就像在九曲台里踽踽而行,他已下到最后一级台阶,已可见到一团光亮。英国李约瑟博士闻讯高兴地为他题了中文书名,以弥补已故的竺可桢先生的题签。

然而,人们都赞誉胡道静为"百科全书派",为《梦溪笔谈》作校证,仅是他的主要工程之一。他是国际科学史研究院的通讯院士,世界知名的中国科技史、中国农史、宗教研究、中国新闻史等领域专家。对此,他则戏称自己是个"三脚猫"式的"全能运动员",一生兴趣太广,如若一开始搞单项研究,大概会成为某个单项的专家,他叹息现在已届垂暮之年,悔之已晚。但是,当我们打开他的著作要目时,便可看到他所涉及的学术领域都有专著或论文留之于世。

(原载《解放日报》1987 年 6 月 21 日)

胡道静先生对我的"修志启蒙"

吃了午饭,躺在沙发上休息。春天的阳光暖洋洋的,迷糊之间想起了胡道静先生。

胡道静先生是一位驰名中外的大学者。我总觉得,人的一生中,如能得到一次高人指点,那便是"此生有福"了。幸运的是,我就曾有幸得到过胡道静先生的教诲,真是一生受用。

记得那是在1986年,全国各地掀起编纂地方志的热潮,上海也不例外。上海市地方志编纂委员会很快成立了,由市委副书记钟民任主任,并任命吴云溥为上海市地方志编纂委员会办公室主任,同时还聘任了胡道静等一批著名学者担任顾问。

当时,我为采访和组稿常去拜访胡道静先生,每次都听胡先生忆往昔,谈学问,获益匪浅,彼此比较熟悉了。一次,胡先生兴奋地告诉我,上海要开始编纂地方志了。还说,这是一件大事,大好事!

当时,我对编修地方志不甚了了,便冒失地问胡先生:"为什么要编修地方志?修志对现代化建设有什么作用?和老百姓的生活有什么关系?"

胡先生可能没有想到我会提出这么浅薄的问题。他听后,先是愣了一下,而后对我微微笑了笑,觉得我是需要进行"修志启蒙"的那种"年轻人",便对我缓缓说道:"编修地方志很重要。首先,自古以来,我国历代都有修国史、编地方志和写家谱的优秀文化传统。这使得中华文明五千年传承没有中断。所以1932年，在邵力之等人的推动下，上海市政府批准成立了以柳亚子为馆长的上海市通志馆，编纂《上海市通志》。我有幸也参与其中。其次，地方志真实客观地记载了各省、市、县区乃至镇、村大量的地情资料，为后人发展经济，繁荣文化提供了丰富而真实的参考依据。比如……"说到这里，胡先生停顿了一下继续说道，"你知道吗？秦山核电站为什么最后决定建造在浙江海盐县境内？"

我茫然地摇摇头。

胡先生见状笑了笑说："除了海盐县靠海、离上海、江浙等经济比较发达的地区近等有利因素之外，还有一个关键因素就是，明清以来的《海盐县志》记载的海盐地区的地震情况，均没有超过4.75级。"

"哦……"我听后，真有醍醐灌顶之感。原来，修史编志对后世竟然有如此大的作用！

也正因为听了胡道静先生的这一教诲，后来，我调入了上海市地方志办公室，从事《上海滩》杂志的编辑工作三十多年，直到退休，对他的这个教诲理解就更深了。

比如，我们刊发的一些老革命家、老同志写的革命亲身经历，为某些冤假错案的彻底平反，提供了重要的证据。有的文章也为上海经济发展出了一份力。比如，20世纪90年代初《上海滩》发表的一篇文章，证明了"洪长兴"羊肉馆原本是一家百年老店，并因此落实了有关民族政策，得到有关部门支持，拆除危旧店面，在延安中路连云路口建起了一座崭新的、具有伊斯兰风格的"洪长兴"清真饭店。一时间，成为上海一道亮丽的风景线。

至于曾经刊登的大量上海地情知识，已经有一些"绿水青山"成为著名的旅游胜地，更有一些考古遗址如广富林等已成为人们必去参观的地方。虽然，更多的地情知识还不会马上起到实际的作用，但我想，将来说不定，也会出现像海盐县志里关于有无地震的记载，决定一个重大项目落地的事情。

想到这里，我赶紧起来坐到电脑前，敲下了这篇有关胡道静先生的文字。

（原载《劳动报》2023年4月16日）

当年，我采访瞿独伊

退休在家，除了读书写作之外，整理旧书信也是一件很有趣的事。一天下午，我无意间在一摞文化名人的来信中，看到瞿独伊写给我的三封信，时间分别是1992年7月13日、9月5日、11月6日。瞿独伊，是瞿秋白和杨之华唯一的女儿，也是新华社著名记者，还是建党百年"七一勋章"获得者。她怎么会给我写了这三封信呢？翻阅书信后，不禁想起1992年春天，我作为《上海滩》杂志编辑对她的那次采访。

董边为我打电话约瞿独伊

1992年4月初，我接到萧乾先生的来信，信里还附了一张邀请函，邀请我于5月初赴京参加"萧乾文学生涯六十年展览"。我当即向主编吴云薄等社领导作了汇报，并提出在参加活动后，顺道拜访一些文化名人，一是向他们约稿；二是听听他们对杂志的意见和建议；三是力争写一些人物专访在《上海滩》发表。这份采访名单中，就有瞿独伊。

我的想法立即得到社领导的支持。他们不仅帮我确定采访名单，副主编华将谟还为我联系了《解放日报》驻北京办事处，让我在京时可以借住在那里。该办事处位于北京市中心，交通便利且价格便宜，里面的管理人员大都是上海人，不仅可以帮忙代买火车票，晚上回来还能吃到家乡菜。当说到采访瞿独伊时，我有点没把握，不知她是否愿意接受采访。此时，坐在一旁的史慰慈老师（时任《上海滩》杂志特约编辑）笑了笑说："瞿独伊，我可以帮你联系……"我正要谢她，她又想了一想说："为了确保成功，我还是打电话请董边同志跟她说吧。"

"董边是谁，这么有把握？"我有点疑惑。

瞿独伊在家中接受采访

史慰慈笑道："董边是毛主席秘书田家英的夫人，曾经担任过《中国妇女》杂志的主编。我当时是这本杂志的编辑。董边与瞿独伊关系很好，请董边出面介绍一下，你去采访瞿独伊，应该没问题。"

果然，当我抵京叩开董边家门，报上姓名并送上一本刚出版的《上海滩》后，董边就爽快地说："史慰慈同志已在电话里说了你的来意，你先请坐。我这就跟瞿独伊打电话。"说完，她就拨通了电话。显然，董边的介绍是很有效的。很快，她放下电话对我说："瞿独伊很高兴接受你到她家去采访，时间是明天上午8点到中午12点。"

《民国日报》连登三天启事

第二天上午8点整，我准时来到瞿独伊家，她微笑着将我引入了客厅。客厅不大，就沙发、茶几等几件家具，但很温馨。有意思的是，在客厅上方还横悬着一根细长绳，上面用铁夹子夹着十几幅彩色松柏花卉国画，有一种热闹的艺术氛围。靠墙的柜子上，放着瞿秋白和杨之华的照片。瞿独伊在一旁解释说:"这些画,都是我退休后学着画的。画得不好,您见笑了。"我说:"您已经画得不错了。在家里这么一挂,很有艺术氛围。"

寒暄之后,我们进入正题。

早就听说,瞿独伊俄语说得比汉语流畅。果然,她一开口就跟我打招呼,说自己用汉语说话可能要慢一点。我说:"没关系,您慢慢说,我慢慢记。"

瞿独伊到底是新华社的著名记者,面对我的采访她很会说重点。一开始,她就坦诚地告诉我,瞿秋白不是她的亲生父亲,却待她比亲生父亲还要好,是她一生的"好爸爸"。

"那么,您的亲生父亲是谁呢?"我好奇地问。

"是沈剑龙。"她回答。

"噢……"

见我不解,她又耐心地作了一番解释。五四新文化运动时期,浙江萧山有一位文化名人叫沈玄庐,他积极宣传新文化、新思想,后来成为中国共产党上海发起组成员。当时,沈玄庐十分欣赏追求进步的同乡女青年杨之华,主动将儿子沈剑龙介绍给杨之华,促成两人恋爱结婚。可是好景不长,在杨之华怀孕分娩期间,沈剑龙借口在家里烦闷,去了上海,整日花天酒地,乐不思蜀。杨之华只得放下孩子,赶到上海,竭力劝说丈夫回家。然而,沈剑龙却已不想回头。无奈之下,杨之华决定离开沈家走自己的路,遂报名入读上海大学。

在这所革命的大学里,杨之华学习到了马克思主义理论,认识了张琴秋、丁玲、王剑虹、何葆珍、孔德沚、钟复光等进步同学。更庆幸的是,她认识了老师瞿秋白。瞿秋白上课生动有趣,因此很受学生欢迎。有一次,瞿秋白讲《苏联新经济政策》,来了很多不同系的学生听课,就连萧楚女、恽代英等老师也坐在下面听课。杨之华将瞿秋白视作革命引路人,并在瞿秋白和向警予的介绍下加入中国共产党。

1924年上半年，瞿秋白的妻子王剑虹患上严重的肺结核病。杨之华每次去探望，总见到瞿秋白坐在王剑虹身边的写字台前，一面陪伴着妻子，一面工作。王剑虹病逝后，瞿秋白非常悲痛，人也憔悴了很多。但是，一旦投入工作，他依然精神抖擞、生气勃勃，令杨之华非常敬佩。

"后来，我母亲与瞿秋白相爱了，但她内心十分矛盾。"瞿独伊继续说道。当时杨之华虽与沈剑龙早已感情破裂，但并未办理离婚手续，她需要冷静思考以寻求解决的办法。杨之华独自一人回到萧山老家。令她意想不到的是，瞿秋白竟也勇敢地尾随而来，引起了杨之华哥哥的重视。杨之华哥哥找到沈剑龙，促使他们三人进行了一次推心置腹的长谈。两天后，瞿秋白又请杨之华、沈剑龙到常州自己家中，继续恳谈了一天，终于有了结果。

1924年11月27—29日，上海《民国日报》连续三天刊登了三则启事：一是杨之华、沈剑龙宣布自11月18日起"正式脱离恋爱的关系"（当时恋爱与婚姻同义）；二是宣布自11月18日起杨之华与瞿秋白"正式结合恋爱的关系"；三是宣布瞿秋白、沈剑龙自11月18日起"正式结合朋友的关系"，在当时传为美谈。

沈剑龙十分钦佩瞿秋白的人品和学问，还送了一张自己的6寸半身照片给瞿秋白。照片上的沈剑龙剃了光头，身穿袈裟，手捧鲜花，旁边题写"鲜花献佛"四字，表达了他的诚意和忏悔之心。瞿秋白则亲刻了一枚精美图章，上书"秋之白华"，巧妙地把自己的名字与杨之华的名字糅合在了一起。

瞿独伊的"好爸爸"

"瞿秋白的确是位好爸爸。我虽然不是他亲生的，但他却很爱我。"瞿独伊感慨地说。

1928年，瞿秋白和杨之华到莫斯科参加中国共产党第六次全国代表大会，7岁的瞿独伊也跟着一起来了。在那里，她见到留着胡子的周恩来和邓颖超，便冲着周恩来喊"胡子爸爸"。休会期间，瞿秋白和杨之华常带着瞿独伊到野外玩，为她采集各种鲜花，带回家夹在书中做成标本。瞿秋白还会带着她在草地上散步，唱歌给她听，让她很开心。

"六大"以后，瞿秋白担任驻共产国际中国代表团团长，杨之华在中山大学特别班学习。两人都很忙，只能把瞿独伊送到莫斯科一家孤儿院。然而，没多久瞿独伊就病了。于是，瞿秋白又想办法把她转到"森林学校"（苏维埃政权为病孩在乡下设立的疗养地），每次去看她，都带去她最爱吃的奶渣。莫斯科下大雪，瞿秋白和杨之华会带瞿独伊去滑雪。瞿秋白一边滑雪，一边唱歌，还和她们母女大声说笑。

此外，瞿秋白还常常写信给瞿独伊。她记得，有一封信上，瞿秋白画了一个滑雪的人，旁边写着："独伊，你看我又滑雪了。"顿时引起瞿独伊开心的回忆。森林学校为卫生起见，给男女学生统统剃了光头。瞿独伊为此很不开心。瞿秋白马上写信给她，在信中和她开玩笑："小独伊成了小和尚了，你看好爸爸也剃光头了。"

有一年夏天，父母带瞿独伊到河里撑木排。瞿秋白挽起裤脚，露出细瘦的小腿，站在木排上，用长竹竿使劲地撑着，瞿独伊和妈妈坐在木排上，顺流而下，划破树林和白云的倒影。一会儿听"好爸爸"一人高声唱歌，一会儿他们三人合唱……她太喜爱她的"好爸爸"了。直到1935年的一天，正和一群儿童院的孩子们在乌克兰参观的瞿独伊，从一张《真理报》上看到了"好爸爸"牺牲的噩耗。她一下子痛哭起来，接着就晕倒在地……醒来时，她悲哀地感到，她永远失去了"好爸爸"！

说到这里，在我面前的瞿独伊早已满眼是泪了。

此时已快到中午12点，我连忙说："瞿老师，今天您已经讲了

4个小时了，很累了。下午您好好休息。我明天上午还是8点来您家，继续听您讲。"

瞿独伊同意了。

鲍罗廷全家对她倾心照顾

瞿独伊是一个很守时的人。次日上午8点，她又准时开讲，这次讲到了鲍罗廷及其家人对她的照顾。

早在大革命时期，瞿秋白、杨之华就认识了鲍罗廷。其时，鲍罗廷是苏联的代表，也是孙中山的政治顾问，参与了国民党改组，帮助建立黄埔军校，平息广州商团叛乱以及陪同孙中山北上等，是中国人民的朋友。1928—1930年，瞿秋白在苏联工作时，常和杨之华一起带着瞿独伊去鲍罗廷家做客，并让瞿独伊叫鲍罗廷"爷爷"，叫鲍罗廷夫人"奶奶"。

1930年，即将回国的瞿秋白和杨之华工作特别繁忙，曾拜托鲍罗廷夫妇多多关照瞿独伊。在瞿秋白和杨之华出发前夕，瞿独伊突发高烧，而夫妇俩正忙于交接工作和整理行装，于是鲍罗廷夫人及其次子诺尔曼赶紧将瞿独伊送入医院治疗。瞿秋白和杨之华甚至没来得及到医院看女儿一眼，就怀揣对女儿的担忧和思念，奉命踏上了归国的征途。此后，瞿独伊平时在瓦斯基诺国际儿童院（之前从森林学校转至该院）学习生活，放假时就被鲍罗廷接到他家居住。瞿独伊觉得，在他们家度假是最温暖、最快乐的日子。

5年后，瞿独伊等来了妈妈。1941年苏德战争爆发后，杨之华和瞿独伊准备回国，临行前她们曾向鲍罗廷辞行。此后，瞿独伊再也没有见过鲍罗廷。1946年，安娜·路易斯·斯特朗来延安时，杨之华将自己亲手做的一件丝绸衬衫，以及瞿独伊做的两块丝巾交给斯特朗，托她捎给在苏联的鲍罗廷夫妇。

中华人民共和国成立初期，瞿独伊和爱人李何被派到莫斯科做新闻工作。当时，她已听说鲍罗廷于1949年被捕，原因是被怀疑与安娜·路易斯·斯特朗同为"美国特务"。瞿独伊很惦念鲍罗廷夫人，却不能去看望她。然而，就在不久后的一天，瞿独伊竟在街上见到了鲍罗廷夫人。当时，鲍罗廷夫人显得十分憔悴，她朝瞿独伊看了一眼，随即扭头走开。瞿独伊明白，此刻她们不能相见，只能眼睁睁地看着鲍罗廷夫人隐没在来去匆匆的人流中，任凭泪水模糊了双眼。

直到1956年，瞿独伊陪杨之华随团访问莫斯科，得知鲍罗廷已获平反，但斯人已逝。这次，她们见到了已满头白发的鲍罗廷夫人。由于鲍罗廷的长子弗雷德在卫国战争中牺牲，鲍罗廷夫人和次子一家生活在一起。在她们母女面前，鲍罗廷夫人并不愿多说鲍罗廷的不幸遭遇。

1957年1月，周恩来总理出访苏联，瞿独伊随行担任翻译。她抽空先去看望了鲍罗廷夫人。那次，鲍罗廷夫人拿出了珍藏多年的物品给她看：首先是一张鲍罗廷身穿中国丝绸衬衫的照片，这件丝绸衬衫正是杨之华托斯特朗带给他的礼物；其次是瞿独伊亲手绣上俄文"永恒的友谊和纪念"的丝巾；还有蔡畅送给鲍罗廷夫人的中国绣花挂包。几天后，周总理专门会见了鲍罗廷夫人，亲切询问了她与孩子的情况，并转赠邓颖超给鲍罗廷夫人的一包礼物。临别时，周总理紧紧握住鲍罗廷夫人的手，动情地说："凡是帮助过中国革命的外国友人，中国人民都不会忘记。我们永远记得鲍罗廷。"

我为瞿独伊下了一碗"阳春面"

这天上午，瞿独伊还回忆了1941年9月，她跟随母亲、乔国桢、苏兆征的夫人等一行5人回国途经新疆迪化市（今乌鲁木齐市），因通往延安的路被切断，暂住在新疆八路军办事处，后于1942年秋被

"新疆督办"盛世才软禁关押,在监狱党组织的领导下,她参与对敌斗争的往事。

1946年,在党组织的营救下,由国民党西北行辕主任兼新疆省主席张治中等人精心安排,终使瞿独伊一行人获释,并顺利回到延安。瞿独伊高兴地说:"一到延安,就像回到家了。"周恩来特地从重庆写信给杨之华表示祝贺,还建议她"深入农村,在群众中求温暖,求快乐"。毛泽东专门邀请杨之华、瞿独伊、朱旦华及自己6岁多的儿子毛远新,到他的窑洞前谈话。他仔细询问了弟弟毛泽民牺牲的情况,并安慰了弟媳朱旦华。这时,毛泽东郑重地对杨之华说:"秋白同志的问题解决了,中央作了一个《关于若干历史问题的决议》。"当年8月,瞿独伊在延安加入中国共产党,成为与父母一样的革命战士。她和李何被安排到新华社工作。

说到这里,瞿独伊笑了。

1949年10月1日,瞿独伊有幸随苏联文化友好代表团登上天安门观礼台,参加中华人民共和国开国大典。她再次见到毛泽东主席,并亲耳听到毛主席向全世界庄严宣告:"中华人民共和国中央人民政府成立了!"观礼结束,廖承志要她在广播电台用俄语播送毛主席在天安门城楼上宣读的中央人民政府公告。瞿独伊认为,这是自己做的最光荣的工作。

转眼几十年过去了。瞿独伊告诉我,近年来,她虽已退休,可还是挺忙的,不仅学画画、学弹钢琴,还参加中直机关(中共中央直属机关工作委员会)交谊舞比赛。

我笑道:"您在苏联待过,跳舞肯定是您的强项啊!"

"是呀!"她自豪地说,"去年三八节,我曾一举夺得个人一等奖、集体二等奖呢!"

转眼又到了中午12点,我想起身告辞,便说:"瞿老师,真麻烦您了,今天您又讲了整整4个小时。我收获满满,回到上海后,我就抓紧将您父母的革命事迹写出来。为了使文章更有可读性，我想以您口述、我整理的方式进行。"瞿独伊表示同意。

"不过……"她欲言又止。

我连忙说："您有什么想法和要求可以直接告诉我。"

瞿独伊略带歉意地说："我觉得，这两天你都一大早赶到我家采访，一谈就是4个小时，肚子肯定饿了。昨天没有想到留你吃便饭，今天想留你吃便饭了。可是，阿姨有事回家了。我呢，笨手笨脚，不会做饭。真不好意思！"

我听了，忙摆手说："没关系的。我出去后，路边吃碗面就行。您不必介意！这两天是我打扰了您！"

说到这里，我突然想到：不行啊！瞿独伊不会做饭，如果我马上离开，她可能就没有午饭吃了。于是，我问瞿独伊家里是否备有面条，我可以简单下两碗面条，我和她各吃一碗，对付一顿午饭。瞿独伊立刻很高兴地答应了，并带我到厨房，找出一包卷面给我。接着，我在瞿独伊家的厨房，就地利用剩下的几根葱和一些调味品，很快下好了两碗上海"阳春面"。瞿独伊在一旁看了我下面条的全过程，尝了第一筷子后，她笑着说："呀！你面条下得真好，不仅汤红葱绿，好看，而且味道鲜美！谢谢你！"

我说："没有高汤，只能开水冲酱油汤了。抱歉了！啥时候您来上海，我请您吃地道的阳春面和小笼馒头。"

她立刻笑着回答："好呀！我若到上海，一定去找你。"

"那就说定了！"我说。

那天，离开她家后，我很快就回到上海赶写这篇文章。

她写来三封信商讨文章修改

我大概用两周时间写出初稿，竟有一万多字，题目为《我的父母瞿秋白杨之华》，是按照之前我和瞿独伊商定的方式，以第一人称来写的。由于史料丰富，细节生动，我写得很顺畅，也很过瘾。

稿子经过编辑部三审通过，吴云溥主编还特意为文章做了"秋之白华　独此伊人　天伦乐短　风雨人生"的肩题以示重视。在杂志付印前，吴主编又将"风雨人生"改为"亲情绵长"，使得肩题更加工整对仗，寓意也更深刻。

7月初，我将稿子打印出来挂号邮寄给瞿独伊审校，准备在是年8月号《上海滩》上发表。我原本以为，稿子内容都是根据瞿独伊的讲述所写，有些内容我还查核了史料，应该不会有什么问题。可是，就在7月13日，瞿独伊写来一封信，并附上作了删改的清样，主要有三条意见：第一，不要以第一人称写此文，最好以第三人称来写；第二，不要写她父母的恋爱婚姻故事，希望删去，应多写父母的革命故事；第三，"文化大革命"中受迫害的事，尽量少写。另外，她还指出了文中一些小差错。瞿独伊毕竟是新闻战线上的一名老战士，她在处理涉及父母的稿件上，非常客观、低调和慎重。

收到信后，我立刻向编辑部领导作了汇报。吴云溥、华将谟和王金耀三位领导在认真商量后认为，文章的人称可以改，但瞿秋白和杨之华的婚恋故事不能删去，因为这反映了瞿秋白不仅是党的一位杰出领袖，而且在处理自己的婚恋问题上，也是值得我们学习和效仿的。保持这部分内容，对当下年轻人处理婚恋问题，有很大的教育意义。至于信中所提的第三条内容，可以删除一些，点到为止。

我随即打电话给瞿独伊，说了领导的意见，同时再三向她说明，写她父母处理婚恋的故事，绝不是为了猎奇，而是想给年轻人提供一个学习的榜样。经过反复沟通，瞿独伊终于同意了编辑部的意见。我对稿子做了修改后，便发表在这一年的第8期杂志上。吴主编还将该文题目放大印在封面上，非常醒目。

这期杂志出版后，国内外不少报刊争相转载《她的父母瞿秋白杨之华》，包括有较大影响的《新华文摘》；江苏常州的瞿秋白纪念馆专门来信要求收藏这期《上海滩》；很多读者更是来信来电说，读了这篇文章后，更加钦佩瞿秋白与杨之华的革命精神和高尚品格，尤其为瞿秋白的人格魅力所折服！

瞿独伊收到杂志，仔细阅读了《她的父母瞿秋白杨之华》后，又先后于同年9月5日、11月6日给我写来两封信。在信中，她先说了北京有人打电话给她，对这篇文章评价不错，然后再次严格地指出文章中仍存在一些瑕疵。比如，蔡妮不是蔡畅的女儿，而是她的侄女，也就是蔡和森和向警予的女儿；林伯渠的女儿林莉不是苏联国际儿童院的成员。另外，当年新疆监狱"政治犯"名单是被送到了重庆，而不是送到延安。她还客观地指出，这些"政治犯"的获救，主要是国共两党谈判的结果之一，关键是党中央的极力营救（包括对全国"政治犯"的营救），而不是她母亲杨之华从中起了什么大作用，等等。

那天，我读着她的来信，忽然心有所悟：瞿独伊，这位新华社的资深记者、我国新闻界的老前辈正在通过对这篇稿子的纠错与修改，给我上了一堂生动的新闻采访和写作课。她的这些意见和教诲影响了我之后的编辑工作。后来，我每期都给瞿独伊寄去一本《上海滩》杂志，请她多提意见。她收到杂志后，有时会来个电话，说在这期杂志上读到哪位老朋友的文章，很高兴；有时也会对某篇文章提出一些意见。我都一一记下，向领导汇报，并做出订正。有几次，她还在过年前寄来贺年卡，给编辑部同事们拜年……

迈入新世纪之后，尤其是我退休后，我们的联系就很少了。但我依然从媒体新闻里，从一些书刊文章里关注瞿独伊的情况，直到2021年6月29日，在庆祝中国共产党成立一百周年前夕，年届100周岁的瞿独伊被中共中央授予"七一勋章"。如此殊荣，她是受之无愧！

（原载《上海滩》2024年第8期）

淡如水　甜于蜜
——记施蛰存与夫人陈慧华

人们常说，岁月如水。在施蛰存先生（以下简称"先生"）至今83年的如水年华中，有57年是与他的夫人陈慧华女士相依为命、艰难跋涉走过来的。一天，当我问及施老对这半个多世纪的家庭生活有何感想时，他凝神沉思片刻后，挥笔书写下"淡如水，甜于蜜"六个遒劲的大字。

汇　合

江南，山明水秀。千百年来从浓郁覆盖的松江五峰山上，奔流下无数条溢光流彩的小溪流。施蛰存常把自己和妻子陈慧华比做其中的两条小溪流。

他们相识于风起云涌的五四运动时期。当时，施老正就读于江苏省第三中学（今松江二中）。陈慧华也在松江一所具有新思潮的学校——松江景贤女中念书。陈慧华的同学有阳瀚笙的夫人和施老的大妹。施蛰存和陈慧华各自在学校里都是爱国运动的积极分子。

陈慧华与施蛰存的大妹是好朋友。放学以后，施蛰存的大妹常领陈慧华来家玩耍。这位有着一双聪慧明亮的大眼，相貌端庄、举止文雅的女学生颇得施家上下的好感。施蛰存的热忱爱国之情、为人正直的品格以及眉宇之间透出的才子气度和早早显露出来的文学才华，也深为陈慧华钦佩。他们相识了，并且自由地相恋了……周末的黄昏，在松江城暮色迷人的郊外，在高耸古朴的方塔下，在碧波粼粼的醉白池畔，在静谧幽远的松江五峰岭上都留下他们一起探索人生，寻求未来的印迹。随着岁月的流逝，他们相爱日深。1930年，他们在家乡结婚。这天，除了亲属之外，施蛰存的文坛好友胡也频、丁玲、沈从文、姚蓬子、戴望舒、冯雪峰、刘呐鸥、林微音等专程前来参加了婚礼，衷心祝福两位新人幸福美满、白头偕老。

两条欢快晶莹的"小溪流"，汇合成了一条奔腾的"小河"。

回　旋

婚后，他们生活得美满、和谐。施先生每周一离家到上海主编《现代》文学杂志，广交文坛朋友。周六回松江家中。陈慧华则操持家务，做好贤内助。两人相敬如宾，恩爱甚笃。

可是，这样平静的生活不久就被卢沟桥的炮声震破了。年仅三十多岁的施先生不甘当亡国奴，决定和一批有骨气的知识分子离乡背井，辗转千里到云南昆明的云南大学中文系执教，之后又受聘去福建的厦门大学任教，服务于祖国的教育和文学事业。家中就全靠妻子照应。不久，施蛰存在报上看到日军从金山卫登陆攻入上海的消息，非常焦急。由于当时不能与沦陷区直接通邮，一封书信往往要经过香港转道数月才能到达上海，更使得他为一家老小的安全担忧。夜晚，他不时地踱到窗前，凭栏眺望东北方向那块浓云密布的天空，吟着"烽火连三月，家书抵万金"的诗句感慨万千。直到收到妻子的电报，才知道她已将全家安全转移到上海租界里，这才稍微放心些。陈慧华为了让施先生安心在外从事文学和教学事业，将家务事情妥贴安排。她既要精心抚养四个孩子，又要照顾好两位老人。另外，她还要应付当时沦陷区物价飞涨的艰难生活，每月凭丈夫托人辗转交来的工资克勤克俭地安排好家庭开支。她也日夜牵挂远在异乡的丈夫的一切，她在给丈夫的信中,经常叮嘱他保重身体,搞好事业,教好书,不要多挂念家中。另外,她还叮嘱丈夫不要回上海,上海危险。施蛰存铭记着妻子的话。

抗战期间,施老仅冒险回上海探亲两次,陈慧华含辛茹苦地独立支撑着这个大家庭。直到今天,施老每当回想起来都会由衷地说:"那几年她是非常艰苦的。"八年两地,关山万里。这是他们这条"小河"遇到的第一个大回旋。

抗战胜利,全国解放,祖国新生,"小河"流得更欢畅了,但是,大海的浪涌潮落,却使"小河"经受了一次长达二十多年的更大的曲折和回旋。1957年,施老凭着对党和祖国的热爱,在整风中诚挚地对当时干部的任用方式和方法写文章提了意见。他心地坦然,行为磊落。谁知,一阵恶浪扑来,他被打成右派,被剥夺了教学的权利,工资降低三级,年过半百还被遣送嘉定监督劳动。与此同时,他们的三儿子也在大学里被打成右派,陈慧华也受到牵连,一度同傅雷夫人朱梅馥一起劳动。面对如此厄运,夫妇二人悲愤痛苦,迷惑不解。施老强忍痛苦安慰妻子,妻子从他坦然的目光中,看到一颗如水一般纯净的心。她信任自己的丈夫,他们一起承受起这个沉重的打击。

忍辱负重的三年过去了,施老的右派帽子才被宣布摘掉。但当他们一家喘息未定之时,1966年一阵狂猛的"海啸"又席卷而来,施老成了"牛鬼蛇神",每天到校被关进"牛棚",成天写检查,背语录,扫厕所,忍受着外调人员的呵斥,承受着一次次无情的批斗,工资被停发,每月只发40元生活费维持生活;唯一一间面南的居室也被造强占,他们一家蛰居在两个狭小的亭子间里。这对年逾花甲的老人泪眼相视,默默无言,无限的关切之情皆在这无言中。妻子每日目送丈夫出门到学校去,整日担心他的安全,每晚盼到丈夫回来才放心。施老在妻子面前从不诉苦。他常以微笑和一两句玩笑话,让妻子宽心。

一次，红卫兵把他揪到里弄内批斗，家里人都非常担心。他被放回后，却幽默地对妻子说："没什么，批斗会就像演出了一场戏，我不过是扮演了一个角色罢了。"说毕，笑了起来。妻子看到他这种满不在乎的神情也安心了许多。在漫长的"十年动乱"中，施老虽在患难中，但他每天晚上坚持坐在亭子间里，抓紧时间从事中国古典文学和碑版文物的研究，写成了几十万字的学术著作。此时，已六十开外的妻子非常理解他，每天用微薄的生活费精打细算地艰难度日，为了生活，家里的藏书、家具、餐具等物品被典卖掉不少。她每天买、汰、烧，照顾施老，支持丈夫的研究。偶有空闲她还会读读当天报纸及一些古典诗词。为了应付艰难的日子，施老也积极配合妻子搞好家庭经济。他节衣缩食，除读书之外，吸烟是他唯一的嗜好，但他也只抽八分钱一包的"生产牌"。有时，妻子因遭受别人歧视而心里烦恼时，施老就同她说些其他的趣事，帮她从烦闷中解脱出来。这对老人就是这样在风雨如磐的天底下，相互扶持着跋涉在泥泞的小路上，虽步履蹒跚，但却顽强地走出了苦难的深渊。正如施老回忆的那样："当时我们的生活是比较艰难的，但精神上并无影响。"

畅　流

阴霾飘逝，天清气和。伴和着春天的来临，"小河"越过了巨大的回旋，又欢畅地奔流向前了。1978年，施老获得平反，他重新获得了教学权利，带研究生。在党的关怀下，1985年，施老重新回到原来那间朝南房间，结束了长达16年之久的蛰居亭子间的生活。这一切都使这对年逾八旬的老人感动万分。他们决心要用加倍的工作报答党的关怀。短短几年，施老不仅带出了三班研究生，还编选了一套《外国独幕剧选》（共六辑），1986年出版了他的《唐诗百话》《水经注碑录》等著作。另外，他与夏承焘、唐圭璋、马兴荣等主编的《词学》

杂志，颇得学术界好评。夏承焘先生仙逝后，施老等肩上的分量又沉了些。甚至在前年他患病住院期间，还在医院里撰写论著，审阅稿件，辅导研究生。

陈慧华虽已84岁（指1986年本文刊发时），但身体尚健，每天还照旧操持家务，照顾施老的生活。如今家里有了第四代，这位一手抱大两代孩子的老人，又忙着照料这位曾外孙女了。下午两三点钟，她还常拎上篮子外出买菜。得闲，她仍会读读当天的三份报纸。在施老住院时，她年老行动不便，还是做了好菜请人送到医院。这送去的岂止是菜肴，还有他们五十多年风雨同舟的深沉感情。他们的四个儿子中有当工程师的，有在大学任教的，也有出国进修的。这对已度过了金婚的夫妇以他们卓越的成果和高尚的情操赢得了人们的尊敬。

我怀着敬仰的心情想探究个中奥秘，施老却淡淡地答道："我们俩一生相处，从来没有吵过架，也从来没有恩爱到火热，只是彼此尊重，彼此谅解。"他还说："夫妻两人，只要能做到了解、宽容、和谐、安静、勤俭，这个家庭就是比较好的。"听着这些平淡而又深沉的话语，我的心头宛如流过一条清亮晶莹的小河，明心，净目，催发人智。

半个世纪过去了，施老一家融融泄泄地生活着。艰难困苦中的相互扶持，胜利幸福时的共同分享；思想上的理解，感情上的共鸣，人格上的尊重，行动上的信任；一个会意的眼神，一个默契的微笑，一句幽默的话语，一个独特的手势，都会使施老和他的夫人腾起一种温馨的情感，如蜜，比蜜甜。

（原载《现代家庭》1986年第8期）

施蛰存的豁达

那是1984年的秋天,经应国靖先生的介绍,我有幸拜访了施蛰存先生。事前,应先生曾告诉我,施先生虽然一生坎坷,但是为人却十分豁达,思想深邃,常有惊人之语,发人深省。

果然,那天施先生就非常客气地对我说:"其实你应当去多采访、多宣传过去的'左联'作家,像我这样写'新感觉派'小说的作家,

施蛰存教授侃侃而谈

采访了,写出来发表也没有多大意思。应国靖要研究我,我也劝他不要在我身上花精力,弄不好,还要倒霉。应当去找那些热门的作家研究,容易出成果。"

我感到施老有些顾虑,便笑着说:"时代不同了。任何一个文学流派都有其研究的价值,过去那种'罢黜百家,独尊儒术'的情况,今后不会再有了……""何况,您老一生当中写小说的时间是很短的,大量的精力还是当教师和做学问。"

施老听了点点头说:"那倒是。我这个人兴趣太广,我一生为自己开了四扇'窗子'。第一扇是文学创作,第二扇是外国文学翻译;1957年成了'右派'后,不能教学和创作,就去研究中国古典文学和碑版文物。无意中又开了两扇'窗子'。"看得出,施老对这四扇"窗子"是很感自豪的。因为他在这四个领域里都有丰硕的成果。

我插言道:"施老,我就写您一生开了四扇'窗子'行吗?"这回他老人家同意了。

我又说:"写好后,先请您看一下。不妥之处,请您修改。"

谁知,他听了我的请求后却连连摇手说:"不要看,不要看。你怎么写,我不管;你怎么评价我,是你的自由。我不能将我的想法强加给你。所以,我没有必要看。这叫'出门不认账'。"

施老告诉我,他的父亲是晚清时期杭州的一名秀才,他从小是跟着父亲读书的。我又情不自禁地插言道:"您老原来是出身于书香门第呀。"

"书香门第?"施老重复了这个词语后,颇为感慨地对我说:"什么书香门第?这个说法是最没有道理的,自古以来,人们都认为读书人是香的,劳动人民是臭的。其实,历史上坏事做得最多最绝的大都是读书人,比如,宋朝的蔡京、秦桧,抗战时期的汪精卫、陈公博以及'文革'中的张春桥、姚文元等。"

施老说到这里叹了一口气,继续说道:"书香门第的思想在读书人中是根深蒂固的。'文革'中我和一些教师被勒令在学校里扫地和扫厕所,大家倒也能忍受,忽然,有一天,红卫兵变了个花样,勒令我们到校门口去扫马路,有些教师就不愿去了。原因是怕在校门口见到熟人,呒没面子。当时,我心想,红卫兵的这种惩罚性劳动自然是不对的。但撇开了这一点,难道一个大学教师就不应当到校门口去扫一次地吗?难道平时清洁工人扫马路就是呒没面子吗?说到底还是认为自己是读书人,是'书香门第',而清洁工人则是下贱的,是臭的了。所以,在你的文章里,千万不要写我出身于'书香门第'。"

听了施老的一席话,我从心底里钦佩他思想的深刻和豁达的人生态度。

(原载《新民晚报》2009年6月21日)

雪夜煮酒无名斋

中国著名比较文学研究专家、复旦大学教授贾植芳先生喜欢说笑话，就如他喜欢抽烟与喝花雕酒一般。

一日，有来访者问他，您的书房可有室名？他一听又是一阵朗朗大笑："无名，我本无名之辈，书房也就自然无名。"友人顺乎其意，呼之为"无名斋"，他笑而不语，算作默认。

去年岁尾，天公突降大雪。那天下午，我们几位后辈相约乘兴踏雪去拜访贾先生，无名斋里，除了地板上安了一台取暖器外，窗下依然是

贾植芳教授在思考

一只书桌，一张小圆桌还是靠着一张长沙发，周围放着几只凳子。环壁站着七个放满了书的书橱，壁间还挂着陈从周、何满子等赠送的书画。

贾先生见雪天来客，分外高兴。一番说笑后，见天色已晚。遂命小女摆桌煮酒以作雪夜畅谈。

酒过三巡，他瞧着窗外飞舞的雪花，谈起了他的老友胡风……

那是1935年冬天，贾先生因参加北平"一二九"运动被逮捕，投入监牢。后经家人营救，于一个冰天雪地的日子里，他含愤负笈日本。在日本东京大学念书期间，他向"七月文丛"投稿时，认识了胡风。1947年胡风出版了贾先生的第一部小说集《人生赋》。这一年，贾先生出狱后躲藏在上海一户农家的小阁楼上，趴在一只木箱上奋笔写完了《近代中国经济社会》一书。之后，他又一口气出版了散文集《热力》、中篇小说《人的证明》以及译作恩格斯的《论住宅问题》、《契诃夫的戏剧艺术》，捷克基希的《论报告文学》等著作。

原本，他只想默默地当个教书匠，做些学问，孰料，20世纪50年代的胡风冤案，使他一夜之间名闻天下，坠落冤狱二十余载。待他重见天日，已是年逾六旬，恢复了教职，出任了复旦大学图书馆馆长，并得到这间"无名斋"。

十多年来，他在无名斋默默地耕耘，撰写和编译了许多名重一时的学术著作。他参与编著了《中国现代文学研究资料》（共出80种）；主编了《中国当代文学研究资料》（共出80种），光巴金的资料就达120多万字；主持编写了《外来思潮和理论对中国现代文学的关系和影响》等中国社会科学院重点科研项目，开了中国比较文学研究的先河。此外，他还主持撰写《二十世纪中外文学关系史》约120万字，他为这项"七五"重点项目的完成而殚精竭虑。他整理出版了三四十年代写的《贾植芳小说选》，译作《契诃夫手记》《悲哀的玩具——贾植芳作品选》《劫后文存——贾植芳序跋集》等书。

无名斋里常是高朋满座，笑语不断。有求教的学生，有探讨学术的学者，也有来访的记者，他们中更有说着生硬汉语的外国留学生。

"这些老外，对我们中国文化还真有感情。"贾先生说起他的这些洋学生就禁不住赞扬起来。眼下，慕名前来向他求学的有两个日本学生和一个德国学生。每逢上课时间，这些"老外"都按时来到无名斋，恭听贾先生讲课。贾先生风趣幽默的山西腔普通话，竟也常引得老外们开怀大笑。在贾先生的指导下，一位日本学生正在撰写《巴金与中国无政府主义运动》，另一位日本学生正在研究撰写《上海沦陷时期的文学》，而那位来自马克思故乡的学生则在加紧研究"中国二三十年代的现代主义"课题。

其实，在这之前，贾先生已先后指导了一名德国波恩大学的博士生、两名美国学者和三名日本中青年教授。其中日本横滨大学的铃木正夫教授成为郁达夫研究专家，另一位日本关西大学的日下恒夫教授翻译了老舍的《四世同堂》等作品，还有一位李欧梵先生则写出了《中国现代文学浪漫派的一代》《发自铁屋子里的声音》以及《鲁迅和他的遗产》等著作。

1990年春，两位来自日本东京大学的教授风尘仆仆来到无名斋寻访他，相隔五十多年，他的学生们居然还能够找到他，邀请他重访母校并讲学。他为此感动不已。

是年秋，他与夫人飞赴东京，为母校作了"中国留学生与中国现代文学"的讲演；拜见了当年辅导过他的助教，当这位年过九十的老人握住贾先生的手时，激动得老泪纵横，连声说，您是我们学校的骄傲，并送给贾先生一幅东京旧地图，让他按图寻找他过去的足迹。

日本之行，引起贾先生对那些已故的日本教师的深深怀念，他深情地提议，为那些高尚的灵魂干杯！

此刻，窗外还是大雪纷飞，室内却已是酒香人醉……

（原载《海南特区报》1992年5月9日）

贾植芳的"特种幽默"

贾植芳先生喜欢说笑话,犹如他喜欢抽烟和喝花雕酒一样。只是他说的笑话,令人捧腹之后,常常还会有一股苍凉、凝重的意韵。何满子先生称他说的笑话是"特种幽默"。

一次,我去拜访。刚落座,他就笑眯眯递给我一支烟。我忙摇头说:"我不会。"他接口就说:"唔,好青年,不抽烟。不像我已是'死不改悔'的老烟鬼了。"说完,就哈哈哈地大笑起来。

那天,天黑得早,不一会儿竟纷纷扬扬地飘起了雪花。他吸了口烟,热情地对我说:"上海难得下雪,今天,你赶上了。我们就来个'雪夜煮酒无名斋'如何?"

酒过三巡,贾先生同我谈起了他的朋友邵洵美的几件趣事。

早在20世纪三四十年代,邵洵美在上海的名气就蛮大了。他是新月社重要成员之一;他

贾植芳先生在旅途中

66　　世纪的面影

的诗集《花一般的罪恶》《火与肉》等,一向被视为唯美派诗歌的力作;同时,他还是一位有影响的出版家:他办金屋书店,出版《金屋月刊》,后来还主编过《十日谈》《时代画报》等。另外,他竟然还办了一家印刷厂。他是一个十分忙碌的人。贾先生曾有幸两次与他在朋友聚会上相逢,两次都是朋友们已经举杯动筷时,邵洵美才匆匆赶来,一边向大家顿首致歉,一边入座就食,继而谈笑风生,举座皆欢。(令贾先生不解的是,邵洵美这样一个崇尚思想自由的文化人,竟在解放初期突击出版了一批马克思主义的早期著作,谁知大半属于第二国际代表人物的著作,故而受到报上文章的严厉批评,书屋也就很快关了门。贾先生幽默地说:"我当时不禁哑然失笑,他怎么忽然异想天开地要吃马列主义的饭来了?")

  贾先生与邵洵美再度相逢时,已是同一间牢房里的难友了。当时,正是经济困难时期,人都饿得发慌,大家每天在牢门窗口打饭时,都盼望稀饭能厚一些,打得多一些;如果看到饭盒外面粘有几颗米粒,必会赶紧伸出舌头舔干净。吃饭时,大多数难友都是吃到一半,就舍不得吃了,而是把饭盒包好放在自己的棉被里,留到肚子饿得咕咕叫的时候再吃。但邵洵美不愿这样做,也不愿听大家的善意劝告,每餐都是一下子吃光,而后再用食指刮光饭盒中的粥汤,还一再气喘吁吁地对大家说:"我实在熬不落了!"然后,就触景生情地谈起他过去的豪华生活。他家是沪上望族,非常富有。他属虎,每年他过生日,家里必定去"一品香"为他订制一只像真老虎那样大的奶油蛋糕。生日那天,这只奶油老虎摆在玻璃橱内,橱的四周缀满彩灯,给来宾参观。说得难友们个个馋涎欲滴,肚子又咕咕地叫起来了……"嘿,真是画饼充饥啊!"贾先生叹息一声,苦笑了一下。我想笑,可是没笑出来。

  如今,贾先生虽然远行了,但他的"特种幽默"却令人永远难忘。

(原载:《新民晚报》2008 年 5 月 12 日)

陈从周教我写文章

我无缘成为陈从周先生的学生,但陈老生前却教过我如何写文章。

那是在1985年的冬天,我第一次采访他的时候,是与摄影记者周兵一起去的。陈老笑眯眯地询问我们的姓名。当周兵说了他姓"周"时,陈老马上笑着插言道:"子曰:'周监于二代,郁郁乎文乎哉!吾从周。'"可惜,我们读书太少,一时没有听懂是何意。陈老也看出了我们脸上"写"出的茫然,忙对我们说:"我说的是《论语·八佾》中孔夫子说的一句话,意思是说,周朝的礼乐制度是借鉴夏商二朝而制定的,是很丰富周到的,因此,我赞同和遵从周朝的礼乐制度。刚才我只是想借用'吾从周'这句话,表示我应当向周兵,向你们年轻人学习。同时,也说明了我的名字是出于此处。"陈老的一番话,说得我们脸红耳热,但难为情中又有些高兴。今后我们不是可以经常向他请教了吗?在完成采访之后,我从书包里拿出一本《修辞学》请教陈老,写文章是否应当读读这本书?陈老看了看书的封面,笑着对我们说:"写文章,千万不要读什么语法修辞之类的书,那些书你读得越多,文章就越写不好。这些书的条条框框,实在是束缚作者的手脚和想象力的。尽管这本书的作者,是我的同事,我们相处很好。前两天,我见到他时还当面对他说,不要去误人子弟。"

我听了,很是惊讶,忙问:"那么,陈老您认为读哪些书,才能写好文章呢?"

"其实,写文章没有什么难。"陈老停顿了一下,说:"你只要熟读《古文观止》,只要能背熟其中的二十篇代表作,再加上多写。我相信,你一定能写好文章。"

从此,我遵照陈老教的办法,多读多写。每发表一篇文章,就寄一篇给陈老,请他点评。很快几年过去了。一天,他高兴地对我说:"嗨,你的文章越写越好了。不过,还要多读、多写。"我感动得连连点头。

就在老伴谢世后不久,陈老的爱子又在美国不幸遇难。这真是祸不单行,天意难料。那天,我去看望他,陪他聊天,想为他老人家排遣一些心中的忧伤。可是,一进屋,就有一曲悠扬的昆曲迎面飘来,书桌上堆放着他写的文章,墙上还多了一幅他新绘的国画《荷叶小鸟图》。看来陈老已经摆脱了悲伤,回到正常生活中来了,我暗自为他高兴。

那天,我们谈了很多,临别,我指着那幅《荷叶小鸟图》,好奇地问他何以作此画?他以手指画说:"你可走近些看我的题词。"我趋前一看,只见上书:"媛媛女孙存之。"再退而观画,方才恍然。原来画中的田田荷叶是暗喻陈老,那只小鸟则暗指小孙女。画上小鸟嬉戏于田田荷叶之间,非常生动地表现了陈老在丧妻失子之后,祖孙俩相依为命、孙女嬉戏膝下的生活情景。回来后,我在一篇文章中写进了这些想法。陈老读后,满意地对我说:"这一段写得很准确,也很生动。"

好多年来,每当我提笔写文章时,眼前总会浮现出陈老教我写文章的情景,耳边总会响起陈老要我"多读、多写"的教诲。

(原载《新民晚报》2006年12月31日)

"理以文出 文以理深"
——访古建筑学家、园林文学艺术家陈从周

风,把霏霏的春雨,轻轻地洒落在大地上。校园里寂静而又安宁。"咚、咚、咚",是谁?在敲谁家的门扉?房门启处,诗情画意,伴着朗朗的笑声飞出:"风雨故人来。"主人脱口而出。来者以"蜀道之难难于上青天"笑语唱和。这是年逾花甲的同济大学古建筑学家陈从周教授,暮春时节冒雨拜会老友、著名数学家苏步青教授的场景。

陈老在苏老先生的书斋里,谈诗论文,鸣箫作画,直至夜幕降临,陈老方才兴尽而归。

这是两位老先生日常交往中的一段佳话。而笔者听来,除了觉得生动有趣之外,顿生深深的敬意。一位是数学家,另一位是古建筑学家,怎么会对吟诗作画、鸣笛吹箫如此津津乐道?

笔者有幸拜访陈老时,已是"吹落黄花满地金"的暮秋。主人热情引我们进入他的书斋——"梓室"(叶圣陶老先生为他亲笔题写)里就座。

陈老明白了我们的来意后,爽朗地说:"文科与理科,实质上是相通的。二者的关系应是理以文出,文以理深。"他认为,科学家的文章要让外行人看得懂,如若外行人看不懂就是死文章,科学普及工作就做不好,这就叫"理以文出"。是的,陈老邃密精深的古建筑学理论都是用优美的笔调娓娓道来。对于中国园林的树木栽植,他

写道："窗外花树一角，即折枝尺幅；山间古树三五，幽篁一丛，乃模拟《枯木竹石图》……"读后，如见一幅泼墨山水，似饮一觞清甜山泉。

陈老还说，理以文出，不仅在于文章写了让外行看懂，更重要的是，在我国浩如烟海的文史典籍中，蕴含着古建筑学理论取之不尽、用之不竭的知识财富。

陈老早年攻读杭州之江大学现为浙江大学之江校区中文系文史专业，1942年获文学士学位。他从事文史，擅长诗、词、文，又是国画大师张大千的入室弟子，工人物、山水、花鸟，书法亦堪上品。这些对他后来转入古建筑学研究并取得众目所瞩的成就起到了非常重要的作用。

在陈老眼中，中国园林应该是由建筑、山水、花木等组合而成的综合艺术品，如同文学、戏剧、书画一样，皆是抒发情感的艺术表现形式。

1977年冬，他为美国纽约大都会艺术博物馆设计建造的"明轩"，就是他将诗、词、书、画、文、史以及美学知识与古建筑理论融于一体的结晶，就是按照他的"以殿春簃景为蓝本，以明代风格为特色，以明代山水画为范本"的方案建造的。这座安置在纽约大都会艺术博物馆二楼水泥地板上的中国园林，如画如诗，达到了"花影移墙，峰峦当窗""坐石可品泉，凭栏可观花"的艺术效果，受到美国人民的热情赞赏。美方主持人明斯托夫人惊奇地说："简直不敢相信自己的眼睛，中国人真了不起。奇迹！奇迹！"为此，陈老放声唱道："我为名园曾作主，苔痕分绿到西洲。"

陈老感慨地告诉笔者，中国园林的设计构造，含有高深的美学思想，光会画线、量尺寸，没有美学思想指导，充其量只能算个"建筑匠"。"水随山转，山因水活""溪水因山成曲折，山蹊随地作低平……"此类佳句名言，他随口道来，以说明他的"园以景胜，景以园异"和"还我自然"的美学思想。

在谈到"文以理深"的时候，陈老认真地说，文学家如果没有科学知识做基础，写文章免不了要闹笑话。因此，要文以理深。只有以科学知识作为基础的作品，才有深度，才能使外行看了击节叫好，内行看来点头称是。他是这样说的，也是这样实践的。记得，叶圣陶老先生读了陈老的散文集《说园》后这样写道："这五篇《说园》是从周对造园艺术的全部思想的表述，他的哲学、美学、建筑学的观点全都包容在里面。……他写这五篇《说园》的用意，就在使主其事的人懂行……"请看，他是这样描写苏州网师园的静观特色的："人们进入网师园宜坐宜留之建筑多，绕池一周，有槛前细数游鱼，有亭中待月迎风，而轩外花影移墙，峰峦当窗，宛然如画，静中生趣。"而他笔下的具有动观特色的拙政园则是移步换影，使人大有身临其境之感，"径缘池转，廊行人随""日午画船桥下过，衣香人影太匆匆"……

据悉，陈老又有散文集《春苔集》《绍兴石桥》，诗词集《山湖处处》将问世。那一定也是"文以理深"的典范。

我们握别陈老的时候，已是夜里九时许。然而归途中的我，依然像是漫步在古典园林中的游人一样，不愿离去。

（原载《书讯报》1984年12月5日）

"花影移墙,峰峦当窗"
——著名园林建筑学家陈从周谈文艺

披着融融的春光,我来到上海同济新村的一座门楼前,叩开了陈从周先生的门扉。一曲悠扬缠绵的昆剧唱段,将我引入陈老的客厅。壁间,挂着茅盾等人的名家字画,书斋的门楣上是叶圣陶老先生亲笔题写的"梓室"二字的墨迹,而窗台上已见葱翠的花卉,在古朴典雅的氛围里,注入了一股清新的早春气息。

我经常登门向陈老索稿、求教,算是常客。落座甫定,陈老便就我的采访题目,缓缓说开了……

"我对文艺的兴趣爱好,是自幼启蒙于母亲的怀抱中,母亲常教我吟诵《千家诗》,母亲念一句,我学一句,深沉的母爱至今还温暖我心。稍长,入私塾,进学堂,我特别喜欢诵读唐诗、宋词,阅读明清小说,背诵古代散文、戏剧唱词。宋人李格非的《洛阳名园记》,我百读不厌;欧阳修的散文,李清照的词,我更是爱读,经常背诵。"

说着,陈老就背诵起李清照的一首词来,如歌如吟,颇有韵味。

"上大学时,我专攻文史专业,又从张大千先生习作书画,京剧与昆剧则是我毕生所好。这些文艺爱好,对我毕生从事的园林建筑学的研究,也是必要的基础。"

"中国园林同文学、戏剧、书画一样,是表达思想感情的一种艺术表现形式。如明代建造的江南园林,就表达了明朝万历前后'四海清平'之时,士大夫的闲情逸致。明代的造园家张涟、张南阳、李渔等皆通绘事，雅擅戏曲，更善诗文，遂使园林表现出'工整''雅秀'的风格。

"中国园林还是中国文化的凝聚物，是一门集文学、哲学、美学、建筑、书法、绘画、戏曲、植物栽培等多门学科于一体的边缘学科，是由建筑、山水、花木等组合而成的综合艺术品。搞园林建筑不通绘画，不懂诗文，不会摄影，没有相当文艺修养，万难造出好园林。"

"苏州狮子林，是元代园林，后为贝聿铭家花园。当年修复狮子林时，贝先生正在国外深造。之后归国观赏狮子林，对园林构造，大为失望。一问才知，原来是一位没有文艺素养的管家监造的。同样是苏州的网师园，则体现了悠久的中国文化和精巧的艺术构思。1977年，我以网师园中的殿春簃景为蓝本，为美国纽约大都会艺术博物馆设计建造的'明轩'，追求'花影移墙，峰峦当窗''坐石可品泉，凭栏可观花'的如诗如画的艺术境界，受到美国人民的热情赞赏。我感到，美国友人之所以极为赞美中国园林，主要是他们看到中国园林，如同中国黄酒、昆曲、中国菜一样，体现了悠久的中国文化。"

陈老先生正是按照这一美学思想，设计建造与修复了不少园林，他在美国纽约移造成功的"明轩"，也正是他深通中国文化，熟谙多种艺术的结晶。

"我认为，研究园林建筑需要文艺修养，即使研究理工科的人，也应当懂一些文学艺术。否则，连论文都写不通。现在有些论文内行看了吃力，外行如读天书。尤其是科普作品的创作，更应当让外行也看得懂。我国古代散文中的《阿房宫赋》《滕王阁序》《洛阳名园记》等，虽是记载宫殿、亭台、园林建筑的文献，但同时也是脍炙人口的散文名篇。古代宝贵的建筑理论也因之得以代代相传。"

陈老在著述中，就很好地继承发扬了古代散文中的优良传统。读他的《说园》《园林谈丛》《书带集》《春苔集》《绍兴石桥》等园林建筑学专著，恰似读一篇篇精巧灵秀的明清散文。陈老自己写的《绍兴石桥》序言,还被中国文联出版公司收入《1984年全国文学作品精选》一书中。这对一位工科专家来说是难能可贵的。

最后,陈老说:"集一生治学之经验,即'文理相通'。多年来,我和苏步青教授一起大力提倡学生要'文理相通'。理科学生要学点文,才能写好论文;文科学生学点理,文章才有深度。大学教育,应当为学生创造'文理相通'的各种条件,才能造就一大批杰出人才。"

(原载《科技日报》1987年5月29日)

赵超构的"婉拒"

我曾经被赵超构先生"婉拒"过。

那是在 1985 年春天,我在《书讯报》负责书评的组稿和编辑工作,同时还参与"我的第一本书"专栏的组稿工作。

这都需要拜访文化名人。组稿之余,我还会抓住机会采写一些名人专访,以锻炼自己的工作能力。一段时间下来,我组到了一些名家的稿子,也采写发表了几篇名人专访。其中有萧乾、胡道静、陈从周、施蛰存、贾植芳、李乔、叶辛等。由此,我信心大增。一日我忽发奇想,要去拜访我国新闻界的"老将"赵超构先生。

说干就干。那天上午,我骑着自行车,兴冲冲地来到虹口区的瑞康里,找到了赵老的家。

起初,赵老对我这个"不速之客"有点惊讶。但他听了我的来意后,还是礼貌地让我进了屋,随之让座、泡茶。

一开始,我对自己不打招呼,直接登门打扰表示歉意。赵老却说:"没关系。有什么事就说吧。"

"好的。"我便说出了自己的来意,"今天打扰你有两件事:一是最近我们《书讯报》刊登了一篇评论《金粉世家》的文章,引起不少读者的兴趣。据我所知,抗战时期您和张恨水先生在重庆一起办过《新民报》。您的《延安一月》里,还有张恨水先生写的序。因此,我想听听您对《金粉世家》的评价。然后,我整理出来发表在我们的报纸上。"

赵老听后，非常认真地对我说："葛昆元同志，首先我想告诉你，我没有读过《金粉世家》这本书，也就无法作评论了。"

"是吗？……"我有点不相信。

赵老看出了我的想法，便委婉地说："我是个记者，关心新闻较多，其他方面关心很少。"

赵老的话，非常诚恳，令人不得不相信。

当时我年轻不太懂事，再加上从事编辑工作不久，总想一次拜访就能有所获，便对赵老说："评论不写了。但我想请您写一篇《我的第一本书》的文章，行吗？"

我本以为，这个要求赵老一定会同意的。不料，赵老听了，又是摇了摇头说："很抱歉！这篇文章，我也写不出来。"

"为什么呢？"我问。

赵老回答："我的第一本书不值得写。"

我说："赵老，您太谦虚了。当年您的《延安一月》出版，可是轰动一时呀！"

不料，赵老说："其实，《延安一月》不是我的第一本书。而我的第一本书又是不值得宣传的。"

我听了，真有点懵圈了！我突然发现自己的准备工作，是多么的粗糙了。我连哪本书是赵老的第一本书都没有搞明白，就向他老人家组稿，真是太轻率了！

想到这里，我便对赵老说："赵老，对不起哦！怪我做事粗心，急于求成，把您的第一本书都弄错了……"

赵老却宽容地笑道："没关系的。"

话说到这里，我明白，我不应该再打扰赵老了。于是，我起身向赵老告别。但我还是有点心不甘，转身说道："赵老，我是否可以请您写一篇《延安一月》创作过程的文章呢？"

赵老听后，依然说："不必了。"

回来的路上，我生着自己的气：怎么会这样粗心呢？好好的一次采访组稿给搞砸了！

原本我以为这事就过去了。赵老也一定非常"讨厌"我这个"不速之客"了，我想他老人家再也不想与我有片言只语的来往了。

令我意想不到的是，两天后我突然收到了赵老写给我的一封信。信封上除了写着我报社的地址、姓名外，最下面写的是"新民报赵超构"。我有点激动，便马上撕开信封，抽出信纸，读了起来。

赵老的信，是自右向左竖写的。他称我是"葛昆元同志"，然后信的正文开头即是"辱承枉驾，失迎为歉。"

这八个字，我一下子没看懂。马上查字典，请教"老先生"，才明白赵老非但不责怪我这个"不速之客"登门打扰，反而表示他应该先来拜访我，现在我却先去拜访他了，他为没能出门迎接而表示歉意。接着，赵老再次恳切地告诉我："恨水先生的《金粉世家》，我从未读过，无法发表评论。"他还谦虚地表示，"第一本书，我实在谈不上，并点拨我'这是应该请文坛上的作家来谈的'"。最后，赵老坦言自己"事杂体虚，实在无法写这类稿子。务请曲谅是幸"。

读完信，我很感动。我万万没想到，赵老"婉拒"了我之后，担心是否会影响我的情绪，还专门来信安慰我，再次说明不能答应写稿的原因，并指点我组稿的方向。

当天，我给赵老回信表示感谢之后，想了许多。我觉得，赵老对我的"婉拒"，实在是我的一件幸事。使我既意识到自己的不足，又感受到他老人家的谦虚、宽容、实事求是，以及热忱扶持后人的传统美德。

（原载《新民晚报》2024年7月2日，
原题为《那年，赵超构先生拒绝了我》）

巫山风雨夜潇潇

——同济大学土木工程学教授俞调梅谈作诗

陈从周教授告诉我,他同校的俞调梅教授爱好文艺,会做古诗。

我去找俞老,他却笑着说:"陈老过奖了,我哪里会做诗?只是小时候喜欢读旧体诗。有时,乘兴依样画葫芦,写过一些旧体诗词,只是消遣罢了。"

"您老太谦虚了。"

"不,我说的是真话。几十年来,我对诗始终怀着'懒、羞、怯'的心情。"

"为什么?"

"我认为,诗人应当具有很高的素养,像我这样的人哪里能写出好诗来呢?凑合写出来了,也只是假古董。因此,我懒得写,写出来了也羞于见人,更怕发表。"

真没有想到!这样一位老教授竟然对文艺会产生如此"懒、羞、怯"的心理。我颇有些迷惑不解。

俞老见状,微微一笑说:"古人做诗,常常是'一字未安,绕室终日',是'衣带渐宽终不悔,为伊消得人憔悴',还难得几首绝唱。像我这样心血来潮,偶尔为之,哪能有什么好诗?"

听了他这一番话,我才悟出,他的"懒、羞、怯",正是他严谨治学精神的体现。他对待教学、科学技术、工程设计也同样的严谨。用他的话来说,"懒、羞、怯"的根子是"眼高手低"。

"俞老,能否将您创作的诗,让我拜读拜读?"我向他提出请求。

他沉吟片刻,缓缓地说:"好吧,过几天我找几首,寄给你。"

果然,几天之后,我收到了俞老寄来的几首诗词,还附了一封信。我立刻迫不及待地埋首读起来。很快,俞老诗中澎湃着的激情,将我推入喧嚣奔腾的历史长河中……

> 半山云雨隐崇阿,南国诗人兴若何?憔悴不须愁鸟道,青松翠欲上烟蓑!
>
> ——《登华山,酬闽侯刘君》
>
> 扶持铁索上苍穹,木榻绳床客梦融。羡尔高人无世法,惭余词客困飘蓬。
>
> ——《登华山,中峰绝顶,宿道观》

俞老的这两首诗作于1933年,时值"九一八"事变发生后不到两年,中国处于民族危亡的关头。年仅22岁的俞调梅,正在位于上海的交通大学土木工程系学习,他具有"憔悴不须愁鸟道,扶持铁索上苍穹"的勇气,同时,又对老道士诚朴的"无世法"精神表示赞赏,而自己则免不了有"困飘蓬"之感。

之后,他赴英国伦敦大学留学,学成归国已是太平洋战争爆发前夕。他不顾辛劳,辗转到江西、福建执教,同祖国人民共命运。好容易盼到抗战胜利,蒋介石又挑起内战,他内心十分反感和忧虑。1948年,他在一首《赠友人》的长诗中悲愤地写道:

> 返棹江南浑似梦,何人痛定还思痛?点兵吏满石壕村,催课人亡武陵洞。卻虑空烦回纥兵,论功谁忆包胥恸?爇馀黎庶待升平,箕豆犹煎邹鲁阁。

中华人民共和国成立后,他以极大的热情为社会主义建设奉献力量。然而,20世纪50年代末的反右斗争,使他迷惘;"文革"十年,更使他困惑不解。

1976年,他痛悼周总理、朱老总的逝世,目睹"四害"横行,写了一则《无题》,记下他的柔肠百结的心情:

  佛云"不可说";子曰"如之何?"南无阿弥陀,向君打招呼。

不久,毛主席逝世,他在《悼辞》中写道:"最忆天安门上话,人民从此站起来!"表达了他的信心。

终于,天如人愿,光明驱散了乌云,他又焕发了青春,紧张地投入教学和科研工作中。还以古稀之躯,飞赴大洋彼岸出席学术会议。他在一首《浪淘沙》中写道:"催上轻车晓月残,衰翁昏聩怯春寒。羽田、长岛、墨西湾。八万行程二十日,三洲风物不须看,炎凉天气客衣单。"可见他的繁忙。

历史前进的脚步,常常唤起人们的沉思。

像所有爱国知识分子一样,俞调梅不断反思历史的教训。去年,他从武汉乘船赴重庆途中,面对前朝遗址,滔滔江水,浮想联翩,挥笔写下一首《浪淘沙》:

  汽笛一声别汉臬,龟蛇寂寂浪滔滔。船行葛坝暗生潮。云残啼猿难再见,秭归白帝忆前朝。巫山风雨夜潇潇。

词蕴情深。我透过这些诗词,真切地感受到了中国老一辈知识分子的爱国之心。我恳切地向俞老建议,将这些诗词写入我的文章,以激励后辈。他考虑再三,终于满足了我的愿望。

(原载《科技日报》1988年1月1日)

谈华师大往事，谈爱孙施一公
——施平忆今昔

翻看《上海滩》，忆起往事

2019年秋天，采访施平老书记，是我参加上海炎黄文化研究会后的第一个任务。称他为"老书记"，是因为20世纪80年代初，我在华东师范大学读书时，他是我校的党委书记。

当时，我有点担心完不成这个采访任务，因为那年施老已经109岁了。不知他的健康状况如何？是否还能接受采访？

可是，那天下午，当我走进他的房间时，却看到他正坐在桌前翻阅报刊。陪侍在他身边的幼子施小京告诉我，施老身体还好，唯有耳朵有点背，让我说话声音要响一些。

我走到施老身旁，与他握手，然后他让我坐在对面的一张椅子上。我拿出2014年第11期和第12期两本《上海滩》杂志，翻到刊有他革命生涯故事的文章给他看。施老拿在手上翻了几页，马上冲着我笑了。显然，他是想起了5年前，我曾经随作者汪祥云、包汉中两位老师到华东医院南楼看望他的往事。

有个了不起的孙子——施一公

2014年，我约请汪祥云和包汉中两位老师写了一篇讲述施平革命生涯故事的稿件，连续两期登载后，引起了读者的热烈反响。于是，汪、包两位老师便约我一同去华东医院看望施老。我记得，当时施老已经是104岁高龄了，但他依然思路清晰，谈吐自如。汪祥云老师曾做过施老多年的秘书，彼此十分熟悉，所以，一见面他在关心了施老身体状况、饮食起居等问题后，就直奔主题："施老，最近在研究什么问题？"

施老回答说："还是在研究王申酉案。"

我们听了颇为惊讶！这是在我当年上大学时，施老就开始研究的一桩大案。几十年过去了，我几乎已经忘了，可是他老人家却依然执着地在研究这桩历史冤案，以期从中找出一些历史经验和教训。

我问施老："目前，研究有什么新进展吗？"

他笑笑，摇了摇头说："还需要继续努力！"

"施老，最近还外出采风拍照吗？"汪祥云又问道。

"哦，施老喜欢摄影？"我好奇地问。

包汉中老师马上接口告诉我："施老不仅喜欢外出拍照，还拍得相当有水平，特别是把公园里、郊外路边的各种鲜花拍得很美。最近几年，施老还出版了两大本摄影集呢！"

施老听了，谦虚地说："拍得不好。这里有几本送给你们作个纪念。"说完，他挥笔在摄影集的扉页上签上了自己的姓名，送给我们每人一册。我们如获至宝，向他致谢。

汪祥云是个热心人，转头问我："施老的文集，你有吗？"

我回答："没有。但我很想有一本。"

"好！"汪祥云应了一声，刚要向施老开口，只见老人家已经从桌上的一沓书中抽出一本，翻开封面，戴上老花镜，看了看我的名片，拿起钢笔在扉页上题写"昆元同志：请指教，惠存！施平敬赠2014.12.8于上海"。我赶紧站起来，走到桌前，躬身伸出双手，从施老手中接过这本《施平文集》，口中连连说道："太感谢您了！我一定好好读您的这本文集。"施老听了，谦虚地笑了笑。

这时，汪祥云看拜访时间已不短，便问了最后一个问题："施老，您的孙子施一公回国后，常来看您吗？"

施老笑道："常来。除了节假日来之外，他凡是来上海参加学术活动或开会，都会来看我。"

汪、包两位老师听了很高兴，都说："您有一个了不起的孙子！"

施老又谦逊地笑笑。

告别施老后，我好奇地问汪、包两位老师："那位享誉世界的科学家施一公真是施平老书记的孙子吗？"

他俩笑道："千真万确！"

我难为情地说："我真是孤陋寡闻了！今天真是不虚此行，长了见识了。谢谢两位老师啦！"

爷孙俩"殊途同归"，都成了教育家

此刻，我对施老讲了这段五年前拜访他的往事后，他朝我慈祥地笑了笑。施小京见状，对我说："今天你有什么问题尽管问。大声点，他能听到。"

我便对施老说："施老，我们政教系77级的同学一直很感激您呐！"

施老听了，看着我，有点茫然，但他注意听着。

我看了一下施小京，接着说："当年开展真理标准讨论时，校园里真是热火朝天。我系同学更是积极参与，各抒己见，甚至在一些重大问题上争论不休。其中自然会有一些比较正确的言论，也不可避免地出现一些偏激出格的话语。有几个同学还创办了一份壁报，名为《实事求是》。每天都有同学将自己的思考或是疑问写在纸上，贴到壁报上，与大家分享。有些是批判'两个凡是'，坚持实事求是的，但也有一些片面宣传西方民主的稿子。这很快引起有关部门的重视，指出必须对错误思想进行批评教育。不久,有一家报纸就发表了一篇文章,点名批评了《实事求是》壁报。这给一些同学造成很大心理压力,担心会否记入档案,影响毕业后的前途。毕竟,当时'文革'刚结束不久,同学们难免心有余悸。

"就在大家惴惴不安之际,系里传达了校党委书记施平的指示。明确指出,学生在讨论中有不同意见是正常的,要鼓励大家参加讨论,真理越辩越明;对那些说错话的同学,要重在教育引导,提高认识就行,不要扣帽子。同学们听了传达后,心里的一块石头终于落了地。

"不料两年之后,就在我们毕业分配前夕,有人又旧事重提,说什么有过错误言论的同学,将会记入档案,影响分配。这一下,在同学中又引起了一些思想混乱。施平书记您知道后,特地在全校毕业分配动员大会上再次表示,同学们在真理标准讨论时,所说的话,都不会记入档案,也决不会影响分配!您的话音刚落。立即赢得全场同学的热烈掌声。"

当时,我一边说,施小京一边在施老耳边大声复述。施老听后,缓缓放下手中报纸,冲我开心地笑了笑。

最后,我对施老说:"上次拜访您时,听汪祥云老师说起,您的孙子施一公院士已经回国工作。现在,我想问您一下,您觉得施一公放弃美国优越的条件回国工作,值得吗?"

本以为,我的问话仍要经施小京在施老耳边转述后,他才能听清。孰料,未等施小京开口,施老就直接回答:"是我叫他回国的。"那种自豪感洋溢在施老的笑脸上。

此时,施小京在一旁补充道:"其实,早在好多年前,施一公每次到上海来看望爷爷时,爷爷都要他回来为祖国的科学事业效力。"2008年,在世界科学界享有崇高声誉的施一公终于回到祖国,先是担任清华大学副校长,继而创办西湖大学并亲任校长,为我国科学事业的发展,培养顶尖科技人才。同时,施一公也了了爷爷的一大

85

心愿。

我听后，对施小京说："他们祖孙俩蛮有意思，爷爷是革命家，后来当了大学党委书记，成了一位著名教育家；孙子是科学家，现在回国当了大学校长，也成了一位著名教育家。真可谓是殊途同归啊！"说完，我们都笑了。

与施老合影刊登在头版头条

那天回家后，我很快将访谈整理成文。几天后，我将稿子送到华东医院，请施老审阅。施老接过稿子，认真地看起来。最后，对我说："没有问题，可以发表。"

我高兴地一边说"谢谢施老！"一边顺势将椅子移到施老右后侧，请护工阿姨为我们拍了一张合影。照片中施老手中拿着的，就是我写的稿子。2019年底，由上海炎黄文化研究会主办的刊物《海派文化》在头版头条的位置，刊登了我的这篇采访报道。同时，还特地登载了那张施老与我的合影。

几天后，我带着几份刚出版的《海派文化》，兴冲冲地赶到华东医院给施老看。但是，不巧施老正在午睡。护工阿姨轻声告诉我："今天施老睡得特别好，如有急事，可以叫醒他。"我听后赶紧摇手示意，不必惊动施老。我拿出一个放有《海派文化》的旧文件袋，交给护工阿姨，说："待施老醒后，请将这袋报纸交给他，并告诉他，我对他的采访稿已经发表了。还请你转达我对他老人家的问候，祝他永远健康长寿！"说完，我又看了一眼熟睡中的施老，轻轻地朝门外走去。

2023年11月1日，施老度过了112周岁生日，衷心祝福他老人家永远年轻！

（原载《上海滩》2024年第1期）

姚以恩情系犹太文学大师五十年

2008年10月18日,在华东师范大学赵云中教授授勋仪式上,乌克兰副总理瓦休尼克约见了81岁的上海市文史研究馆馆员姚以恩先生,并热情地邀请他于2009年3月2日到乌克兰参加犹太文学大师肖洛姆-阿莱汉姆诞辰150周年的纪念活动。姚以恩愉快地接受了邀请,并将自己翻译的肖洛姆-阿莱汉姆的代表作《莫吐儿传奇》赠送给瓦休尼克副总理。此情此景引起了许多人的好奇:瓦休尼克副总理为什么要发出邀请?姚以恩与那位犹太文学大师又有着什么样的因缘呢?带着这个问题,我拜访了他。

那是一个初冬的下午,阳光柔柔地照在他的书房里,姚老向我讲述了他与肖洛姆-阿莱汉姆的不解之缘。

翻译《莫吐儿》,迷上肖洛姆-阿莱汉姆

姚以恩年轻时,聪慧好学,在上海震旦大学附属扬州中学读书时,多门功课中外语成绩尤佳。上海解放初期,他考上了华东人民革命大学附设上海俄文学校(即今上海外国语大学)学习俄语,毕业后留校任教;授课之外,还为《文汇报》编辑《俄语周刊》。1951年参加了我国第一个翻译工作者的组织——上海翻译工作者协会。

1956年夏天的一个下午,姚以恩收到了上海少年儿童出版社当时的编辑、后来以翻译《牛虻》而出名的翻译家李俍民写给他的一封信，信中写道：经与译文科科长任溶溶商量，想请他翻译一本名叫《莫吐儿》的中篇系列小说，并说这是犹太作家肖洛姆-阿莱汉姆的优秀作品。

任溶溶与李俍民都是姚以恩在"译协"的好朋友，彼此无话不谈。当时的姚以恩只有28岁，对犹太文学知之甚少，对读起来非常拗口的"肖洛姆-阿莱汉姆"更是不甚了了。所以当他从李俍民手上接过俄文本《莫吐儿》时，竟疑惑地问了一句："作品怎么样？"

李俍民听了笑道："你看了再说吧。"

由于这本书语言生动活泼，幽默风趣，他当晚一口气就读完了，并被深深地震撼了。原来，《莫吐儿》讲述的是一个世纪前生活在俄国的犹太人的故事。犹太儿童莫吐儿的父亲死了，他成了一个孤儿。于是再也不能上学，也不用再做祷告，不能再到教堂去唱诗了。他觉得无忧无虑。"我真走运——我是孤儿！"家里穷得把家具都卖了。面对空空荡荡的家，莫吐儿快乐地在地上打着滚，还发出"快乐"的感叹："这会儿地方可够啦。多宽敞啊！多自在啊！简直是天堂！"这样的反话正说，通过一个孩子的口，使人在发笑的同时，产生更深的悲哀。

姚以恩热情而又勤奋，工作起来夜以继日。何况，莫吐儿的故事引人入胜，他是边译，边笑，边流泪，译得十分顺畅。没多久，100多页的《莫吐儿》就译完了。书中的主人翁，就按李俍民信中的叫法，译成了"莫吐儿"。一开始，他虽然觉得有些不雅，似乎可以改译成"莫托尔"之类的名字，但又一想，"莫吐儿"也有其朴实、稚拙、可爱的一面，于是，便照此译完全书，对这位犹太作家充满了崇敬和迷恋。

说到这里，姚以恩不禁长叹一声，然后感慨地对我说，世事无常，祸福难料。1957年，有一天，校党委邀请他参加一个积极分子座谈会，与会者一共6名教师。会上动员大家大鸣大放，帮党整风。第二天，碰巧少儿出版社送来《莫吐儿》清样，要求他尽快再读校一遍，立即付印。姚以恩立刻向学校请了假，在家里埋头读校起来。也就是在这一天，其他5名教师在会上真诚地向党委提了意见，却都在随之而来的"反右"斗争中，被错划成右派分子。姚以恩从心底里感激《莫吐儿》保佑他逃过一劫。

文学前辈们的鼓励增强了他的信心

1957年夏天，姚以恩翻译的《莫吐儿》问世了。

姚以恩捧着散发着油墨香的新书百感交集，高兴的是，将近一年的辛勤劳动，终于开花结果；担心的是读者对这本书会有哪些反响呢？

不久，他收到了著名文学家、画家丰子恺先生读了他译作后的来信。丰老在信中热情地称赞他："《莫吐儿》译得很好！"

肖洛姆-阿莱汉姆是一位世界文坛上杰出的大作家。他的代表作《卖牛奶的台维》《美纳汉·孟德尔》《莫吐儿》，被译成六七十种文字，受到广大读者的喜爱。《莫吐儿》确实是一本好书。高尔基在1910年读了《莫吐儿》俄译本后，给作者写了一封热情洋溢的信，信中说："您的书我收到了，读过以后我笑了也哭了。……这是一本了不起的好书！整本书都洋溢着深厚、亲切而聪明的爱。"著名翻译家潘庆舲先生在《绝妙好书　耐人寻味——读〈莫吐儿传奇〉》一文中说："不久前，我在美国哈佛大学最大的卫登纳图书馆书库中看到肖洛姆-阿莱汉姆的各种版本原著以及有关评论著作，竟达600种以上，收藏量与美国文学中两位大师马克·吐温和德莱塞大致相仿，即可证明，作为举世瞩目的艺术巨匠，肖洛姆-阿莱汉姆当之无愧。"1959年，在他诞辰一百周年的时候，世界和平理事会确定他为"世界文化名人"。为此，北京和上海文化界分别举行纪念会。北京的纪念会由中国作家协会主席茅盾主持，著名作家曹靖华作报告，详细介绍了肖洛姆-阿莱汉姆的生平和作品。会后，由北京人民艺术剧院的著名演员董行佶朗诵了姚以恩翻译的《莫吐儿》片段。

姚以恩应邀在上海的纪念会上作了有关肖洛姆-阿莱汉姆的专题报告。他的报告内容扎实，博得全场与会者的热烈掌声。

就是在这一片掌声中，姚以恩产生了一个美好的心愿与梦想：要更努力地研究肖洛姆-阿莱汉姆，收集他的各种资料，把他介绍给中国读者；同时，还要将中国翻译出版和研究肖洛姆-阿莱汉姆的情况，介绍到世界各国，尤其是犹太人居住的国家和地区去，促进中外文化交流。

京沪纪念会之后，姚以恩认真研读了曹靖华先生的报告，感到曹老的报告中对肖洛姆-阿莱汉姆的介绍，与他掌握的材料略有不同。他便给曹老写了一封信商榷。曹老很高兴地给他回了信，在探讨了有关问题之后，特地在信末加了一句：《莫吐儿》译得很好。

著名学者钱锺书是不轻易赞扬别人的，但是，钱老在读了《莫吐儿》之后，于1982年12月28日亲笔写信赞扬他的译文是："曲传原作风趣既感且佩。"萧乾在《瞭望周刊》1985年第1期上一篇谈读书的文章中特地谈到读了《莫吐儿》之后的感想：《莫吐儿》一共不到一百页。对我却像浓缩了的狄更斯或马克·吐温，也那么幽默、真实、感人。而且，姚以恩的译文是多么上口啊！"

一些同辈朋友和著名作家也对他的《莫吐儿》作出了很高的评价。《世界文学》原主编高莽1998年1月20日，在读了姚以恩的《莫吐儿》之后，也特地写信来说："此书译得好，印得也好。你为肖洛姆-阿莱汉姆尽了自己的努力，肖洛姆-阿莱汉姆在天之灵也会感谢你的。"

1998年7月30日著名作家赵丽宏在阅读了《莫吐儿》之后，在

《羊城晚报》上撰文评价说:"肖洛姆的作品曾被翻译成六十多种文字,我不知道他的作品中有多少被翻译成了中文,大概不可能是全部。姚以恩的译本,是很传神的一种。"

这些文学前辈和作家、评论家的评价对姚以恩来说,无疑是巨大的鼓舞。再加上书出版之后,国内一些媒体纷纷请他撰稿向我国读者介绍肖洛姆-阿莱汉姆及其作品。此时此刻,他更加感到自己对这位犹太作家了解得太少了,他必须要在全面了解了肖洛姆-阿莱汉姆的身世和创作经历后,才能向同胞们准确地介绍。同时,他依稀了解到像肖洛姆-阿莱汉姆这样来自弱小民族的作家,在五四新文化运动时期,曾受到我国文学界的高度重视,他也想了解,中国是哪一位文学家最早把肖洛姆-阿莱汉姆介绍到中国来的。

茅盾最早将肖洛姆-阿莱汉姆介绍到中国

那是一个夏日的午后,他像往常一样在徐家汇藏书楼查阅那些灰尘蒙面的旧报刊。几个小时下来,直弄得头晕眼花,但他丝毫不敢懈怠,生怕一个疏忽,漏失一条重要内容。哎,真是功夫不负苦心人。就在他觉得天色已晚,今天已不会有什么收获时,突然,在1921年6月20日《民国日报》的《觉悟》副刊上发现了一则一百来字的报道。报道说:"现代犹太小说家阿尔秦,被人称为'犹太的马托温'。就因为这个阿尔秦的作品和马托温一样,思想也相像。"报道末尾署名为"P生"。

这则报道,犹如一道闪电划亮了姚以恩的心灵,令他一下子兴奋起来,因为这可能是他发现的我国最早的介绍肖洛姆-阿莱汉姆的文字。但是,姚以恩是一位治学严谨的学者,高兴之余,他马上产生了一些疑问:报道中提到的阿尔秦,是否就是肖洛姆-阿莱汉姆呢?他知道,马托温就是马克·吐温的另一种译法。此刻,他突然想起

1914年第一次世界大战爆发后,马克·吐温在欢迎肖洛姆-阿莱汉姆移居美国时,曾说过:"我一定要来看你,因为我知道,我是美国的肖洛姆-阿莱汉姆。"由此,可以确定"P生"报道里的"犹太的马托温"阿尔秦,就是肖洛姆-阿莱汉姆。

那么,接下来的一个重要问题,就是写这篇报道的"P生"又是谁呢?姚以恩虽经多年寻访,始终未能搞清。

后来,他猜想可能是茅盾先生,因为党的英文缩写是"P"。"P生"的含义可能是党的一员。茅盾1921年已是上海共产主义小组成员了。20年代初,茅盾一向注意介绍弱小国家和民族(如波兰、捷克、南斯拉夫、保加利亚、芬兰、希腊、犹太等)的作家和作品。1921年,他在主编《小说月报》时,在当年的10月号上就发表了一个"被损害民族的文学专号",并在这个专号上,发表了他自己翻译的肖洛姆-阿莱汉姆的小说《贝诺思亥尔思来的人》。据姚以恩考证,茅盾是第一个将肖洛姆-阿莱汉姆的小说介绍给中国读者的翻译家。之后,这篇小说又先后收入《小说月报》丛刊第54种《新犹太小说集》(1925年)和茅盾短篇译文集《雪人》。所以,姚以恩认为,"P生"很可能就是茅盾先生。可是,他遍寻《茅盾文集》和《茅盾笔名录》均无"P生"的记载。看来只有冒昧地直接向茅盾先生请教了。

可是,后来政治运动接连不断,各人命运殊难预料,根本无暇顾及此事。直到"文革"结束之后的1979年,姚以恩才有机会写信向茅盾请教,并附了同乡前辈、时任文化部副部长的徐平羽的介绍信。茅盾见信之后,竟然不顾年迈体弱,视力衰退,给姚以恩回了一封信。信中写道:"以恩同志:大函敬悉。尊译《莫吐儿》也收到了,谢谢。因开会事忙,未能即复,为歉。我左目失明,右目仅0.3视力,只有在比较强烈的光线下,方能勉强阅读。信上提到的'P生'就是我。"至此,真相大白。姚以恩捧读之余,真是感慨万分。尤其是茅盾先生坚持给他复信，令他十分感动。

肖洛姆-阿莱汉姆的外孙女专程到上海拜访姚以恩

姚以恩思路开阔、追求完美。为了尽快搜集到更多的资料，他一边在图书馆里埋头查阅各种书报杂志，一边走出去与研究肖洛姆-阿莱汉姆的外国学者建立联系。

令他高兴的是，他在搜集资料的过程中，还有幸与一些外国友人结识，并成了好朋友。

那天，姚以恩最先提到的是苏联著名学者罗果夫。罗果夫在新中国成立前是上海时代社的负责人。该社是苏联设在上海的一个文化出版机构，从事中苏之间的文化交流活动，并与中共地下组织和进步文化人士有密切的联系。罗果夫非常崇敬鲁迅，很早就开始研究鲁迅。1959年，姚以恩给罗果夫寄去一本《莫吐儿》，并请罗果夫在苏联帮忙搜集有关肖洛姆-阿莱汉姆的资料。罗果夫非常高兴，他在回信中，不仅同意了姚以恩的请求，还赞扬姚以恩的《莫吐儿》译得好。此后罗果夫陆续从苏联给他寄来不少有关肖洛姆-阿莱汉姆的资料，其间，还寄来一本他用俄文翻译的《阿Q正传》；姚以恩觉得无以为报，也不断地将他买到的有关鲁迅的资料寄给罗果夫。姚以恩每次买有关鲁迅的资料时，总是买两本，一本寄给罗果夫，一本自己收藏，天长日久，姚以恩不仅收集了满满一书柜的有关肖洛姆-阿莱汉姆的书刊资料，而且还收集了一书柜的有关鲁迅的书刊资料。他在成为肖洛姆-阿莱汉姆研究专家的同时，也几乎成了一名鲁迅研究专家。说到这里，姚以恩颇为自豪地笑了。

1959年，姚以恩寄了一本《莫吐儿》中译本给苏联莫斯科列宁图书馆，并附了一封信，讲了自己从翻译肖洛姆-阿莱汉姆的作品，到热爱和崇敬肖洛姆-阿莱汉姆以及发展到研究肖洛姆-阿莱汉姆的过程。姚以恩信中的真情打动了他们,《莫吐儿》生动流畅的译文感动了他们。他们特地从馆藏的珍贵期刊中,取出一本1939年出版的第4期《文学评论家》杂志(俄文版)寄赠给姚以恩。因为这期《文学评论家》发表了一个纪念肖洛姆-阿莱汉姆诞辰80周年的专辑。杂志扉页上盖有列宁图书馆的藏书章。姚以恩收到这本杂志后,乐了好几天,并一直珍藏到今天。

20世纪80年代改革开放以后,中外文化交流日益频繁,也为姚以恩研究肖洛姆-阿莱汉姆创造了更多的有利条件。

在上海,凡是有犹太作家来访、交流和讲学,或是在上海举行"犹太人与上海"等国际学术讨论会,有关方面都会邀请姚以恩出席和交流。1994年,"犹太人在上海"的国际学术讨论会在上海新锦江大酒店召开,姚以恩应邀出席并作了精彩发言。他着重讲了自己几十年来对犹太文学大师肖洛姆-阿莱汉姆的研究。会场上鸦雀无声,尤其是那些犹太朋友,听得十分认真、仔细。当姚以恩解释"肖洛姆-阿莱汉姆"在希伯来语中是一种问候语,意思是"祝你平安"或"你好"时,会场上响起了会心的笑声。就在姚以恩发言结束时,一位名叫阿伯拉罕·弗拉德金的以色列犹太学者,激动地站起来,走向姚以恩,握住他的手,热情赞扬他的发言非常精彩。回国之后,阿伯拉罕·弗拉德金还专门写文章,刊登在"中国犹太老居民协会"会刊上,向犹太同胞介绍姚以恩及其研究成果。从此,许多犹太人知道了姚以恩,并不断地有犹太友人要求在上海与他会见,至今他已接待了二三十批。他们有的来自美国,有的来自以色列,有的来自加拿大及中国香港地区。仅是以色列作家代表团,他就已接待过好几批。

在来访的犹太友人中,最令姚以恩难忘的是肖洛姆-阿莱汉姆的外孙女贝尔·考夫曼。她是一位美国作家,丈夫是美中友好协会主席。当考夫曼知道了姚以恩研究她外祖父的感人事迹后,便让丈夫帮助她详细了解姚以恩的情况。随后,便给姚以恩写了一封信,想到上海与他会面。1994年5月15日,83岁的考夫曼在访华期间,专程来到上海与姚以恩会面,进行了交流。她十分感谢姚以恩对她外祖父的多年的研究,非常敬佩姚以恩的严谨的治学精神。临别,她将一张与外祖父合影的大幅照片签名赠送给了姚以恩留作纪念。

1996年9月,曾荣获"肖洛姆-阿莱汉姆文学奖"的以色列著名作家约瑟尔·伯斯坦等来上海访问。上海作协十分重视,特地请姚以恩与中国作协副主席、上海作家协会党组副书记叶辛,作家陆星儿、丁言昭一起参加会见。伯斯坦与姚以恩进行了热烈友好的交流。回国之后,他为了感谢姚以恩几十年来不辞辛劳地研究肖洛姆-阿莱汉姆,特地寄给姚以恩一本内容丰富、印制精良的肖洛姆-阿莱汉姆画传。姚以恩收到后,真是万分惊喜。这本画传里有不少是他多年寻觅而未能如愿获得的珍贵图片。之后,他们之间经常互相通信、交流研究成果,这对姚以恩帮助很大。如今伯斯坦已去世,姚以恩还是非常怀念他。

2007年8月28日,曾获诺贝尔文学奖提名的以色列作家奥兹来到上海访问。上海作协很重视,派出作协主席王安忆、作家孙甘露和翻译家姚以恩会见了他。在与姚以恩进行了交流之后,奥兹非常激动,他十分敬佩姚以恩数十年来坚持不懈地研究肖洛姆-阿莱汉姆,并惊讶他所取得的丰富的研究成果。临别,奥兹拿出自己的新著《莫称之为夜晚》郑重写上"赠肖洛姆-阿莱汉姆著作的出色翻译家姚以恩"的题词,并签上自己的名字赠送给姚以恩。

五十年的美好心愿

姚以恩告诉我,我国从1957年至今五十多年间,曾有过两次宣传肖洛姆-阿莱汉姆的高潮,一次是1959年肖洛姆-阿莱汉姆诞辰100周年,并被评为世界文化名人的时候,还有就是1994年举行

"犹太人在上海"国际学术讨论会前后。这两次宣传高潮确实让不少中国读者知道了这位犹太文学家，阅读了他的作品。

  姚以恩更是强调，2009年是肖洛姆-阿莱汉姆诞辰150周年，乌克兰、以色列、美国等国家和地区，必定会举行隆重的纪念活动。我们上海在举行相应的纪念活动的同时，应当组团走出国门，去参加乌克兰等国家的纪念活动，将中国人民对肖洛姆-阿莱汉姆的友好感情，传达给犹太人民，增强人民之间的友谊，以此掀起第三次宣传高潮。

  当乌克兰驻沪总领事卡尔玛多诺娃得知这个信息后，希望立刻约见姚以恩。过了没多久，她告诉姚以恩，乌克兰副总理瓦休尼克听说了他的事迹和计划，非常高兴，决定在近期来上海访问时，与他会面。于是，就有了本文开头的那个激动人心的场景。

  我们祝愿姚以恩先生能够顺利实现这一美好的心愿！

（原载《世纪》2009年第1期）

"抓错高手"姚以恩

"抓错高手",即校对高手矣!

我要说的是"抓错高手"姚以恩先生的故事。

1983年,姚先生收到了友人赠送的一本新书,打开一看,不禁大喜,原来是萧乾先生刚出版的散文集《海外行踪》,虽然此前老姚还没有机会拜识萧乾,但他对这位前辈的文章却很喜欢,于是,当时就读了起来。忽然,他的眼睛像被什么东西刺了一下,书中作家乔伊斯(Joyce)的名字,竟被印成了Joycs。老姚深感惋惜。他觉得,这样的错误,如出现在别人的书中还可以容忍,但出现在萧乾的书中,却是不能原谅的。他敬重萧乾,就是因为萧乾是一位英文造诣甚深的作家,乔伊斯又是萧乾研究多年的西方著名作家,是绝不会写错的。尽管如此,他还是读完了这本书。不过,他随手从书中抓出了一百多处错漏。

萧乾知道这件事后,十分感动,写信给姚以恩表示感谢。从此,他俩成了很好的朋友。

不久《萧乾选集》(四卷本)即将出版。萧乾有了上次教训,所以对这套书的出版格外重视。在付梓前,他还亲自仔仔细细地校对了一遍,纠正了不少差错。心想,这套书总不会再有那么多的错漏了吧。

《萧乾选集》出版后,他马上送了一套给老姚,并请老姚帮忙再审读一遍。老姚非常乐意。一连几天,老姚一边欣赏萧乾优美的文章,一边又随手抓出了不少差错。四卷读完后,他竟然从每一卷里都抓出了近百个差错。

萧乾闻言,震惊不小,他在信中诚恳地对老姚说:"对兄学识之渊博,语文要求之严格,以及记忆之好,真是感佩无地。掩卷之后,有一评语:原书作者及历次责编,均应打屁股。太粗心了。""以前可以怪出版社校对质量差,这回弟先校对过一遍,接兄寄来校样一对,哎呀,遗漏处比比皆是。太感谢了。"

老姚却对萧老说,您是我所敬重的前辈,是忘年交。出这点力,是应该的,要说谢,应当我谢谢您。读了您的书,确实得益匪浅。

俗话说,台上十分钟,台下十年功。其实老姚的这番抓错的功夫,也是几十年磨炼出来的。早在20世纪50年代初,他还是个小青年时,就一边翻译犹太作家肖洛姆·阿莱汉姆的作品,一边就已干上了编辑这一行,先后担任了《文汇报》的《俄语周刊》、上外《外语教学与翻译》杂志的编辑工作,受到严格的编校训练。后来,他参加了《列宁全集》第二版的编译工作,因成绩突出,被中宣部和中央编译局授予荣誉证书。如今,他虽已年届耄耋,但还应邀担任《咬文嚼字》《世纪》等刊物的编委或特约编审,继续着他的"抓错"工作。

(原载《新民晚报》2009年1月20日)

孤儿·战士·学者丁景唐

说起丁景唐,人们都爱称他为"资料大王"。其实,这仅仅是他的一个侧面。在他的八十年风雨生涯中,虽不能与那些叱咤风云、浩歌燕市的先烈英雄们相比,但他却能在历史风云的变幻中,始终不懈地追求真理、呼唤光明、探究新知、著述立说,锻铸了战士和学者的高贵品格。

失怙丧母的童年

他幼年失怙丧母,但孤儿不孤,他得到了一位接受过北伐革命洗礼、慈爱如母亲的姑姑的精心培育……

20世纪初叶,丁景唐的故乡——宁波镇海虽然山清水秀,物产丰饶,但对于生活在社会底层的穷人来说,还是难觅活路。于是,他们纷纷离乡背井,外出谋生。当时,丁景唐的祖父到上海南市开了一家小茶馆谋生。不久,丁景唐年轻的父亲也放下了缝纫手艺,带着妻子,跟随妻舅闯关东,在吉林一家银行当财务。1920年4月,丁景唐出生了,给辛劳的父母带来不少快慰。然而好景不长,他三岁那年,银行倒闭,父亲失业,只得卷起铺盖回老家。不久,母亲又生下一个女儿。仅隔两三年,父亲便因积劳成疾,含恨去世。从此,孤儿寡母时常寄居也是年轻丧夫的外祖母家,依靠在上海一家教会书店当职员

丁景唐先生在内山书店

的叔叔丁继昌接济，日子过得十分艰难。

但对幼年的丁景唐刺激最大的，还是母亲的死。

父亲死后，目不识丁的母亲仅二十来岁。她深受封建礼教的毒害，不仅守寡在家，而且还虔诚地相信，丈夫英年早逝是由她的"罪过"所引起的。于是，为了"赎罪"，她竟然甘愿披枷戴铐，越小山过石桥，步行十余里，到裴将军庙烧香磕头，求菩萨饶恕她的"罪过"。然而，菩萨没有赐福于她，她反因郁闷成病。至此，母亲竟然还认为，这些灾难都是因自己的"罪孽"所致，所以不应再活在人世。1932年的一天深夜，母亲服毒自杀身亡，抛下了一双幼小的儿女。

短短六年，丁景唐失怙丧母，成了孤儿。然而孤儿不孤，善良的姑姑丁秀珍（丁皑）担起了抚育兄妹俩的责任。与母亲相反，姑姑是位新式女子。她念书时，正逢五四运动风云激荡之际，读了《新青年》等进步书刊，接受了不少反封建、争民主的新思想。她一如当时的进步青年那样，放大脚，反抗封建婚姻，离家园，参加爱国运动。1926年，她与女伴奔赴武汉参加北伐革命，在宋庆龄主办的"妇女训练班"学习。"四一二"反革命政变发生后，宁汉合流，她远走福建漳州，在一所小学教书。以后又辗转来到上海一所小学任教，并以伟大的母性的爱，精心培育两个孤儿。

  姑姑把侄儿侄女先后带到上海继续上学，不仅生活上精心照顾，而且特别注意在心灵上抚慰他们。给他们以良好的教育，启发他们阅读课外文艺书刊，带他们观赏《都会的早晨》《渔光曲》等进步电影，学唱《渔光曲》《大路歌》。一天，丁景唐放学归家途中，看到别人家的孩子在玩滑旱冰、学自行车，真"眼热"。姑姑知道后，也让他学滑旱冰和学骑自行车……姑姑还让侄儿尽情阅读叔叔和他朋友收藏的许多新文艺书刊，鼓励侄儿跑书店、旧书摊和图书馆。多少年来，每当谈起姑姑，丁景唐总流露出深深的敬意，并说他对新文艺书刊版本目录学知识的了解是得益于姑姑的鼓励与支持。

投身革命，投稿《女声》

  他早年投身革命，胆识过人。上海沦陷，进步刊物尽遭封杀，他组织同志向关露编辑的《女声》投稿，机智地楔入敌阵。

  1937年冬，高中二年级的丁景唐投身抗日救亡的洪流中，参加了党领导的"上海学生界救亡协会"。1938年春任"学协"中学区干事，联系从外滩到静安寺一带的华东联合中学、立达学园、难童中学等六所中学的"学协"小组，开展抗日爱国活动。是年11月，他加入了中国共产党，任青年会中学党支部书记。次年秋，考入东吴大学（该校因战争从苏州迁来上海），担任中共地下组织支部书记。他严格遵照党的白区工作方针，开展地下斗争。此时，他还与东吴大学"鸿印团契"

主席王汉玉相爱,结为革命伴侣。丁景唐自1938年与同学王韬(后为烈士)创办文艺刊物《蜜蜂》始,1940年底,党调他担任全市公开发行的学生刊物《联声》的编辑,以后长期从事刊物编辑和领导工作。

太平洋战争爆发后,上海全部沦陷。大多数知名诗人、作家以及一部分已暴露的党员撤离上海,进步的、革命的刊物都被迫停刊。党指示留在上海的党员,应设法楔入敌人的宣传阵地,利用敌伪报刊有组织地投稿,写一些为当时政治环境允许的有意义的文章。

起初,丁景唐等地下党员只知道《女声》是由日本著名女作家佐藤俊子所创办,在当时是一份较有影响的刊物,著名女作家关露(解放后才知道她是地下党员)参与编辑。在看了几期《女声》之后,他感到可以利用这个刊物。于是,他先组织文笔较佳的女党员钟恕(她曾是党领导的学生刊物《海沫》的编辑,写过中篇小说《密斯脱罗贵福》等),向《女声》投稿以作试探,不久就刊用了。接着,他便有计划地组织原先办刊物的党员同志,分散地用各种笔名向《女声》投稿。与此同时,丁景唐也以"歌青春""乐未央""辛夕照""秦月"等笔名在两年半中写了56篇(首)诗歌、散文、杂文、小说以及民歌与古典文学研究等文章投向《女声》。关露毕竟冰雪聪明,心有灵犀,选稿颇有眼力,使得丁景唐等许多共产党员和进步青年的稿件不断在《女声》上发表,为沦陷区的妇女和青年带来了光和热。1945年3月,丁景唐收集了发表在《女声》上的20多首诗,自费出版了一本诗集《星底梦》。为此,关露还欣喜地在《女声》上撰文,评价《星底梦》的出版"好像在一片黑寂的大海里看见了一只有灯的渔船一样","渔船虽小,仍旧是船,星星的光虽然不强,仍然能够把宇宙照亮。"她称赞丁景唐"是一位年轻而有希望的诗人,他的诗和人都是年轻而有无限的朝气"。

中华人民共和国成立后,关露两次蒙冤入狱,在"十年动乱"中更是受尽摧残,长期卧病在床。1979年第四次文代会上,丁景唐欣喜地与关露重逢,谈起当年向《女声》投稿的事,宛如昨日,历历在目，感慨不已。

母亲的死，促使丁景唐十分注重对妇女问题的研究，写下了不少抨击封建压迫摧残妇女的文章。1946年2月，他将在《女声》和别的报刊上发表的有关论述妇女问题的文章，编印为一本《妇女与文学》论文集。他的那篇署名丁英的《祥林嫂——鲁迅作品中之女性研究之一》收入论文集后，还出人意料地促成了一出被誉为越剧改革的里程碑——越剧《祥林嫂》的诞生。当时，丁景唐的战友吴康（新中国成立后曾任上海市委统战部副部长）推荐此书给上海雪声剧团编剧南薇，南薇看了这篇论文后，立即向著名越剧演员袁雪芬推荐，并找来鲁迅原著《祝福》读给她听。在征得袁雪芬同意后，南薇将《祝福》改编为越剧《祥林嫂》并排演。袁雪芬亲自扮演祥林嫂，一时轰动上海滩。剧团在纪念刊上也摘登了论文的有关内容，作为越剧《祥林嫂》的人物分析。数十年来，《祥林嫂》一直是袁雪芬的保留剧目，但她并不知道论文的作者就是丁景唐。丁景唐也从不向人提及此事。直到1981年1月《文汇报》发表的《袁雪芬的艺术道路（九）·与许广平谈〈祝福〉的改编》里提到了此篇文章，丁景唐才在《艺术世界》杂志上披露了这段内情。

秘密印发《评〈中国之命运〉》

他甘冒锋镝，沉着机警。在虎狼横行、夜气如磐的上海，他毅然受命，组织指挥秘密印发《评〈中国之命运〉》。

1943年3月，为了发动第三次反共高潮，蒋介石抛出了反共奇文《中国之命运》，诬蔑中国共产党建立的抗日根据地是"封建割据"，八路军、新四军是"新式军阀"，扬言要"加以消灭"。蒋介石还通令在国统区的所有机关、团体、军队、学校等都必读此书。该书在沦陷区也流毒甚广。同时，蒋介石调集了胡宗南四五十万人马，包围陕甘宁边区，并在同年七、八月间向边区发动了多次进攻。

为了揭露国民党当局的反共阴谋，毛泽东在7月12日的延安《解放日报》上发表了《质问国民党》一文后，该报又连续刊出《评〈中国之命运〉》《谁革命？革谁的命？》等批驳《中国之命运》的文章。然而，当时上海人民无法看到这些批驳文章。于是，华中局城工部决定派人返沪，设法秘密印发《评〈中国之命运〉》一文，让上海人民了解国民党当局反共反人民的真面目。

是年8月，丁景唐正在家中浏览敌伪报刊，与他阔别两年多的地下党员田辛（时任华中局城工部科长）突然来访，郑重地告诉他："这次有个突击任务，怕耽误时间，组织上让我直接来找你，先把任务交待给你。一方面你向上级汇报，一方面我通过领导再逐级下达。"这个突击任务，就是在上海印发党的文件《评〈中国之命运〉》。田辛在和丁景唐确定了参加人员等原则后，就把手中的团扇和装在一本旧小说中的《评〈中国之命运〉》交给他，并叮嘱他："团扇的夹层里有份文件，取出后，可用碘酒显印，你们看后，交给上级。"

当晚，丁景唐找到地下党员俞正平，向他作了汇报，并一起拆开团扇，取出夹层里的纸条，用碘酒显印出一份文件，原来是关于学习《评〈中国之命运〉》的通知。接着，他俩便确定了徐祖德（支部书记）和张燮文、梁仁阶、陈絑等几位精干的地下党员参加这次行动。

两天后，丁景唐找到维厚里26号徐祖德家（位于今复兴中路黄陂南路口），用暗语与其接上关系。徐祖德一家单独租住二层石库门房子，他独住亭子间，少有干扰。丁景唐觉得由徐祖德负责这项任务比较合适，就将油印点设在他的亭子间。

鉴于参加这次突击任务的都是十八九岁的年轻党员，热情高，但没有秘密印发宣传品的经验，丁景唐就分别找他们谈话，分析敌情，周密筹划。

大同中学党员裘民山设法借来油印机、钢板和铁笔，连夜送到徐祖德家。徐祖德和叶学章担任刻钢板的任务。时值盛夏，关着门的亭子间闷热异常，蜡纸发软，只能刻刻停停，但他们热情颇高，冒着酷暑，夜以继日，连续奋战。为了赶时间，丁景唐又将部分刻蜡纸的任务交给陈绁，还分配另一位在家养病的党员江沨抄录寄发对象的名单。

油印，也由徐祖德和叶学章在亭子间完成。盛夏紧闭房门，又有油墨气味，曾引起家人的好奇。一天，徐父推门进来探看，奇怪地问："你们是不是在干坏事呀？"徐祖德机警地答道："学校缺少课本，买不到，我们在油印老师的讲义嘛！"巧妙地遮掩过去。一周内，他们共印刷装订了几百册。

接下来是投寄散发，风险自然更大。丁景唐周密擘划，他先骑上自行车，考察了邮筒和日伪岗哨的分布情况，然后针对日伪当局任意拆查信件的特点，他和梁仁阶、张燮文等想出仿制某日本同盟国驻上海领事馆新闻处信封寄文件的妙法；接着，他们又掌握了邮局每天傍晚末班拣信处无人检查的重要信息，决定了投寄的时间；最后，他们还商定，通过苏州河桥到苏州河北岸投寄，宜在天色昏暗的傍晚，因为这时人们纷纷回家，桥上行人匆匆，便于混过桥去。

那天傍晚，徐祖德、叶学章、常瑛按计划行事。一人在前面探路，侦察有无异常情况；一人居中，背着装满印刷品的书包；另一人殿后望风，万一出事，可马上向上级汇报。为了应付日本宪兵的盘问，他们还学会了几句日语，并约定万一查出小册子，就说是有人出钱要他们送的，不知道里面的内容。

这天还算顺利，他们过了恒丰路桥，未被日本宪兵发现。按预定时间到达后，在黄昏末班开邮筒前，大家分头将套有某国领事馆新闻处信封的小册子投入邮筒。然后在确定没有人盯梢后，即分头回家，并各自在家里作好安全暗号，以便丁景唐去检查。

同时，家住七浦路河南路口的梁仁阶与张燮文也在执行投寄小册子的任务。当晚，丁景唐在张燮文家的弄堂口看到写有"天皇皇，地皇皇，我家有个夜啼郎……"的条子，便知道他俩也顺利地完成了任务。

以学术研究缅怀先烈

中华人民共和国成立后,他缅怀先烈,追慕先贤,潜心研究鲁迅、瞿秋白和"左联"烈士;然而,他的著作出版却几经波折……

1949年5月27日,丁景唐迎来了大地重光的上海。不久,他被调往中共中央华东局兼上海市委宣传部工作,以后历任市委宣传部文艺处处长、宣传处处长和新闻出版处处长;1961年5月,他调任上海市出版局副局长。虽然干的是老本行,但是,新形势下遇到的许多问题,却也时常令他困惑不解。

丁景唐是个很重感情的人,他十分敬慕鲁迅、瞿秋白和"左联"烈士。他认为,革命胜利了,不应该忘记那些为革命牺牲的先烈和先辈们。所以,他不论工作多么忙,始终坚持潜心研究鲁迅、瞿秋白、"左联"五烈士以及中国现代文学史,特别是左翼文艺运动史,并兼及民歌和儿童文学。几十年来,他先后出版了《学习鲁迅和瞿秋白作品的札记》、《瞿秋白著译系年目录》(与文操[方行]合作)、《左联五烈士研究资料编目》(与瞿光熙合编)、《鲁迅和瞿秋白合作的杂文及其他》(与王保林合著)等十几部著作,为保存、收集和研究中国现代革命文学资料,作出了很大贡献。

但由于当时"左"的思潮影响,丁景唐的这些研究受到了各种干扰,甚至对革命作家和作品的研究也被视为"禁区"。丁景唐是怀着极大的学术勇气,才坚持研究下去的。50年代末,丁景唐苦心研究的《瞿秋白著译系年目录》完成,出版却遇到了困难。几经波折之后,还是得到了时任华东局宣传部部长兼上海市委候补书记石西民的大力支持,才得以用内部发行形式问世。几十年来,丁景唐对石西民的认真负责精神怀有深深的崇敬之情。

从1958年开始,他向新文艺出版社建议,广泛收集现代文学书刊,并同一些同志制定了长期规划,包括整理和影印革命文艺史料。

此举得到了石西民、罗竹风、叶以群、孔罗荪、方行、李俊民、蒯斯曛等同志的支持。至1962年，上海文艺出版社先后影印了包括《前哨》《萌芽》等在内的两批共40余种20年代末至30年代初的革命文学期刊。之后，丁景唐又选定了第三批影印目录，范围更大，除了第二次国内革命战争期间之外，还有抗战时期国统区和我根据地的文学期刊，另外还有一些解放战争时期解放区的刊物。可惜，在当时只印了几种就中止了。

丁景唐这些奠基性的工作和他的学术研究，为后来者提供了很大的便利。茅盾曾赋诗称赞丁景唐："左翼文台两领导，瞿霜鲁迅各千秋，文章烟海待研证，捷足何人距上游。"

主持出版《中国新文学大系》

他花甲之后，仍自出机杼，筚路蓝缕，主持编辑出版了《中国新文学大系（1927—1937）》的重点工程。

"文革"中，丁景唐的一切有价值的工作，都成了重大"罪行"，迫害摧残自不待言。最痛心的还是他辛辛苦苦搜集来的资料被抄走，许多影印的30年代革命文艺期刊被禁，甚或化为灰烬。好在十年梦尽，大地重光，丁景唐重新焕发青春活力。1979年，他出任上海文艺出版社社长兼总编辑和党组书记后，除恢复出版《中国现代文艺资料丛刊》、继续影印进步文艺刊物之外，还主持编辑出版了《中国新文学大系（1927—1937）》这一重大工程。

《中国新文学大系（1917—1927）》即《大系》第一辑，出版于1935—1936年，主编是赵家璧。当时，在创造社老将郑伯奇的支持下，年轻的赵家璧依靠鲁迅、茅盾、郑振铎、阿英等前辈作家的支持和帮助，设计出版了《大系》第一辑，保存了重要的文艺资料，无疑是出版史上一个创举。此后，赵家璧想出版第二个十年的《大系》，终因战争等原因未能如愿。因而，上海文艺出版社推出由丁景唐主持编辑的第二辑《大系》，立刻引起海内外关注，许多新闻媒体发布消息和介绍文章，高度评价了这套丛书。

丁景唐主持《大系》的编选工作确有过人之处。一开始，他就为编选作品定下一条重要原则，即坚持从最初在报刊上发表的作品或初版本中选择作品，力求保持作品的原始面貌。这个原则是鲁迅先生在编《大系》第一辑《小说二集》时采用的，而在50年后重提这一原则尤为重要。因为，随着中国政治形势的不断变化，作家对自己的旧作多有修改增删。这些改动，有些是出于语辞上的精益求精，改得更精炼准确了；也有些是出于一时政治上的需要，结果违背了作品情节发展的内在规律，反而不自然了。本来，作家修改自己作品也属正常，但由于资料散失，研究者往往找不着初版本而影响研究。《大系》第二辑坚持提供可靠的初版本，实在是功德无量的幸事。而眼下，有些名作家的全集或文集，都是采用新中国成立后最流行的版本，既不标明出版年月，也不作校勘注释，就不免违背历史的真实，引起版本的混乱，失去研究价值和收藏价值。

丁景唐在主持《大系》过程中，还时时注意排除"左"的思想干扰。比如，《大系》各集不但选入了1927—1937十年间的许多名作，同时也注意到过去长期被人遗忘，但又确有一定价值的好作品。在长篇小说卷中，收入了《倪焕之》《子夜》《家》《八月的乡村》和《死水微澜》5部。尤其是《死水微澜》过去研究中一向重视不够；其实，这部作品开了"五四"以来长篇历史小说的先河，填补了空白，在艺术上也有相当的造诣。对周作人、杜衡、穆时英等一些有争议的作家作品，不因他们后来的变化而忽视他们在当时的影响。另外，还选入了后来赴台湾的覃子豪、路易士（纪弦）的作品，使《大系》尽可能客观全面地反映历史真貌。这在当时已是很不容易的事。

为了精益求精，确保质量，丁景唐不辞年迈，带领编辑人员往来

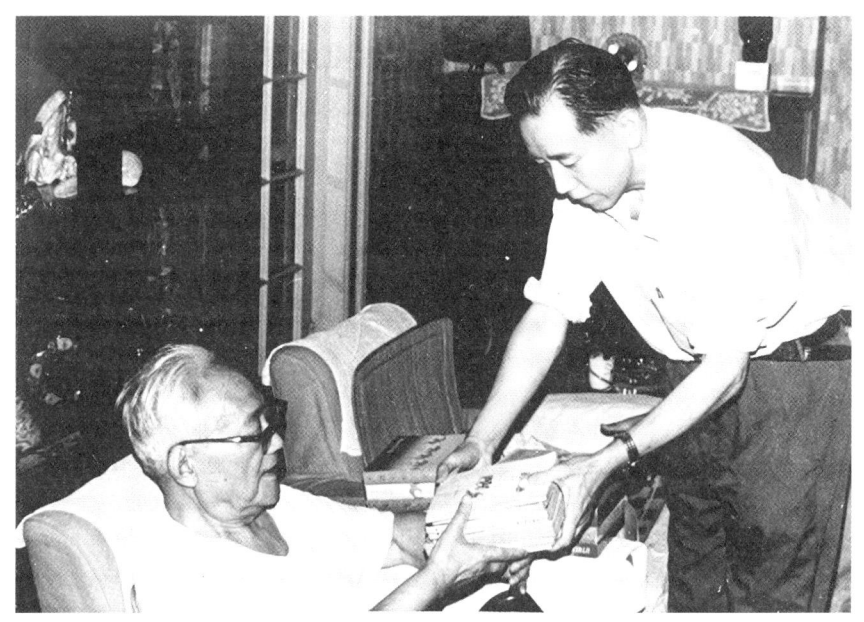

丁景唐（右）向巴金赠书（钱厚祥摄）

京沪间，拜访叶圣陶，听取他的宝贵意见，又访问并诚邀周扬、巴金、吴组缃、聂绀弩、芦焚、于伶、艾青、夏衍为《大系》各集写序，颇得前辈们好评。

《大系》第二辑从1984年开始出版，历经6年，终于在1989年10月出齐20卷皇皇巨著，为中国现代文学史铸就了又一座丰碑。

之后，丁景唐退居二线，但仍同赵家璧一起应邀担任了《大系》第三、四辑的顾问，并担任第四辑《史料·索引》卷的主编。如今，三、四两辑《大系》也已出版。他盼望，在不久的将来，上海文艺出版社的同仁们能继续完成《中国新文学大系（1976—1999）》第五辑30大卷的任务，如著名作家徐迟所说的那样筑成一座"精神的万里长城"。

（原载《上海滩》2000年第4期）

汤志钧:"出书要晚"

听惯了"出名要趁早"的励志名言,乍一听"出书要晚",还真有点新奇!

"出书要晚"是93岁的历史学家汤志钧先生在接受采访时,着重强调的一条重要的治学经验。然而,汤老说,他年轻时对这句话也并不以为然。

汤老出身于书香之家,从小在父母影响下,背唐诗、读"四书";继而,师从前清廪生贺怀伯读国学;稍长就读于无锡国专,得到吕思勉、周谷城、周予同、王蘧常等先生的教诲,打下坚实的学术基础。尤其是两位"周先生"(周谷城和周予同)对他的影响更大。1940至1950年的十年间,汤志钧除了注释刘师培的《经学教科书》第一册外,又写了《荀子学案》和《史汉异同举隅》,同时,他的《中国经学史》也写到了隋唐,《清代经今文学史》也已写就。1955年,他刚过而立之年,就出版了论文集《戊戌变法史论》,真可谓年轻有为,才气横溢。谁知,当他去拜见上海历史研究所筹备处主任李亚农时,李先生却对他劈头浇了一盆冷水,说:"年轻人应该多读书,掌握两三国语言,不要急于出书。你三十岁就出论文集了,太早!清朝学者都是五十岁以后再汇订成集的。"年轻的汤志钧自然是心中不服,心想:"难道只有你能出论文集,我就不能出吗?"当时他对李先生的点拨和教诲,并不理解。

多年之后，随着大量史料的发掘和学术研究的深入，他在重新审视自己年轻时出版的论文集时，才发觉自己过去的著作中，有不少粗糙疏漏之处，比如，过去他在研究章太炎时，根据原有的资料，认定章太炎先生是反对白话文运动的，是和当年的一些私塾先生一样认为"的、地、了、么"不登大雅之堂。可是，1981年他在日本京都大学做访问学者时，查阅到1907年章太炎先生在京都大学写的一篇名为《佛学手稿》的讲演稿，就是用白话文写成的。这使他十分惊讶，也使他对自己过去的著作有点"不自信"起来，"深悔梨枣过促"，深悔当年自己年轻不谙世事，不理解李亚农先生对自己的一番良苦用心。

从此，他于治学上更加勤奋，长年埋头于浩如烟海的故纸堆里，穷经皓首，爬罗剔抉，不断有新的发现，不断纠正过去的舛误，使自己的研究成果更接近于历史真相。他在50岁之后撰写出版的《近代经学与政治》《戊戌变法史》《康有为传》《章太炎传》《改良与革命的中国情怀——康有为与章太炎》《清代经今文学的复兴》《汤志钧史学论文集》等论著，也显得更加成熟。1992年，他应邀赴中国台湾讲学时，因他"满脑经典，讲课不必看稿"而轰动宝岛。可见他几十年来，所用功夫之深。

当然，汤老主张"出书要晚"，但并不反对"出名要趁早"。各人的条件不同，成长出名的早晚机遇也就不同。假如，你天生有一条好嗓子，有一副好身段，或者对文学创作、水墨丹青、体育竞技等特别有灵感，再遇上好机遇，好老师，出名早一些也无啥不可，也是好事。不过唯独这学术研究，倒是非得要有耐得寂寞，有甘坐十年甚至几十年冷板凳的决心，才能有所建树；否则，光靠一点小聪明，绝对难成气候，也难以取得令人信服的学术成果，写出能够流芳百世的学术著作来。

因此"出书要晚"，既是一种要求，也是一种境界。

（原载《新民晚报》2016年6月2日）

雷兴山:"只有历史与文明,没有金钱"

这句话是考古学家雷兴山说的。

大概是见惯了某些"学者"西装革履、器宇轩昂的样子,乍一见到雷兴山,着实是吃了一惊:40岁才出头的人,头发已见苍白,一袭拉链蓝布衫,一双半新半旧的运动鞋,再配上那张被风吹黑的脸庞,真像一名奔波在大西北的"乡村干部"。然而,就是这位"乡村干部",如今却已经是一个硕果累累、闻名遐迩的考古学家了。最近十多年来,他有一半以上时间,在这岐山脚下,从事田野考古,已经有5个项目荣获当年的全国"十大考古发现",其中周公庙遗址的发掘更获得了中国田野考古最高奖——"田野考古奖"一等奖,单单西周甲骨文字,他就新发现了两千多字,是过去发现的两倍。

一个真正有成就的学问家,往往就是一个有见地的思想家。雷兴山的考古成果固然令人敬佩,但他的一些在考古实践中升华起来的思想就更发人深省了。

"只有历史与文明,没有金钱"就是一例。时下有种说法,叫做"盛世收文物,乱世藏黄金"。于是乎,就有不少人对考古有了种种误读,老是将考古与金钱连在一起。他们认为考古学家就像电视剧中那些野心膨胀的"财迷"、盗宝者,抑或是到处可见的鉴宝专家。对此,雷兴山明确表示:"真正的考古学家决不会去收藏古代文物,不会把它们据为己有,也从来不会拿金钱的数量去衡量、判断这些古代文物的价值。"

那么，为什么要考古呢？

雷兴山说，考古是为了搞历史研究。与那些在书斋中研读古籍的历史学家不同，考古学家是要通过在荒山野地里寻找物证来研究历史。因此，不管是金银珠宝还是破碎陶片，都能从中读到历史，感受到先贤的智慧和文明之光，得出很多与经典著作中不同的结论。没有历史的思想是苍白无力的，没有物证的历史是空洞的。所以说，在雷兴山的眼里，"只有历史与文明，没有金钱"。

这句话对于那些一次"走穴"出场费高达数万元乃至20万元的"学者"来说，恐怕早已过时了；而对于那些在给大学生上课时大声抱怨，给你们上一学期课的报酬，抵不上他在外面一次"走穴"出场费的"教授"来说，更是OUT了。

记得有一位德国哲学家说过："一个人只有当他把追求真理当作一种内在的需要时，才算是真正的学术研究。"雷兴山就是这样。他笑着告诉我们，在一天的辛苦挖掘之后，他最想做的事情就是深夜在灯光下，手捧周公庙遗址出土的甲骨，研读上面的文字内容。此刻，他仿佛有一种穿越时空，与周公对话的幸福感。他说，这才是一个考古学家最大的享受。这种享受是那些只追求金钱的"才子+钱奴"的"学者"永远得不到的。

错误金钱价值观的无孔不入，使我国的文化遗产受到严重破坏。每年全国批准的主动发掘项目只有二三十项，但是每年真正的发掘项目多达几千项。究其原因，一是盗墓贼为了发财，疯狂地盗墓；二是某些地方政府为了GDP，大搞房地产、旅游业……雷兴山说，他现在要花大量精力去唤起大家保护文化遗产的意识。讲清"经济应该要发展，文化遗产也要保护"的辩证关系。反之，如果"只有金钱"的话，那么，很可能在不久的将来就"没有历史与文明"了。

保护文化遗产还要靠公众参与，才能真正有效，让公众知道考古决不是为了金钱，而是为了研究历史，为了继承先贤们的智慧与文明,动员大家参与考古,享受考古,主动配合考古部门保护文化遗产。前些时候,陕西眉县杨家村5位村民主动保护27件青铜器,就是公众参与的一个成功事例。

"只有历史与文明,没有金钱"。虽然,这是考古学家雷兴山的人生信条,但是我想,这也应当成为全体国人经常思考的一个问题。

(原载《新民晚报》2012年2月14日)

专 注
——杨鸿勋印象

"今天,当人类饱尝了自己所制造的污染和破坏自然生态平衡的恶果,受到大自然无情的报复和教训之后,重新发现了中国讲求自然的哲理,又开始在科学的基础上重新建立尊重自然的观念,70年代以来,在世界范围内,环境科学应运而生,……因此,江南园林所代表的中国古典园林的意义,远不止于造园学本身,在现代和未来,它必将成为人类环境创作的极有价值的重要借鉴……"

"写得太棒了!"

我将刊有杨鸿勋论文的杂志,往左手上用力一拍,兴奋地发出赞叹,以致惊醒了迷蒙中的妻子。

是的,我赞叹,因为这蹦跳着火花的思想,来自杨鸿勋的脑袋,那个生有一张褐色面庞的、四四方方的脑袋的人。由此我想起了1987年8月对他的一次采访……

那天,我在北京紫竹院对面的一幢高知楼里见到他时,他是那样的拘谨,拙于言谈。

"杨先生,您才五十开外,就已是中国社科院的研究员,能谈谈您的成果和治学经验吗?"我试着问他。

"成果?……治学经验……没什么。"他木讷地应道,好似在回避我。

"目前,您有哪些学术专著出版了?"我穷追不舍。

"不多，不多……"简直是在敷衍我。

我一时语塞，求援的目光投向坐在一旁的杨夫人。

杨夫人倒是快人快语，热心肠。见我一副窘态，忙笑着解围："他近年倒出了些书，其中，一本《建筑考古学论文集》令他比较满意，今年4月由文物出版社出版。《江南园林记》也已列入出版计划。"

说着，她侧过头对杨鸿勋说："您去拿一本来，请记者同志批评批评。"

他起身走出房间后，杨夫人略表歉意地说："他是个书呆子，整天啃书本，研究他的学问，很少接触记者，也很少谈自己。"

"那就请您谈谈他的情况行吗？"我请求道。

"行。"她爽快地应道。

杨鸿勋1955年毕业于清华大学，他有幸成为了著名学者梁思成教授的助手。从那时起，他花了二十多年时间研究了中国古建筑，尤其是对江南古典园林作了细致的研究。最近几年来，他又将古建筑研究同考古学融合起来，利用考古学资料从事建筑史学的研究，对原始社会的半坡村直至唐代的大明宫麟德殿等数十处遗址和重要建筑都作了较为详尽的论述和复原，取得了令国内外学者瞩目的成果。

"他只知道做学问，四十出头，才在同志们的催促下成了家。但他待在家里时间非常少，光今年上半年，外出考古、学术交流就有15次。有时，晚上刚回家，第二天一大早，又坐上飞机走了。难得同我和孩子聚在一起，唉。您瞧，前几天他刚从河南安阳殷墟回来，后天上午，又要外出参加学术会议了。"

"殷墟？"我好奇地说出这个地名，我想起这是我国商代的遗址。

杨夫人见我好奇，便告诉我："河南安阳的有关领导，为了促进中国古代文化研究，开发旅游事业，决定将殷墟复原。他们就将杨鸿勋请去了。第一期工程下个月竣工。"

"他今后还打算撰写哪些专著？"我问杨夫人。

她想了下说："他最近太忙了。菲律宾、日本、加拿大等国家都派人来邀请他去帮助设计建造中国园林。不过，他打算花十多年时间写一部《中国园林记》和一部7卷本的《中国建筑史》……"

话音未落，杨鸿勋走进屋来，面带怒色，把那本《建筑考古论文集》放在桌上，嘴里嘀嘀咕咕地说什么。一问才知，原来，这位杨先生刚才想看周谷城主持学术讨论会的电视新闻，而他十几岁的儿子，硬是要看《动物世界》。两人为此争了起来。最后，还是儿子取胜。于是，他便有些愤然。

杨夫人脸色微微一红，无奈地说："儿子同他一样，死心眼。我常为他们俩劝架。"说罢我们都笑了。

然而，我却从这笑声中，看到了他们父子俩所共有的专注，而"只要专注于某一项事业，就会做出令自己都感到吃惊的成绩"，我记起了马克·吐温的这句话。

（原载《科技日报》1988年2月26日）

沈寂：我参与创作的几部电影

《双喜临门》风靡上海滩

20世纪50年代中期，上海联合电影制片厂的剧本是由市电影局剧本创作室提供的。他们有剧本下来导演就拍戏，没有剧本就没戏拍。没戏拍的时候大家就到导演室来闲聊。这些导演真的想拍戏，便提出可否动些脑筋多拍一些戏？当时，正好是对资本主义工商业进行社会主义改造时期。徐昌霖导演是夏衍的外甥、国泰公司的才子。他提出："我们是否可搞话剧？"我支持，石挥也起劲。拍摄《宋景诗》时，石挥当配角，陶金也是配角，不过瘾。于是，一个石挥、一个徐昌霖、一个徐苏灵，还有陶金和我，一共五个

沈寂

人商量搞什么戏。徐昌霖出了个点子，写开炮仗店的故事。故事是说，公私合营了，店里的封建迷信的东西不能卖了。开店的舅舅不愿改造，怕没生意做了，外甥认为一定要改造，引起矛盾冲突，闹出不少笑话。这是喜剧，三幕剧。第一幕石挥写，第二幕徐昌霖写，第三幕我和徐苏灵写，两天就写出来了。石挥读了第一幕戏，大家都觉得蛮好。第二幕也通过了。第三幕是高潮，先是徐苏灵写的，无高潮，没通过。徐昌霖要我改一改。石挥说："你就在里面房间里改。我们在外面等。"徐昌霖对石挥说："沈寂在香港写剧本不仅好，而且快。"我说这差不多是重新写了，于是我从下午4点左右开始写的，写了几张后，石挥进来拿出去，大家修改。然后再进来拿，再修改，当我写完最后一个字，画上句号时，已是下午6点半，整整两个多小时。我一下子瘫软在椅子上。我写《中秋月》可是整整写了四天四夜呀！

　　这部话剧叫《双喜临门》。《新闻报》有一位姓马的编辑来向徐昌霖要反映社会主义改造后的新剧本，徐昌霖就将《双喜临门》给了他。第二天《新闻报》就开始刊登《双喜临门》，连登三天。后来上海文艺出版社还出了单行本，引起社会轰动。在排演《双喜临门》的过程中，我有幸和石挥经常在一起讨论剧本。有一次，我和石挥商量，第一幕是你写的，我觉得这一幕里面有两段内容能否对换一下，那样可以更顺一点。石挥说了自己的想法。待后来排练出来一看还是石挥的构思效果好。石挥也因此了解了我对创作认真负责，能和他讨论剧本。《双喜临门》发表不久，滑稽名家姚慕双、周柏春来找我们，请我们五个人去锦江饭店商量排戏的事情。姚慕双说《双喜临门》是一部喜剧，是个好剧本，我们想改编成滑稽戏，还想请石挥来导演。石挥同意做滑稽戏的导演后，姚慕双、周柏春高兴得笑了。滑稽戏排好后，在九星大戏院演出。巧逢春节期间，观众如云，场场爆满，连白杨等名演员都来观看。当时，我岳父住在金陵西路，九星则是我太太的过房阿哥开的，在延安路浦东同乡会楼下。每次滑稽戏演出时，我都去看，散场时，经理就付钱给石挥和我们几个编剧。由此，石挥对我更了解了。

紧接着，评弹团也来联系改编《双喜临门》。由著名演员侯莉君等在红星剧院上演。我也去看过，效果相当好。

就在我们为《双喜临门》的成功而高兴的时候，有人带信给石挥说："你们五个人里有问题。"我们不明白，难道我们公开发表的东西会有问题吗？几天后，才知道徐苏灵是"历史反革命"，因他曾当过国民党军事委员会中国电影制片厂厂长。徐昌霖回来一讲，大家顿时紧张起来。因为这时徐苏灵已经拍过《秦香莲》了。

过了一些日子，谢晋发起到苏州去白相。参加者有谢晋、徐昌霖、蒋君超、陶金、陈鲤庭、吴永刚，还有我等十来个人。在苏州一天玩下来，到了晚上，蒋君超要回上海，其他人都想第二天到常熟去玩一下。当晚，就宿在苏州。晚上，大家吃晚饭后，去听苏州说书。但是，书场里听众吃瓜子，说笑话，乱哄哄的，台上演员说书一句也听不清，大家没了兴趣，只得出来。走到馄饨摊吃馄饨，然后回到旅馆睡觉。第二天一早到常熟，游玩了各个景点后，下山乘车回上海。在回上海的途中，谢晋说："我们早上乘船到常熟，其实绍兴也有船，叫乌篷船。绍兴又是越剧的发源地。我喜欢看越剧。"我接口说："我也喜欢看越剧。"陶金乘机说了一句："你们二人可以写一部反映越剧的电影剧本，叫《舞台姐妹》怎么样？"大家听了一致叫好。

当时，我们这些人有干劲，说干就干。第二天，我一面建议请越剧团的编剧徐进一起参加，一边自己就到振奋越剧团找资料，拜访赵瑞花、王杏花、屠杏花等老演员。这三朵花是出名的，都演老戏。上海越剧院成立时，她们这些老演员因年纪大在家休息了。当时，越剧主要以袁雪芬为代表。新中国成立前，这些越剧老演员的生活是很苦的。她们给地主唱堂会，地主看中了她们，不从，就赶出去，像乞丐一样住在桥洞下。据此，我写了个大纲。我的《舞台姐妹》大纲就是根据这些老演员的身世写的。其间，我和徐进还专程到绍兴，找姚水娟。她是越剧改革第一人，可惜已打成右派，不能见。

大热天，我们在旅馆里待不住，就到东湖乘风凉，请老艺人吃饭聊天。然而，这时正是"三年困难时期"，到处没吃的，就是用全国粮票，也买不到东西吃。正为难时，看到隔壁有一家老酒店。酒店的人说："你到我们这边来，买我们老酒喝，可以到隔壁吃碗面。"我说，这也好的，我们请老艺人喝了点酒，吃了碗面，听他们讲越剧往事。饿了再吃，如此，我们一天三顿吃了三斤酒，真是吃不消。住了两天，晚上都没睡好，但是收集了很多材料。回来写好提纲交给谢晋。谢晋看了说："蛮好的。但现在不合适，上不去，要等一下。"我说好的。我在提纲中没写袁雪芬，但徐进要将她写进去。

这个时候，导演都无任务，剧本创作拿不出剧本。我曾问过两个编剧，他们说："怎么没有剧本呢？我们写了都没用，东改西改，写一稿要改七稿八稿。最后拿到你们电影厂，你们电影厂说不能用。我们也没办法。"当时剧本创作都是柯灵负责的。

建议拍摄《三毛学生意》

在"反右"后，接着"大跃进"，我们拍艺术纪录片，为赶时间，一天拍100个镜头。大炼钢铁时，将家中铁门、铁窗栏都捐出去。最好笑的事情是除"四害"。当时将"四害"定为老鼠、苍蝇、蚊子和麻雀，我们天马厂拍艺术纪录片不成功，就动员大家去除"四害"。除"四害"中捉老鼠最难，还规定了每个人捉老鼠的定额，以老鼠尾巴来计数，像我们家抓不到老鼠呢，可以去买老鼠尾巴，当然里面也有假的老鼠尾巴，规定每家交五根老鼠尾巴。还有打麻雀，更是荒唐。小学生都知道麻雀是益鸟，吃害虫，有时也吃落在地里的谷粒。我们天马厂全体员工敲锣打鼓，麻雀飞到屋顶上，我和桑弧爬上房顶，拿根竹竿，哄赶麻雀。我们大叫着，把麻雀吓跑。有些麻雀实在飞不动了，直接摔到地上死了。

有一天，黄佐临拿来一个剧本，说："是我女儿写的，名字叫《打麻雀》。"故事是讲有两个学生在公园里做功课，有对青年在假山后谈情说爱，老妈妈抱着孩子在睡觉。这时少先队员来打麻雀了，情侣中止了谈情说爱，小孩也醒了……我觉得蛮好玩的，就拿给齐闻韶看。齐闻韶看了说："这不行的，这个故事说明打麻雀是不对的。"我说是黄佐临先生拿来的。齐闻韶又问，啥人写的？我说是黄佐临的女儿黄海芹写的，她是黄蜀芹的姐姐。黄佐临本来想导这出戏。

不久，上海人民艺术剧院成立，黄佐临奉命调去当院长。我告诉了陈鲤庭厂长。陈厂长说："不行！还有戏未完成。黄佐临不能走。"接着，陈厂长找到黄佐临说："你必须再拍一部电影，我才放你走。"黄佐临之前拍过《为了和平》《黄浦江的故事》，但都遭到批评。黄佐临答应陈鲤庭的要求，但他说只拍喜剧。可当时拿不出剧本。陈鲤庭就对我说："沈寂你想想办法。"我就翻报纸找线索。正巧看到北站那里一家戏院在演滑稽戏《三毛学生意》，主演是范哈哈、文彬彬，当晚我就去看了这出戏，演得真好！散场后，我到后台见到范哈哈，旁边有一个小姑娘是嫩娘。我自我介绍说："我是上影厂的编辑，我们想将《三毛学生意》改编成电影，但今天还不确定，要等明天导演来看了再定。"范哈哈说："明天最后一天，票没了。"我说是黄佐临来看。他一听马上说："好！"并说："明天是最后一场，给家属看的，你们要看就来看好了。"

我回来向陈厂长作了汇报。陈厂长和黄佐临都说去看。第二天晚上，黄佐临、陈鲤庭、齐闻韶、俞仲英（黄佐临助手）和其他摄影、制片人，还有我，一起去看。范哈哈特地留了第三排座位给我们。一场《三毛学生意》看下来，全场笑声不断，就连平时不苟言笑的黄佐临和陈鲤庭也都笑得前俯后仰，还未看完，他俩就对我讲，这戏我们要了。我告诉了范哈哈,他也很高兴。

过了几天,正式拍电影了。可是演理发师的演员,叫刘侠声,是个右派,还戴着"帽子"呢!范哈哈说:"刘侠声是'右派'不好拍电影。怎么办?"黄佐临坚决地说:"不能换演员,这个人演得太好了。等戏拍完,把他'右派'帽子摘掉好了。"双方商定之后,我们就先从十六铺外景拍起,由于这出戏比较成熟,所以仅花了一个月,电影就拍好了。那"右派"怎么办呢?黄佐临说:"马上摘帽,不然他的名字不能上银幕的。"于是,由摄制组打了个报告交上去,就提前为刘侠声摘了右派帽子。《三毛学生意》放映后,观众非常爱看,好评如潮。这是黄佐临一生拍的最后一部电影。

推荐曹雷在《金沙江畔》中演珠玛

去上影农场劳动改造行前,我将《琼岛英雄花》(后改为《红色娘子军》)的剧本推荐给谢晋。等我回来休假时,听说《红色娘子军》已拍好,正在厂里放样片审查。我悄悄地摸黑走进放映室看。看完后,觉得谢晋确实拍得好。1962年3月,《红色娘子军》获了第一届百花奖的四项最佳奖。作者梁信来上海想见见我,便问谢晋:"当时推荐我这部剧本的沈寂呢?"谢晋想了想说:"他出差了。"他不能讲出我在农场劳改的事情。"文革"结束后,我重回上影文学部。1979年,梁信编剧的《从奴隶到将军》在上影厂开拍,他再次来到上海,在文学部遇到谢晋,又问起沈寂。谢晋马上在楼下高呼,我匆匆下楼。梁信一见到我就开口介绍自己:"我是梁信!"我从未见过他,但梁信抱住我的双臂,满怀激情地诉说:"这十多年来我一直惦记着你,今天才见到你。"不等我回答,接着说:"我的《红色娘子军》全靠你推荐,我要感谢你。"

梁信以后在所有场合,凡谈到《红色娘子军》,总提到我。在中国电影一百年纪念盛典上,《电影传奇》的主办人崔永元特地录制《红色娘子军》的创作过程。第一位发言的梁信讲述如何编写剧本,最后又提到我:"是上影厂的沈寂发现《红色娘子军》,他是一位有眼光的编辑。"

1962年10月,我在上影厂农场劳动结束后回到厂里,去找党委书记丁一。她人很好,我在农场劳动,她特地来看过我,关心我在农场的生活情况。她对我说:"你回来了,要好好工作。你就到编辑部工作。"这时编辑部主任是王世桢,是燕京大学毕业的,英文说得流利,中文也不错。原在中国银行工作,上海一解放军管会就派他到上海人民广播电台工作,同时还要他编《上海戏剧》杂志。后调到天马厂来当编辑部主任。他的前任是柯蓝。

我10月回厂,12月厂里发年终奖。编辑部人员的奖金分配由王世桢、胡英远、小温三名党员讨论决定。王世桢说:"《红色娘子军》是沈寂推荐给谢晋的,现在电影得了'百花奖',年终奖一等奖应当给沈寂。"小温马上表示不同意,理由是:"沈寂他当时是直接把剧本交给谢晋的,没有交给胡英远,就是说没有交给党。这反映出他还是不重视党。这样的人怎么能评一等奖?"王世桢又说:"那么可以评二等奖。"可是小温还是反对,说:"沈寂回来才六个月,不好评。而且还是右派。"王世桢说:"他已摘帽了。"小温却说:"摘帽也是右派。"结果给我评了个三等奖。当时一等奖8元,二等奖6元,三等奖4元。事后,王世桢向我打招呼。我听了,一笑了之。

这时,殷子导演看中张天翼写的童话《宝葫芦的秘密》,想改编成电影。我建议请老导演杨小仲导演。

另外,20世纪60年代初,有两个作者写了小说《金沙江畔》,苏联专家培养出来的导演傅超武想将小说改成电影剧本。他来找我商量,我给他出了些主意。改成剧本后,我们商量女主角珠玛找谁演。我想起,前些年曹聚仁曾托人带信对我说过,他女儿曹雷喜欢演戏、拍电影，有机会帮忙让她演演戏。于是，我就推荐曹雷演珠玛。傅导同意了。曹雷当时刚从上海戏剧学院毕业，演戏非常努力，还肯动脑筋。当演到红军长征途中，没粮食吃，决定杀马吃时，珠玛看着自己的马，舍不得杀，跳上马跑了。红军以为她逃走了，不料一会儿她又回来了。曹雷表现出珠玛不舍得杀马，对马有感情。这段戏是我加上去的。这是感情戏，曹雷将对马的感情完全表现出来了。为此，傅超武对我也表示佩服。《金沙江畔》于1963年上映后，反响很好。

此外，我在写剧本编辑意见时，先写主题意义、教育作用，再写明存在问题，最后提出解决办法。对此王世桢说我的编辑意见写得最完整，对编剧有帮助，还让我介绍经验。正巧这时，从上海社科院调来一批青年要听我讲怎样将小说改编成剧本。王世桢让大家一起听，我就讲了。讲完后，大家鼓掌，都说讲得好。小温却说我讲的是资产阶级的一套东西。我听见了，也没搭理。后来他还说我是资产阶级作家，我听了哈哈一笑。因为我所讲的全是夏衍讲过的观点和方法。但这个时候，我遇到了一件很难受的事。我写的《舞台姐妹》剧本提纲交给谢晋后，谢晋因形势所迫而停拍了。他在我劳改时，请王林谷另写了《舞台姐妹》剧本，并将袁雪芬的故事加进去了。谢晋觉得对不起我，解释说："因为急于要上去，就请王林谷写了。因为原来你是编剧，就请你做编辑。"可我回绝了。后来谁当编辑呢？是小温。他拿了300元编辑费。

虽然我写的《舞台姐妹》编剧提纲未被采用，我也未当编辑，但俗话说："吃亏是福。"这部戏拍好后不久，江青在一次座谈会上就点名批判了《舞台姐妹》，把王林谷等人吓坏了。"文革"中，《舞台姐妹》剧组的人被拉出去游斗，还去纺织厂放映《舞台姐妹》给工人看，纺织女工看了都说拍得蛮好。于是，在开批判大会时，工人们不批斗谢晋、袁雪芬等人，而是偏偏批斗王林谷，甚至还打他。想不到，吃亏是福，应在我身上。

这时正好是1962年，周恩来、陈毅召开广州会议，为知识分子脱帽加冕。陈厂长来对我说："你上次搞的《三毛学生意》不错。《燎原》已在拍了。这两个剧本是不错的，你再搞个喜剧，我们需要喜剧，你有办法的。"我回答说，想想办法。

一次，我翻报纸，看到滑稽演员田丽丽在宁波同乡会演滑稽戏《女理发师》。我去看了演出，感觉不错，故事蛮好。回来就向齐闻韶、王林谷两位副厂长汇报。但他们觉得将滑稽戏改成电影剧本很难，齐闻韶叫我改编，我说我不改，我推荐钱鼎德来改。钱这个人很老实，他从未做过编剧，不敢写。我就鼓励他："你大胆写，我来帮你修改。"剧本出来后，导演由丁然担任。我建议由韩非演男主角，因为我和他合作过的，觉得他戏演得很好。女主角就请王丹凤演。她从香港回来后，因嫁给资本家，被评了个文艺10级演员，心里郁闷。1956年，她主演了《护士日记》，张春桥说宣扬的是小资产阶级情调。1962年，周总理、陈毅在广州开座谈会期间，还关心王丹凤，问她为什么好久未拍戏了。王丹凤说，1957年拍过《护士日记》，放映了几天后，有人批判这部电影是小资产阶级情调，就停映了。陈毅听了，有点恼火。当夜调来片子看了，说很好。并将王丹凤提为文艺6级。这样一来，她的心情好了，戏就拍得好了。另外，我还请顾也鲁配戏。请画家江栋良画海报，宣传《女理发师》。电影放映后，反响很好。

（原载《浦江纵横》2018年第1期）

沈寂忆述中的胡蝶

记得电影编剧家沈寂先生在一次闲聊中告诉我,20世纪50年代初他在香港时,与著名导演程步高是同事。他俩趣味相投,无话不谈,聊过好多影坛珍闻。

那时,我正受上海文史馆约请,配合身为文史馆馆员的沈寂做口述历史,所以就将那些历史回忆一一记录下来。

明星公司的电影叫座全靠胡蝶

一天,程步高告诉沈寂,当年是洪深介绍他进明星影片公司当导演的。他曾经到法国去学了两年电影,政治上蛮进步的。明星公司第一部进步电影《狂流》就是他拍的。而胡蝶就是《狂流》的女主演。

那是在1931年,武汉发大水,报纸上做了大量报道。程步高极富同情心,想拍一部水灾和农民受灾情况的影片。于是,他就带着摄影师到灾区把水灾造成的惨景都拍下来,还采访了许多灾民,听到许多感人故事,最后拍成了一部有点像纪录片的影片。由于非常真实、生动,放映后大受观众欢迎。

这时,中共地下组织领导的电影小组成员夏衍(笔名黄子布)等人正好进入明星公司工作。夏衍向程步高提出,根据这些素材,可以编个故事,拍一部故事片。程步高赞同,剧本就请夏衍编写。故事内容是一个工商地主的女儿（胡蝶主演）虽是有钱人家的小姐，却很同情受灾的农民。一次发大水前夕，农民在河上筑堤防洪，求地主拿出建筑材料来筑堤，但地主不肯。但地主的女儿却愿意拿出建筑材料给农民，并且还劝说父亲。可是吝啬的地主还是不愿拿出材料，结果造成水灾，大片土地被淹，人畜死伤严重。这部影片虽然是写的阶级斗争，但影片一放，大家都去看，主要是看水灾，因为是拍的水灾实景，纪实性强，许多从来没有看到过水灾的观众，看了以后非常震撼。这说明上海的观众特别喜欢看这种纪实性强的故事片。看过以后，还有人发动大家募捐，救助灾民，就连洋大亨哈同也捐了钱给灾区。他是把家里的一些古董义卖了，将卖的钱都捐了出去。

程步高说到这里笑了。他说："我们写阶级斗争，但结果拿钱出来捐助灾区的，却也有很多是有钱人哟。"

后来，明星公司又拍了一部《盐潮》，写盐民斗争的故事。是楼适夷写的剧本，也是由胡蝶饰演女主角，到盐场拍戏是要赤脚的。她虽然从来没有在外面赤过脚，但她却能严格按照剧情赤脚表演。

另外还有一部影片《脂粉市场》，也是写阶级斗争，也是胡蝶主演。故事是讲商店老板看中一个女职工但遭到拒绝的故事。明星公司一连拍了十多部左翼进步电影，凡是胡蝶主演的影片观众就多。所以，当时人们说，明星公司的左翼电影全靠胡蝶，联华公司拍的进步电影全靠金焰。一个是"电影皇后"，一个是"电影皇帝"嘛，人气旺。电影全靠演员啊！

梅兰芳为胡蝶洗清冤屈

那天，沈寂还谈起胡蝶在"九一八"事变当天被冤枉的往事。

说来也巧，1931年9月18日那天胡蝶正好在北平天桥拍电影，这部电影是揭露袁世凯卖国行径的。可是，"九一八"事变爆发后，有人说，当天张学良正与胡蝶一起跳舞。一时舆论哗然，马君武还为此写了一首诗，讽刺张学良"不爱江山爱美人"。谣言一传，在天桥围观胡蝶拍电影的人就骂她，胡蝶被骂得莫名其妙，这部戏就拍不下去了。导演张石川在上海听了传言后也光火了，说："胡蝶怎么能做这种事？不要拍了，拍不下去了，回来！"

事实上，"九一八"这天，明星公司有两个摄制组在北平拍戏。当天晚上，胡蝶说北平我有很多朋友，我去看看他们。回来晚了，大家问她，怎么这么晚回来？她说去跳舞了。大家说："你出事了，你怎么和张学良一起跳舞呢？"胡蝶解释说，她是和朋友跳舞，不是和张学良跳舞，搞错了。但已讲不清楚了，后来还是梅兰芳出面澄清了事实。

电影摄制组从北平返回上海的前一天晚上，梅兰芳请客，两个摄制组人员全部到场。梅兰芳说："九一八那天晚上，我在戏馆演戏。张学良就坐在下面看戏。一会儿，一个副官走到张学良身边，俯身说了几句，张学良立即起身走了。"并说，这是千真万确的。梅兰芳道出了事实真相，为胡蝶洗清了冤屈。所以，后来胡蝶和梅兰芳的关系特别好。

回到上海后，郑正秋等已了解情况，知道误会了胡蝶。大家分析因为明星公司拍的是写袁世凯和日本人签订"二十一条"不平等条约的影片，虽然已是历史，但日本人既害怕，又仇恨，所以，很可能是日本人在造谣破坏。

对付戴笠，是胡蝶最难演的一场戏

沈老还告诉我，那天他问过程步高，胡蝶与戴笠的关系究竟是怎么回事？程步高想了想说："我和你说件事，抗战爆发以后，我就到重庆去了，不做导演，而是到滇缅公路运军火，一起去的人是胡蝶丈夫潘友声,同车的。"程步高说,1941年12月8日太平洋战争爆发的时候,胡蝶在香港,日本人要找她。重庆方面知道了,怎么办呢?宋美龄要戴笠一定想办法把胡蝶从香港救出来。戴笠派了"八一三"淞沪抗战时送国旗给四行孤军的女童子军杨惠敏到香港,把胡蝶救了出来。但是胡蝶的箱子却给弄丢了,箱子里全是金银首饰、衣物等珍贵物品。到了重庆,胡蝶去拜谢宋美龄,但丢了箱子,心中不快。戴笠却觉得自己把胡蝶救出来是有功的,便对胡蝶产生了非分之想,为此还将潘友声派到滇缅公路去运军火。潘友声和程步高坐在一部车里,他很担心胡蝶。然而胡蝶是很聪明的,每次戴笠要她去他那里,胡蝶总推说我明天要去见宋美龄。戴笠无奈。所以,即使胡蝶有时去戴笠那里,也是被动的。

有一次开记者招待会,胡蝶去了,戴笠也到场。胡蝶在回忆录里也提到这些事。对于戴笠的纠缠,胡蝶也不敢过分地抗拒。她要保护丈夫,否则过于抗拒,潘友声很可能会被戴笠弄死。有几次戴笠要胡蝶离开潘友声。胡蝶说:"这怎么可能呢?因为我是电影皇后,是名人。传出去不好,对你我都不好。"再说宋美龄也不允许,所以戴笠拿她也没办法。抗战胜利后,胡蝶很快从重庆逃到上海,以为没事了。谁知不久戴笠竟以命令的口吻对她说,你和潘友声现在就离婚,我马上和你结婚!弄得胡蝶很紧张。还好不久,戴笠飞机失事摔死了,胡蝶这才松了一口气,终于放下心来。所以有人说,对付戴笠的纠缠,是胡蝶最难演的一场戏。

(原载《炎黄子孙》2018年第3期)

沈寂：新中国建立之初
我在香港遇见的大亨和明星

新中国成立前夕，风声越来越紧，我的朋友李之华（中共地下组织成员）来通知我，叫我离开上海。过了两天，我问他去哪了，他说他去通知姚雪垠了，另一人去通知徐中玉。我说我有人间书屋要经营，我走不掉的，没地方去的。他说，你去香港。过了两天，李之华又来电话，叫我不要走了，等待解放。上海解放后，李之华当了上海市军管会文艺处副处长。我就向李之华要求，重新出版被国民党勒令停刊的《幸福》《春秋》《报告》三本杂志。我填好申请表格，交给李之华。他没有说什么，可是过了好长时间一点消息都没有。后来李之华才明确对我说，现在所有的报刊都停掉，以后办报刊都要上面批准。人间书屋也没生意，我不知道怎么办了。此刻我二哥也失业，母亲积蓄又用完，家庭经济发生困难。母亲决定将临潼路房屋退还给二姐，二哥与我再一次分家。二哥一家五口另觅住所，我和母亲暂住大姐家，我妻子又一次难产，我几乎陷入绝望境地。

突然接到香港永华公司老板的邀请信

就在我为今后一家生计发愁之际，忽然接到一封信，是香港永华影业公司上海办事处经理王耀棠寄来的，要我到永业大楼办事处去。永业大楼在南京路江西路口。次日，我就找到永业大楼，办公室外面是一个大的写字间，我先看到乐小英。刚要打招呼，他也看见我了，问我："你怎么来了？"我说："他们让我来的。"我问他在这干什么，他说："我在这做广告设计。每天来上班的。"随后，他起身陪我去找王耀棠。王耀棠看见我很客气。他说："你出过两本小说，一本是《盐场》，一本是《红森林》。"我说："是的。"王经理告诉我："你真是与我们永华有缘。前不久，我们香港永华影业公司老板李祖永在香港大公书店，看见你的《红森林》和《盐场》，他觉得不错就买下来了。回家一看觉得可以拍电影，就马上通过上海办事处，想把你这两本书的版权买下来。"我知道李祖永的永华公司很了不起的。他拍电影《国魂》，100万港币扔下去，只赚了1块钱。他是为了打牌子，做广告。《国魂》在中国大陆不让放，说是为国民党招魂。他便拿到美国去放。这时，香港电影剧本是3000元港币一部，小说原作是每部1000元港币，我的两部小说版权卖了，当场就收到2000元港币。当时港币与旧人民币的汇率是100港币比427000元，我一下子拿到这么多钱，自己也不敢相信。在解放初期，经济特别困难的时候，我赚了一笔这么多的钱，拿回家交给妈妈时，全家人都感到惊喜。

过了几天，我接到李祖永给我的一封信，说感谢我将小说版权卖给他，并希望我到香港去，到他的永华影业公司当电影编剧。我见信后，第一反应是：我不去。柯灵、吴祖光1948年前后在香港，都是编剧，1949年后柯灵他们都回来了，我去香港干吗？为此事我又去请教李之华副处长。我先问他，我们这些人怎么安排？他说，你要经过上"革大"（华东革命军政大学）学习，之后再分配工作。你过去是做过地下工作，但不是上海地下党直接领导的。

那天，李之华有事，忙得很，去香港的事还来不及说，我就回来了。过了几天，李之华自己来找我了，问：永华公司请你去？我说我不去。他却认真地说："你应该去。现在这里什么时候能给你工作还不知道。你应该去，这是好机会，去有利。"我有点为难地说：

"我是写小说的，没写过剧本。"他立刻鼓励我说："不要紧的，你很聪明的，可以学。"我又说："我太太因为难产，身体和心情都不好，要我陪着。我一个人去香港，又不知道那里怎么样？"他说："那么你就带着太太一起去。"又鼓励我："李祖永需要你，你就去吧。而且那边还有许多电影界进步朋友。你要和永华公司搞好关系。"我知道，当时的永华是亚洲最大的电影公司，演员都是很好的，编剧和导演也是很好的。他继续说："你可以去找他们。永华拍过不少进步的好影片，如《国魂》《清宫秘史》《火葬》《海誓》（柯灵编剧）等。"当时，我心里挺为难，待在上海呢，生计无着落，不能办刊物，书店实际上也不让开。因为这时要进书，只能去新华书店进，进书书价只能打9折。如果打7折给我，我卖出去还可以赚点折扣，9折根本没利润。既然这样，那我就去香港吧。于是，我就决定带着太太一起去。我和我妈说这件事时，她看了我一会儿说，你就去吧。再说人家钱也给你了。王耀棠一听说我同意去香港，马上给了我一笔路费。这样，我带着小说版权费和路费，和我太太一起去了。这时，我小阿姐夫妻俩及小孩已经在香港，所以，我二哥二嫂、二姐二姐夫也想去香港看看是否可以做点生意，就决定和我们一起去。当时，到香港去必须要领出入境证，但领证前必须买爱国公债，每人200元。他们四人800元，也由我付的。因为这个时候我二哥的生活比较困难。离开上海时，我妈住在我大姐家，我妈在窗口看着我们六个人坐了四辆三轮车离开时，心里一定非常难受。她一共有三个儿子、三个媳妇、三个女儿、三个女婿，她说我十二个子女，走了一半，最得力的都走了。

我太太有一个亲戚是工程师，名叫陈玉舜，在香港工作得蛮好，对香港熟悉，这次回沪是把他太太和小孩都带去，就陪我们一起去香港。

舒适将我的剧本推荐给"长城"

这时进香港已经很难。我们到了深圳罗湖口岸，必须要靠"黄牛"才能经过罗湖，进入香港。在我们一行焦急等待时，有一个"黄牛"过来了，问我们："你们要进去吗？要进去的话500元港币一个人。"当时，500元港币在香港已是一笔巨款了。虽然有些心疼，但为了进入香港，还是咬咬牙，对他说，我们要进去的。他们"黄牛"办事倒也有一定"规矩"，他让我们跟他走过罗湖口岸，进入香港后，他跟我们到家后，我们再给钱。他们和香港警署的小帮办有勾结的，"黄牛"拿到钱后，与小帮办分赃。

到了香港后，我们就去找小姐姐家。她住在香港近郊青山道，经营一家很小的钢精锅厂，厂名叫"鼎大钢精锅厂"。我小姐夫是搞技术的，到香港和两个广东人合作，并投了点资。房子是一长排，他们住的房子也是在车间里，在靠车间一头拦了一小间。一家六口人，两个大人、四个小孩都住在里面，条件很差。我们来了之后，就在当中隔一块布，我们睡这边，他们睡那边。吃饭是和工人一起吃的。这个时候的香港经济和社会状况都很差，远不及上海。我想这怎么办呢？

我们住了一夜。次日一早，二哥、二姐夫他们都走了。我就决定先到永华公司去，但又不认识路，我小姐夫陪我去。乘车子下来，还要走一段路，终于见到有座山正在开山，转入九龙亚皆老街看到了永华公司，走进去一看里面两个摄影棚，一排办公室，派头很大。我对门房间的人说，我找李祖永。他问你有什么事？我说，他写信让我来的。他回答我说，李祖永不在，你找他弟弟吧。他弟弟叫李祖莱。我想起，李祖莱在上海沦陷时与76号特工总部有关，现在混到香港来了。不一会，李祖莱走过来。他养得胖胖的，脚有点跛。他说："你来得真不巧。现在永业公司正在停业整顿，啥时候恢复工作还没一定。"我想,这下完了。我又问:"大概什么时候开始复工呢?"他说:"你留个地址给我。有消息了,好通知你。"我说:"我现在还没有地址。"到时候再谈吧。我又问:"《盐场》拍了吗?"他说:"已经拍好了。导演是舒适。"和他告辞后,我想应当去找舒适。

第二天上午10点钟,我找到了舒适的家。他住的是二房一厅,有两个小孩,舒适还在睡觉,他的太太慕容婉儿接待我。她说:"你是沈寂?《盐场》拍完后,香港当局不准放,说太激进了。"她还说《幸福》杂志编得好,她认识女作家施济美等。我则对她说:"你拍过许多电影,我都看过。"说话间,我见她的儿子顽皮,女儿文静。

舒适穿着睡衣出来了。我向他讲了我目前的困境,他说:"你先等着,万一永华公司重新开业呢。"我又问他:"大约什么时候会重新开业?"他说:"不一定的。"他说,我们这些导演、演员被李祖永一整顿,都从永华出来了,现在都到长城影业公司了。你的小说都很好的,都很进步的,《盐场》音乐未配。接着,舒适又问我:"你写剧本吗?你如果写了,我可向长城推荐。"我说:"可以试试。"我先讲了一个故事概要给他听。这是我一篇未写完的小说《古屋》,故事是说有一个地主没有小孩,就租借了一个农民的妻子来生育小孩。另外还写到假装怀孕、强迫婚姻等中国农村的封建主义思想。舒适听了说这个东西蛮好。

当天晚上,我回到我借住的青山道房子里,埋头写剧本提纲。房租要250元一个月,二房东是曾国藩的孙子。我知道,戏难写,但我认真构思,奋力写作。几天后,我就写好剧本,交给了舒适。他接过剧本时,还夸我写得挺快的。后来,我知道是岳枫需要剧本。交给他后,就一直没有回音。

这期间,我就去找刘以鬯。他原来在上海,因有人说其父名怀正是怀念蒋中正,所以他一气之下,就去了香港。可是到香港后,日子不好过。他的太太每天搓麻将。我问他:"你怎么日子过得这样呢?"

他说，他本来在香港的报刊当编辑的，现在身体不好，没办法。于是，我再去找杨彦岐。他编《香港时报》副刊，也管《上海日报》。我和他商量出版《幸福》杂志。他说："香港还没有《幸福》这种刊物，可以试试。"我们就着手组稿、编辑，连徐訏都给我写文章，杨彦岐介绍一人来发行，一连出了四期，反映不错。可是收入不多，我入不敷出，我妻子把结婚戒指都卖了。

这时，和我同来香港的陈玉舜工程师，在九龙城飞机库旁找到一幢小洋房，租费便宜，希望我与他合租，各出100元，我欣然同意。

过了几天，杨彦岐来问我说："你是不是有一个剧本在长城公司？"我说，是呀。他说："导演岳枫说不行，请我修改。这样你只能署名原著，我署名编剧。"他还说，3000元编剧费，他得2000元，叫我拿1000元。我自然不相信他的话，就去问舒适。舒适马上回答说，没这件事。还说导演岳枫看了剧本特别喜欢，不用修改，马上就拍。舒适还提醒我："这个人和国民党有关系的，你不要上他的当。你写的剧本只赚1000元，他不劳而获可以赚2000元，这个人实在太坏了。"

过了几天，杨彦岐约我和我太太到香岛大酒店碰头。我一人去酒店，见到杨彦岐后，就直接对他说："我问过舒适了。舒适说这个剧本挺好的，不要改。"他一听就光火。他说："你怎么可以去问舒适呢？"刚说到这里，李祖莱过来了。他一看到我就说："沈先生，我找得你好苦啊！我哥哥知道你到香港来了，请你明天就去永华公司报到。"

杨彦岐的小骗局被拆穿，李祖莱请我明天去报到，真是大喜事，这下我就有固定收入了。回家和太太一说，太太也高兴得不得了。

我终于当上了永华公司的编剧

第二天上午，我去永华公司上班。走进公司大门，传达室里门卫问我找谁？我说找李祖永。一会儿，李祖莱过来迎接我。他让我在一间房子里坐一会儿，说李祖永正在与人谈话。我就坐等了十几分钟。见到从李祖永办公室里出来一个人。我一看，眼熟，原来是著名编剧姚克。这时李祖莱叫我进去，说李祖永要见我。

我走进办公室，见到李祖永坐在一张大写字台后面，他背后墙上挂了一个匾，上面写着"香港荣誉公民"。他客气地让我坐下。我坐下后，不解地问他："你叫我来香港当编剧，可是我已经来香港两三个月了，你们也没有任何说法。"他说："我们找不到你。"我明白，他是在敷衍我。我也不申辩，只想听他下面如何安排。果然，他直截了当地问："我请你来当编剧，你愿意吗？"我老实地告诉他："我没有写过电影剧本，不知道如何写。我交给长城公司的电影剧本，我自己也不知道能不能用，你让我当编剧，我心里惶恐。"他却说："你没写过电影剧本，没关系！其实你的小说《盐场》就是电影剧本啊。有动作，有画面。后来叫白沉改编。他的剧本就是照你的小说抄，你的小说就是电影剧本。"这使我懂了，我的小说具有动作性强、画面感强、接近电影剧本的特点。他又问我："永华公司出的电影你看过吗？"我说，看过的，看过《国魂》。他马上兴致勃勃地告诉我，他拍《国魂》，投了100万元，好演员都请来，开宾馆给他们住，吃得好。最后，只能到美国去放映，只赚了1元钱。他主要是卖名气。然后，他又问我还看过什么，我说还看过《清宫秘史》。他说这个戏拍得好，内地有人批评这部戏是诬蔑义和团。他说："我是研究历史的。我是历史教授，没错。我们永华现在整顿好了，正缺人。"然后，他又问我："姚克认识吗？"我说："是我老师。他在我们复旦大学当客座教授，我听过他的课。""是你老师，怪不得。"他好像有些惊奇。他又说："你要是愿意，就来这里做编剧，每个月工资500元港币，写出一个剧本再给3000元港币。像你这样的，一年两个剧本总是要给我的。这样生活上你就有保障了。"我立刻表示愿意来永华工作。他高兴地说："那就讲好了，你明天就来上班，就在隔壁办公室。"最后，他客气地说："你先回去休息吧。"

我就退出来了。然后，回到我住的九龙城飞机库。九龙城是一个汽车站，下面就是启德机场。我回到家里，很高兴的，就把这件事告诉我太太和陈玉舜。他们都说是好事情。我太太还告诉我说，她又怀孕了，真是双喜临门。

第二天一早，我就去上班了。一进厂门早上要拉敲钟卡，早上几点到，规定很严格的。我第一天不知道8点上班，也不知道要敲卡，由于路远，我迟到了。我拿出一张卡，放到钟下面的盒子里，立刻敲上几点钟到厂，很严格。我觉得，他管理得真好。下班也是敲卡，几点下班，卡上记录得明明白白。

李祖莱带我去"编纂室"。屋子里面有两张办公桌，一张是我的，另一张办公桌后面坐着的是李隽青。他写歌词很有名气，字也写得好。永华公司的影片片名都是他写的。李祖永叫他兼做秘书，写信、起草文件等都做。我坐下来后，李隽青就笑着问我是从哪里来的，我说，是从上海来。他又告诉我，导演程步高就在对面的房间。

这一天，吃中饭我是回家吃的，下午一点半上班。可是我吃完饭，再赶到公司已经两点左右，我又迟到了。因为下午也要敲卡的。这时，李祖永正好从办公室出来，看见我说："沈先生你回去吃饭的呀。"我说是的。他马上就说："你以后就来半天好了，半天来上班，半天在家写剧本。"我说："好的，知道了。"从这天以后我都是下午去公司上班。我心想，他倒是很照顾我的。

第三天，我去拜访程步高。他是左翼电影工作者，明星公司第一部左翼电影《狂流》，就是他导演的。当时，他每天手中都拿着一本沈志远的《新经济学大纲》。我走进他的办公室时，他看到我，架子还是比较大的。我便对他说："我看过您导演的许多影片。"他听了，朝我看看，便问我来干啥，我说我是来写剧本的。他说永华公司现在没什么剧本，你过来写是挺好的。他又说，他是留法学生。永华整顿后，导演只留下他一人。

在杜月笙家中拜访孟小冬

一天，我和李祖永谈起，我很喜欢看孟小冬的戏，想知道她目前的情况。李祖永说，孟小冬与杜月笙住在一起，凡是大陆来的人杜月笙一律不见。李祖永又说，他与杜月笙关系很好，可以陪我去。李祖永的家族前辈李征五是辛亥革命元老。宁波小港李家是很出名的。上海泥城桥堍靠北边的一段，都是李家地产。李诵芬堂和永业大楼都是李祖永的。大业印刷公司是印钞票的，是和国民党有关系的。抗战爆发了，蒋介石到重庆去了，要印钱没机器，王克敏（李祖永的太太是王克敏外甥女）从东北运机器到重庆。李祖永在重庆印钞票时，认识了杜月笙。杜月笙先到香港，然后到重庆。蒋介石有点看不起他，意思是你杜月笙在上海有势力，重庆可不是你天下了。整个四川社会上是袍哥势力。所以，杜月笙对蒋介石有点怨气。他就去找孔祥熙借钱，孔不借。第二天，杜月笙就派人将一口棺材放在孔府门前，孔祥熙无奈只得借钱给杜月笙。

当时，宋子文准备政府出面收购黄金，当然是低价收。杜月笙知道这个消息后，立刻对李祖永说，抢先收黄金，不然就要涨价了，但收购黄金是需要钱的，就赶紧让李祖永印钞票，抢购黄金。蒋介石知道后发火了，追查是谁泄露了这个重要消息，下面报告说是杜月笙泄露了消息。蒋介石就下令抓杜月笙。杜月笙就逃到安徽屯溪，李祖永被抓进去了。但之前李祖永已将收购来的黄金运到香港去了，所以，蒋介石找不到证据，过了一些日子就放了他。他就飞到香港办了永华影业公司。所以，他和杜月笙的关系是相当密切的。

李祖永办影业公司是张善琨为他出的点子。张善琨在上海沦陷时期拍过一部《春江遗恨》，是与日本人合作的，由李香兰主演。内容是讲林则徐销毁英国人鸦片的故事。影片中人物喊出"打倒侵略者！打倒帝国主义！"等口号，观众看了都拍手，寓意抗日，反对"大东亚共荣"。因为日本人也贩卖鸦片的。影片中，还有一首《卖糖歌》，教育大家吃糖，不要吃鸦片。当时，是日本人在卖鸦片，吃鸦片，所以导演了不起。由此，我认为不能说张善琨是汉奸。过去没有人讲到过。这部影片，马徐维邦也参加导演，有一个导演团。

  杜月笙的家在香港坚尼地道。那天，我们到杜月笙家里去时，我看到他穿了件长袖衬衫，他说是因为身体不好怕冷。其实是左臂上有刺花，不愿露出来让人看到。杜月笙坐在藤椅里，李祖永向他介绍我，是从上海来的。他听了，看也不看我。他请李祖永坐在他对面的藤椅里，我就自己坐在旁边的藤椅里。他们两个人说话，我也不想听，杜月笙也不理睬我。这时，我想起李之华曾写信给我说，李祖永的永华公司是东南亚规模最大、设备最好、技术最精的影业公司，要团结一切可以团结的人，争取李祖永回上海。那么，对杜月笙该如何做呢？这时，我注意到杜月笙的客厅里有一个鸟笼，是扁形的，长长的。我就起身去看鸟笼。里面有只鸟，是黄莺。他们说话，我又不能去听的。李祖永看见了，就向杜月笙再次介绍我，这是上海来的沈寂，我请他到我公司来当编剧。杜月笙这才抬眼看了我一下，开口说了一句："你是上海来的啊。"我想他提到我了，我就顺势开口说话了。我说："杜先生，上海的严先生要我向你问好。"（这是我离开上海前，李之华教我见到杜月笙时一定要提严先生向他问好。至于严先生是谁？我至今也不知道。）他听了，口中"哦"了一声。然后，朝我看看，站起来了。他问了我一句："严先生好吗？"我说："蛮好的。"就这样我和他说上话了。李祖永趁机帮我说："他想来拜访孟老板。"杜月笙爽快地说："好！"一拍手，一个佣人拉开门帘。杜月笙吩咐说："上海的沈先生向孟老板问好。"佣人一点头，门帘落下。估计她是去向孟小冬禀报了。

  过了一会儿，听到脚步声，门帘拉起，孟小冬就出现在房门口。啊，孟小冬毕竟是孟小冬，她这时已经四十多岁了，依然是光彩夺目，穿了一件米色的麻纱旗袍，不敷脂粉。我立刻站起身来，向她致意。她做了个手势说:"请沈先生到我房间里来。"我就跟着去了。李祖永、杜月笙看了都呆了。我离她三步远,跟着她进了她的房间。她请我坐。我打量了一下房间,有一张铜床,床上挂着珠罗纱帐子,一套镶金的家具,墙上挂了一把胡琴。另一面墙上还挂了一张《武家坡》戏照,但只有她一个人穿着戏装,其实应该是两个人的合影,另一个人是梅兰芳。大概她将梅兰芳的照片折叠到后面去了。

这时,有女佣送茶进来。孟小冬开口问我:"你从上海来?"我说:"是的。"我告诉她:"上海有两个京戏演员要来香港演出。"她问哪两个演员,我说:"其中有周信芳。"然后她问了周信芳、程砚秋等京剧名伶的情况,就是没有问梅兰芳。我主动告诉他,最近梅兰芳正在演《穆桂英挂帅》。她听了笑笑,还是不接口。就在此刻,李祖永在外面催我回去了。我就起身向孟小冬告辞。孟小冬微笑着起身送我到房间门口。我从房间出来后,杜月笙起身将我们送到大门口,车门一打开,看到里面放了一个鸟笼,我问:"这是什么?"李祖永说:"是鸟笼。是杜先生送给你的。"我说:"不要。我不养鸟的。这么大的鸟笼我放哪里?"李祖永赶紧制止我说:"杜先生送给你的东西,你是不能退的。你要给他面子。"我说:"那怎么办?"他说:"要不我拿去。"我赶紧说:"好的。"

与刘琼等合拍《神·鬼·人》

不久,李萍倩叫我写的剧本《白日梦》电影拍好了。这时,在港爱国电影工作者成立了一个联谊会,简称"影联",并且还组织了一个"读书会",让大家有机会学习。很多内地进步电影人士都参加的,由洪遒负责,但他不大露面。有一次,李祖永邀我与洪遒一起吃饭。我不认识洪遒。李祖永特地把我介绍给洪遒,说:"他是沈寂,上海过来的,思想蛮进步的。他现在是永华公司的编剧,和你打个招呼，他想得到你们的支持。"因为很多人都到长城公司去了。此时恰逢新中国成立一周年，"影联"趁这个机会举行庆祝活动，胡蝶、白光、刘琼等都来参加，团结一切可以团结的人，还拍过一张照片的，一边男星，一边女星。我没有参加"影联"的读书会。我们永华公司副导演杨华，摄影助理小侯，还有余省三摄影师成立读书小组，我也参加。一次，读《社会发展史》讨论图腾时，其他人不懂，我作了解释。他们说我懂得多。舒适知道了，说："沈寂本来就进步嘛。"

有一天，我到舒适家里去。舒适对我说，我们香港进步艺人组织了一个合作社制的影片公司，名叫"五十年代"。大家合作拍电影。收入按编、导、演打分进行分配。除去场租费等成本外，利润分为：编剧拿5%，导演拿10%，演员以各自的作用来打分。成本先向人借，先付掉成本费，赚来的钱，大家就分掉。拍的第一部戏是《火凤凰》，王为一导演，司马文森编剧，刘琼、李丽华主演，讲述知识分子在新中国要求进步的故事。这部片子在香港和内地都放映的，确实赚了一笔钱。

后来要拍第二部了，没有剧本。舒适就来找我，说："我们想搞个短剧。"我说："我现在剧本没有，但有个故事，叫《红灯笼》，在《春秋》上发表过。故事是讲有个巫婆，谁家有孩子生病，她就去给孩子看病，给点香灰让病孩吃，然后晚上叫叫魂，说病就好了。而为她拉生意的是个流氓。她骗来了钱，和流氓分。流氓拿得多，她拿得少。平时她就在家里，不出去。有一次，她自己儿子生病了，发高烧。她知道吃香灰是治不好病的，想带儿子去医院看病。可是流氓不准她去，说：'这怎么行。你把儿子送到医院去看病，那么你的巫术就要穿帮的。那些找你为病孩看病的父母就会来找你算账的！'结果，她就没送儿子去医院，没想到第二天儿子就死了。"舒适一听，马上说："好的，是破除迷信的好题材。"并叫我赶紧改编成电影剧本。

两天后，我就拿出了剧本，由齐闻韶、马国亮、刘琼、舒适和我一起讨论剧本，当场通过。刘琼自告奋勇地说："由我来导演。"并请孙景璐、陶金来主演。刘琼导演，我很喜欢。舒适告诉我："我们五十年代公司从来没有一下子通过剧本的，大家说你这个故事好，戏剧性很强的。所以，马上就通过了。"

第二天，刘琼约我到太子道喝咖啡。他说："我从来没有看到过这种故事性很强的剧本，我很喜欢。"接着，他就说了他准备怎么拍。还问我同意吗，我立刻说："好，好！没有问题。我同意。"

接下来，马国亮也写了一个电影剧本《鬼》。他写的是个赌鬼，写得也不错。马国亮说最好是刘琼演。刘琼说："我现在当导演，怎么演呢？"正巧顾也鲁和顾而已要回上海办大光明影业公司，他们在香港是很进步的。我们就商量是否可以趁他们还没有动身离港前，请顾而已担任导演，让刘琼演赌鬼呢？大家对顾而已说了这个想法后，顾而已十分豪爽地说："拍就拍吧。"还有一部短剧《人》是慕容婉儿写的，由白沉导演，陈娟娟、韩非主演。最后，将这三部短剧合拍成一部《神·鬼·人》的电影，片长一个半小时。开拍的时候我去看的，刘琼演的赌鬼，真像。

回上海探望病重的母亲

不料就在这个时候，我接到一封信，是二哥写来的，说我妈病重了。1950年12月30日，我一早就离开香港回上海看望母亲，但我又不放心即将分娩的太太。太太却站在门口向我招手，叫我放心走。走之前，我向永华公司的老板李祖永请了假，他同意我回上海。原本想向他借点钱，可是没好意思开口。我转而向长城公司要稿费，一共3000港币。我和舒适说了。他说他想办法，先拿了2000元，1000元我给太太，1000元我带回上海，还有1000元存在长城公司。钱多了带来带去不方便的，这些钱对我来说已经是相当多了，而且到上海后,还可到长城公司上海办事处凭信去取余下的1000元。1951年1月4日黄昏我到了上海。

在上海期间,除了探望母亲外,我去看了张爱玲。因为在香港时,有一次喝咖啡,胡兰成就在我旁边一桌。他看见我,走过来问我张爱玲现在住哪里?我说不知道。回到上海后,我就去看了张爱玲。她送给我一本书,叫《十八春》,这是她用"梁京"的名字写的。她知道我从香港回来后,还问起胡兰成碰到过吗?我说没有。我也没有和她多说,就走了。几天后,徐慧棠请我吃饭,陈蝶衣也在座,我对他们说了这件事。

其间,我还去见了李之华。他问我在香港都碰到了谁,还问起杜月笙有何动静,我只能含糊地说:"不清楚。"在香港我连读书会都不参加。但刘琼、舒适对我很好,很照顾。刘琼、舒适等爱国艺人热爱新中国,一天他们用人体搭了一面五星红旗,引起香港当局反感。由此香港政府规定,不许挂五星红旗,不许挂毛泽东像等。正巧顾也鲁他们拍了《小二黑结婚》,戏里面窑洞里挂有毛泽东像,送审时,顾也鲁及时给审查官敬烟,巧妙地混了过去,过了审查关。

我在家住了一个月,要回香港了。那天,我独自坐在回香港的火车上,对面坐了一个戴眼镜的人,好像是国民党《中央日报》的骨干编辑。刚想打招呼,谁知,就在火车开之前的十分钟,上来两个解放军战士,把他抓起来押下车去了。后来,我才知道,这时内地正在搞"镇反"运动。

亲眼目睹黄绍竑被刺

有一次,我和徐訏接到一个通知去开个会,会议在一个大旅馆里开。我们进去一看,是开什么大陆流亡文化人大会,旁边有人让与会者签到,我俩没有签,往会场一看,到的人真不少啊。主席台上有唐纳、黄尧,还有两个人不认识。徐訏一看不对啊,就对我说:"走,小便去。"我们就从后门走了。

杜月笙当了香港交通银行董事长后,王晓籁来香港请他回上海,同时也请黄绍竑回来。杜月笙是想回来,但他又不敢回来。为什么呢? 有一天,徐訏和我在香岛酒店二楼喝咖啡、聊天。我们右边桌子旁坐着一位五十多岁穿中山装的男子,旁边坐着一个四十多岁的女子。徐訏认识他们,和他们招打呼。我不认识,就没响。就在我们闲聊时,突然从外面闯进来一个人,抬手一枪打过来,火光在我眼前闪过。我一吓,一个翻身,倒在地上。我还以为是打我呢! 子弹从桌子上穿过去。我刚要看是谁开的枪,不料,第二枪又打过来了。当时,满大厅的人都在逃啊。我也想逃,但不知怎么办。徐訏从桌子下面钻出来,赶紧拉起我拼命向门外跑去。我看到手枪就扔在我身边。过了一会儿警察就到了。我问徐訏,到底是杀什么人? 是谁杀的? 徐訏告诉我,杀的是黄绍竑。第一枪未打着,第二枪女的挡住,手臂受伤。后来,我们才知道,当天晚上,黄绍竑就飞回北京了。这一下,杜月笙就更不敢回来了。因为他知道,这是台湾当局派来的特务干的。目的是杀鸡儆猴,阻止滞港人员返回大陆。当然,这只是杜月笙不回上海的主要原因之一。

在香港,马连良、杨宝森唱戏我总是要去看的,后来台湾要马连良去演,他不敢去,内地要他回去,他也不敢回。这时,他的处境很困难,他要养一个戏班子,场面大,开销渐渐难以维持,已经欠债了,而且他还抽鸦片。我们的人将马连良的情况上报北京,周恩来托人带话给他,要他回北京,一年里把鸦片戒了,其间不要上台演出,戏班的开销政府来出。

但是,马连良要离开香港谈何容易? 他有一个戏班子,有家人,一共几十口人,还有戏装。马连良依计行事。宣称一连唱五天戏,我与舒适都去看。唱到第四天,他说身体不好,不唱了。此刻戏装箱子已运到船上去了,戏班的人也已趁夜到了船上。马连良坐着车回到家，前门进去待到天快亮时，再悄悄地从后门溜出来，乘火车先到上海把鸦片戒了，而后才正式登台演出，受到观众欢迎。

这时，杜月笙和蒋经国是不对付的。蒋经国骂他是垃圾，无人要。后来，杜月笙生病了，身体越来越不好。一天，孟小冬问他："我到底是你的什么人呢？是佣人，还是丫环呢？"杜月笙这才决定与孟小冬结婚，给她一个名分，还拍了一张照片。照片上除了杜月笙外，还有孟小冬、姚玉兰及其子女。孟和姚坐在杜月笙两边，后边站着的都是子女。结婚照片拍好后，杜月笙的身体就越来越不好了。他留下遗嘱说："我死了之后，最好叶落归根，棺材葬在浦东高桥。"台湾当局派了陆京士来探望他。陆说："我代表蒋委员长来问问你身体好不好？"这时，杜月笙已经不行了。陆京士看了遗嘱说："你不能回高桥。因为共产党不让你回去。你死后应当葬到台湾去。"当时，杜月笙已经不能说话了，他不想去台湾。陆京士还说，你有笔遗产10万美元在台湾宋子安手中，你如果葬在台湾，你的子女就能拿到，如果你不葬在那里就拿不到。这10万美元是上海房子卖掉的房款。于是遗嘱重新作了修改，葬在台湾。

杜月笙死后，果然葬在了台湾。姚玉兰去了台湾，孟小冬没有去，留在香港，多年后才去了台湾。《大公报》刊登讣告时，写杜月笙生卒年月时，不写"民国"纪年，耐人寻味。香港《文汇报》发了条消息，说杜月笙病逝。大殓那天，我去参加了。签到时，我发现在我前面的那个人是费穆的弟弟费伊艮，他是《文汇报》的编辑。轮到我签字时，我看到费伊艮写了一个笔名，花圈都没有送，因为花圈上面要写自己名字的。于是，我签到时，也写了个假名"沈小叔"。

（沈寂为上海市文史研究馆馆员，
葛昆元为上海市文史研究馆口述历史中心特聘研究员、编审）
（原载《沈寂口述历史》，上海书店出版社2015年版）

沈寂："我只是个爱国者"

"我只是个爱国者。"这是沈寂老先生对自己一生所作的评价。那天，我乍一听到这句话，还有点诧异，便问沈老，何出此言？沈老便告诉我，2013年春天曾经有一位领导去他家看望他。交谈中，领导赞誉他不仅是个著名作家，而且还是一个革命者。他听了当场就否认说："说我是革命者，我不够格。我只是个爱国者。"

我问他："为什么这样说？"

他说："我见过真正的革命者，他们为了信仰抛弃舒适的家庭生活，不惜牺牲生命。比如，我的一位舅舅就是大革命中的共产党员，后来在'四一二'政变中，被蒋介石杀害了。又比如，与我做过同学的王孝和烈士等。尽管我写过一些反抗侵略和压迫的小说，并因此坐过日本宪兵的大牢，尽管我在抗战中曾经一度投笔从戎，参加了新四军，但这都是出于一腔抗日爱国的热情。所以说，我只是一个爱国者。或者说我只是一个要求进步的爱国青年。这样说，符合事实，我心安理得；说我是革命者，我受之有愧，心中不安。"

沈老的这番话，让人听来肃然起敬，发人深省，尤其是那句"我只是个爱国者"，粗听是谦虚，细想是一种精神，即实事求是的精神。由此，我想到近年来大力倡导的口述史。搞口述史，可以抢救大量的史料，这是好事。然而，要搞出真实可信、具有历史价值的口述史，却不是一件容易的事。这里起重要作用的应当是口述者。

因为口述者大多是一些年岁较大、地位较高、令人尊重的人士。如果他们能够如沈老那样敢于说真话，拒绝说假话，拒绝说那些别人赞誉自己的过头话；如果他们能够与采访整理者平等讨论，一起核对史实，纠正记忆中可能出现的错误的话，那么，写出真实可信的口述史才有可能。当然，口述史的成功也离不开采访整理者的努力，他们也应当像沈老那样敢于说真话，像唐德刚先生那样，"掌握和查阅很多材料，在一些方面一些问题上，比他所采访的对象掌握的材料还要多，甚至还发现并能用材料证明口述者记忆的错误，帮助口述者纠正错误"（龚育之语）。

只有这样，我们才能写出具有科学价值、历史价值的口述史。

（原载《新民晚报》2014年2月12日）

沈寂的眼睛

沈寂的眼睛，炯炯有神，尤其是他在口述历史精彩之处时，更会放射出异样的光彩。

那是在2014年春天，我担任了沈寂先生口述历史的撰稿人。做口述史、写传记，最大的一个难题是口述者或传主，是否能做到不为尊者讳，不为自己讳。沈寂做到了，特别是在讲到自己成长过程中出的一些"洋相"时，实话实说，毫不隐讳，令我肃然起敬。

记得第一次访谈时，我问沈老，您一生能写出那么多的小说、电影剧本、人物传记等作品，一定和您的家庭教育有关吧？沈老听了却摇摇头说："不是的，我的父亲是码头小工出身，是文盲；母亲也只是位家庭妇女。如果说有点影响的话，就是我小时候父母常带我去看戏，看电影。"说完，他笑了笑，眼睛里闪出一丝温柔。

我不甘心，又问他："那么，您小时候上学时，作文一定写得很好吧？"沈老马上否定说："不是的，不是的！我上小学时，最怕写作文。每次在课堂上写作文，总是开头先写上'人生在世'四个字，再写上两三句话后，就无下文了。有一次，我几乎是交了白卷。几天后，老师上课时发作文本。按惯例，成绩最好的同学的作文本放在一叠作文本的最上面，而成绩最差的作文本放在最下面。老师从上到下按成绩优劣叫同学到讲台前领作文本。我自忖，自己肯定是最后一名，便耐心等待最后上去领作文本，并恭听老师的批评。未曾想到，老师拿起第一本作文本，叫出来的竟然是我的名字。我非常惊讶，心想我怎么会是第一名呢？我犹犹豫豫地走到讲台前，刚伸出手去接作文本，只听到老师说了一句，对不起，我把这叠作文本放倒了。你的作文成绩是最后一名，倒过来一放，就成了第一名了。老师的话音刚落，同学们立即哄堂大笑，我只得尴尬地回到课桌旁坐下。"这时，我看到他的眼中依然流露出一种孩子般的羞涩。

这次出"洋相"对他的刺激很大，终身难忘。后来，他发奋努力了。但是他说，他能走上文学创作道路，主要是得到了柯灵的提携和指导。柯灵在收到他第一篇短篇小说后，写信给他，要他再连续写两篇小说寄给他。不久，柯灵就连续发表了他的这三篇小说。并亲自撰文向读者推荐青年作家沈寂。说到这里，沈老笑了，眼中满是感激之情。

前些年，我听说，沈老在抗战期间曾参加过新四军。但在沈老之前的一些回忆文章中，鲜有提及。有一次，我请沈老专门讲讲这段经历。沈老听了坦然地说，这也是他想重点讲的一段往事。

沈老说，当时自己太年轻，不懂革命道理。参加新四军的第一天，就出了"洋相"。那天，团部开欢迎会，老战士们都高唱抗日歌曲，自己听了热血沸腾。所以，当大家要他表演节目时，他马上拿出口琴吹奏了一首外国歌曲《家，甜蜜的家》。满以为吹得很认真，很动听，战士们也鼓了掌。不料，第二天团长来对他说，你的口琴吹得不错，但在抗日部队里，不能吹奏《家，甜蜜的家》这样的歌曲，这会影响士气。沈老说，团长不说，自己还真的不知道。团长批评得有道理。

更大的"洋相"，是出在训练中。当年，沈老长得瘦小，手臂无力，每次投手榴弹，都没有超过五米。班长为他着急，朝他吼道："你这样投弹，鬼子炸不到，自己倒先被炸死。"沈老说，班长是个好人。他吼归吼，但是打起仗来，却很关心他，总是让他和其他新兵先朝鬼子开枪，然后趴在地上不要动，班长则带领老战士们趁鬼子低头避子弹时，向鬼子冲去，展开肉搏！沈老感慨地对我说，这是班长有意保护他们这些新兵。几年前，沈老被授予"杰出电影艺术家"的称号后，曾有一位领导同志在看望他时称他是"革命者"。他却诚恳地说："我算不上是革命者，至多是一个抗日的爱国青年。而我的班长可以算得上是一个革命者，因为他有崇高的信仰，是真英雄！"这时，我注意到沈老的眼睛里，闪烁着一种崇敬的光芒。

其实，能坦然说出自己出过的"洋相"，这样的人也是真英雄！

2016年5月16日19点55分，沈老仙逝。惊悉讣闻，我十分悲痛。回想旧事，相信沈老那双勇敢、智慧、炯炯有神的眼睛，犹如天上的星星将永远伴随着我们。

(原载《新民晚报》2016年5月17日)

沈寂三哭

作家沈寂先生虽然远行了,但他鲜活的形象却永远镌刻在我的心里,最深的便是他老人家在口述历史时的三次流泪痛哭。

第一次痛哭是在他讲 1943 年圣诞夜,也就是他的订婚夜。是夜,被日本宪兵队抓去后,母亲不知道他关在哪里,无法给他送衣物和食品,非常焦急和担忧。后来还是一位出狱的难友告诉她,她才急忙带了衣物食品,赶到上海日本宪兵司令部监狱去探望儿子。可是守门的日本宪兵不让进,探儿心切的母亲就冒着风雪跪在日本宪兵司令部的大门口。后来,宪兵队长允许将衣物食品拿进来,但不让她见儿子。沈寂的母亲依然跪在雪地里,希望儿子在牢房里能看到自己。

这时,日本宪兵头目派人将沈寂叫到楼上办公室,指着衣物和食品说,这是你母亲送来的,她为了送这些东西给你,现在正跪在门外空地上。他们让沈寂到窗口往下看,沈寂将信将疑地走到窗口,往外一看,果然看到满头白发的母亲跪在风雪中,那情景,真是惨啊!说到这里沈寂流下了热泪,痛苦地说:"我娘为了我,真是连命都不要了!"边说边用我递给他的餐巾纸揩眼泪。

第二次痛哭是在他讲到 1952 年初,他与舒适、马国亮、司马文森等进步电影工作者被港英当局驱逐出香港来到广州后,从电话里听到病重的母亲因得知他被驱逐出香港的消息后,经不住惊吓而去世的消息。那时的他悲痛异常,立即蹲下身去,失声痛哭。这时的他说完这段往事，虽已90高龄仍禁不住再次老泪纵横。我用手轻轻拍着他的手，安慰他。他难受而又有点懊悔地说："我是家中最小的孩子，父母非常宠爱我，我却不太懂得孝敬父母。待我逐渐长大后，懂得孝敬父母时，父亲去世了。当我被驱逐出香港，回上海准备悉心服侍病重的母亲时，母亲却因惊吓而去世了，这使我格外伤心。古人云：'子欲养而亲不在。'这是人生最伤心的事情啊！"

沈老第三次痛哭，是讲到"文革"初期，造反派来抄家。当时，他一家人住在岳母家中，造反派不分青红皂白，将他岳母家中的一些金银首饰、瓷器古玩以及沈老的藏书统统一扫而光，就连放在抽屉里的几十元油盐菜米钱也被"顺手牵羊"……造反派走后，沈老看着家中一片狼藉，看着妻儿们惊吓的脸庞，尤其是看到老岳母因惊恐而浑身发抖欲哭而不敢哭的痛苦样，心中如刀割一样疼痛。他觉得这场灾难是因自己而引起的，他对不起妻儿，更对不起老岳母。想到这里，他面对岳母双腿一跪，失声哭道："姆妈，这都是我惹的祸！侬就责骂我吧！"老岳母听了他的话后，才缓过神来，然后"哇"的一声终于哭出声来……

说到这里，沈老又流下痛苦的泪水。这时，我一边安慰沈老，一边想"男儿有泪不轻弹，只是未到伤心处"。沈老一生中历尽坎坷，他都能沉着应对，不落眼泪，但唯独事涉他的母亲和岳母时，他就会流泪，就会痛哭，甚至责怪自己给老人带来灾难和痛苦。这说明人世间最重要的，也是最难迈过的，还是父母恩。

（原载《中老年时报》2016年11月2日）

为艺术不要命的阮玲玉

沈寂先生曾经与我谈及,他 20 世纪 50 年代初在香港时与一些著名导演交往,听到后者介绍诸多艺术家轶事。这里披露他讲述的有关阮玲玉的若干闻所未闻的故事。

"我还没有被冻死的感觉"

一天,沈寂对我说,当年在香港,导演程步高带他去拜访过著名影星胡蝶。

他记得,那天一跨进胡蝶家门,胡蝶就很高兴地接待他们,还介绍她丈夫潘友声与他们见面。然后,胡蝶与他们闲聊起来。当说到阮玲玉时,胡蝶说,阮玲玉是一位真正的艺术家。为了艺术,她可以连命都不要!

阮玲玉在联华影片公司时,碰到了一位好导演孙瑜。她非常珍惜这次机会,展示了她出色的艺术才华。一次,阮玲玉饰演一个交际花,拍睡在雪地里的镜头,冬天很冷的,她就睡在雪地里。一会儿,孙瑜说:"拍好了。"她却说:"还没有感到冷。"于是,她脱了外衣再睡在雪地里。孙瑜重新拍了之后,说:"这回好了。"可是,她又说我还没有被冻死的感觉,还要重新拍。于是她又躺在雪地里重新拍。导演很是感动,赶紧再拍一次,马上叫她起来,穿衣服,就怕她为一个镜头冻出病来。

"一巴掌真的将她打得昏过去了"

费穆拍故事片《城市之夜》时，请王桂林演父亲，阮玲玉演女儿。拍到父亲白天去浦东工作，夜里回来很晚了。天又冷，父亲还没走到门口，就摔倒在地上，女儿看见了就扑到他身上时，要有下雨的情景。吴永刚当时还是美工，负责浇水当雨。吴永刚看到阮玲玉衣服穿得少，不忍心浇太多的水，就拎了一壶水，浇下去。导演费穆拍好后，马上叫停。谁知，阮玲玉却说："我还没淋透雨，要重拍。我年轻，不要紧。"费穆听了只得再启机重拍。这次，吴永刚一下子拎起两壶水"哗哗"地浇在她的身上。大家看了都很感动。

还有一次更让人感动不已。

那年，导演蔡楚生拍摄影片《新女性》时，找了王乃东演老板，阮玲玉演女主角，有一个情节需要王乃东将阮玲玉从楼上推下来。王乃东说："让我把阮玲玉从楼上推下来，怎么行？万一出了危险怎么办？"于是，他对导演说："我就稍微碰一碰她，她倒下去就行了。"这时，阮玲玉已经很有名了。阮玲玉听了王乃东的话，马上说这不行的。你要用力打我一记耳光，把我打下楼去。王乃东迟疑了一下，挥起右臂一巴掌打下去，阮玲玉真的从楼梯上滚下去，一直滚到楼底，在地板上摔了个朝天跤。王乃东马上下楼抱歉地对阮玲玉说："我这记耳光打得太重了。"导演看了说："好了。"不料，阮玲玉却说："还不够，剧本中写女主角应当昏过去的，再来一次！"这的确是有点危险的。但是，在阮玲玉的坚持下，王乃东只得又重重地打了她一记耳光，阮玲玉又被打得滚下楼梯，躺在地板上。过了一会儿，见她不动。蔡楚生和大家上去一看，她真的昏过去了，赶忙急救，她才缓过来。在场的人真是既感动，又佩服。大家都说阮玲玉是真正的艺术家。为了艺术，她可以连命都不要！所以那天，胡蝶说了一句肺腑之言，她说："我演的角色，阮玲玉都可以演，但是阮玲玉演的角色，我是不会演的。我演的都是富贵女人,她演的都是贫苦女性,因为她本来就是苦出身。她是真正了不起!"

阮玲玉演新娘一举成名

沈寂老说,在香港时,他曾听导演卜万苍说起阮玲玉。卜万苍告诉沈老,30年代,他进明星公司拍《挂名夫妻》时,需要招演员。那天来应聘的人很多,前面的演员都很漂亮。但卜万苍说:"不要漂亮的。"后来,阮玲玉来了。这个时候她已经和张达民同居了,这个时候张并不富裕。但张母反对他与阮玲玉在一起,因为她嫌弃阮玲玉是佣人的女儿。阮玲玉是崇德女中(今市四中学)的学生,这是一所教会学堂。她在崇德女中只学英语和舞蹈两个课目。所以,阮玲玉跳舞是跳得很好的。她最喜欢美国舞蹈家邓肯。

那天,阮玲玉来明星公司应聘,还带了照片。试镜头时,她有点畏畏缩缩,胆子蛮小的。因为她从未拍过电影,不知道该怎么办。恰巧此时郑正秋来了,看到阮玲玉的照片,便说这个人可以演戏,她的一双眼睛长得特别好,是丹凤眼,而且看上去水汪汪的。加上阮玲玉脸上有酒窝,就更好。所以就决定让她来演了。

第一场戏是洞房花烛夜,阮玲玉演新娘,王君甫演新郎。在拍摄时,新夫妻进入洞房后,没想到王像捉猪一样来拉阮玲玉。这是因为王君甫的父亲是杀猪的,平时杀猪,猪乱奔,他总帮父亲捉猪。阮玲玉看到王如此无礼,只得慌乱地朝后退,不巧将一对花烛撞倒下来……岂料,唯其如此,才拍得非常真实自然,就此拍摄成功第一部电影,一举成名。所以是卜万苍、郑正秋发现了阮玲玉,助她成功。

阮玲玉还是在无声片中,最早加入有声唱歌的。这是胡蝶讲出来的:"我与阮玲玉常来往。我与潘友声认识,是联华老板唐季珊介绍的。开始拍有声片时,我在北方长大,讲国语没问题。可是阮玲玉是广东人，讲不来国语。孙瑜在拍《野草闲花》时，要求在无声片里面出现有声唱歌。孙瑜在国外学过这套程序，拍电影他先录音，再配画面，又让金焰弹月琴，阮玲玉唱广东话。无声片中，最早开始有声唱歌的，就是金焰与阮玲玉。"

胡蝶承认和肯定阮玲玉的成绩，了不起。因此沈老说，人们都说胡蝶不愧为电影皇后，气派大。由此可见一斑。

每天搀扶着残疾导演上三楼

说到最后，沈老忽然想起一件事，说阮玲玉没有明星架子。

原来，沈老在香港时，曾与著名导演朱石麟有过来往。一次，朱石麟说起阮玲玉，也是赞不绝口。

沈老说，朱石麟这个人了不起！他年轻时，因为生病致残，走路腰挺不起来，老是朝前冲，平时只能坐，不能多走路。但他通过努力却做了大导演。他年轻时，在罗明佑开办的真光剧场，和费穆两个人为外国影片写说明书。费穆英语好，朱石麟中文好，他们两人合编了一本专门介绍外国电影的刊物。朱石麟梦想自己做导演，但他的身体使他又很难实现这个梦想，于是他就写电影剧本。

一次，孙瑜带了一班人到北平去拍《故都春梦》里的雪景镜头。不料，到了那边却不能拍，因为没有下雪，大家就住在旅馆里，正好碰到《故都春梦》编剧朱石麟。朱石麟对孙瑜说："我这里还有个故事，已写成剧本，还是个喜剧，名叫《自杀合同》。"孙瑜听了很感兴趣，决定拍这部电影。

朱石麟听了很高兴，就请孙瑜导演。不料，孙瑜却非常大度地说："这部戏你自己导。"朱石麟简直不相信自己的耳朵，可一想自己不会导演电影，便老实地说："我不会，怎么导呢？"孙瑜说："你试试。"其实孙瑜看他身残志不残，又有艺术才华，想帮他一把。这部戏就在真光剧场三楼拍摄。谁演女主角呢？两人商定请阮玲玉来演女主角，演坏女人骗钱。老佣人由刘继群演，胖胖的，很可爱。这时阮玲玉在演艺界已经很红了。但是，她没有明星架子，还富有同情心。每天拍戏时，朱石麟上三层楼时独自走不上去。阮玲玉就每天早上主动在外面等他，然后扶他上去。为此，朱石麟很感激阮玲玉，对大家说："阮玲玉已经是个明星了，还这样照顾我，真是难得！"后来，他们又合作了《归来》，里面有个外国演员，阮玲玉当翻译。

在香港时，朱石麟就曾对沈老说："沈先生，我和你合作拍一部关于阮玲玉的电影吧。"沈老说好的。他还要求沈老一定要把这些事都写进去。可见他将阮玲玉对自己的关心是一直记在心里的。后来剧本沈老赶出来了，朱石麟也改好了。可是由于种种原因，最终没拍成。

（原载《炎黄子孙》2018年第4期）

张权：最美丽的人生

有一回，我请教萧乾，什么样的人生是最美丽的？萧乾说："能够乐观面对坎坷的人，就是最美丽的。"我又问："您看谁是这样的人？"他立刻答道："歌唱家张权就是这样的人。很值得一写。"

1992年的那天下午，当我坐在张权对面时，我简直不敢相信，她已是一位73岁的老人，5年前还因肺癌开过大刀。她依然是那样的端庄、美丽、真诚和乐观。

她一开口说起年纪就令人发噱："我总认为，人过60就是胜利者，我已经73岁了，这十多年就是多活的了。"

"你们都说我一生坎坷，其实，我认为'坎坷'这两个字用在我身上并不恰当。1957年，我与爱人莫贵新一道被打成'右派'。1958年他被放逐到北大荒兴凯湖，仅3个月就死在那里。我则每天在剧团里接受监督劳动，不准上台演唱。1961年初，领导要我去东北工作。也不知此行目的地在哪里，一直到哈尔滨火车站才停下，方知道我们被送到这里来了。"

略微停顿了一下，她又笑呵呵地说："哎，您说怪不怪，我在北京已明确规定不让上台演唱，但哈尔滨的省市领导却对我说，你才40岁出头，不应该离开舞台，我们希望你考虑重上舞台。我当时担心自己是戴帽右派，怎么能唱？但我确实不想离开舞台，有疑问也不敢问领导，只是埋头准备音乐会。'五一'节那天，我的独唱音乐会

著名歌唱家张权

竟然顺利地举行了。只见台下黑压压的观众，前几排坐的都是省市领导。两个小时的独唱音乐会我一口气唱完，台下竟然掌声不断。"

"那年国庆前，我被摘掉右派帽子，市委书记还特地请我去他家吃烤鸭。我心里挺感动。以后我接连在长春、沈阳、天津等地举办了独唱音乐会。但那个疑问我始终不得其解。直到1962年3月，周总理让人带话，要我去北京出席全国政协会议。会议期间，总理对我说：'您身体单薄，又是南方人，在东北不习惯，就回来。'我说：'不回来，那里好。'他问：'好在哪里？'我说：'那里有很多事情好做，那里有好多人才，好多观众，可以办个剧院。'末了，总理问我还有什么要谈的？我悄声地问：'哈尔滨是共产党领导的吗？'说完，我静待总理回答。谁知，竟引起总理一阵哈哈大笑。后来我才闹明白了，哈尔滨的领导待我如此热情关照，那是周总理的指示。"

原来新中国建立之初，张权在国外已经是著名歌唱家。她接到了周总理的邀请后，便毅然回到了新中国，从事演唱和教学工作，故而，周总理对她和家人尤为关心。爱人逝世后，张权却依然觉得他还活着。"我脑中仍然保留着他当时离开家的样子，还是那样的年轻、健壮。有时，上大街，我会在人多的地方忽然停下来，总觉得从那些人群中会走出他来。"就这样，一个想象，一种形象，使她度过了艰难的几十年。

这时，她忽然又微笑着对我说："有一次，我在北京香山开会，一位台湾来的莫家老人，问起我爱人的情况。我说，他去'英'国定居了（阴与英同音）。他忙问：你为什么不去呢？我说：这不手里有事忙着吗？待我忙好了，退休了，就去。老人还认真地问我：你告诉我他的地址，我去英国时找他谈谈。我说：他搬新地方了，地址一时想不起来，过两天给您。我就这样对老人撒了个谎，一点儿也不打奔儿。"说完，张权又笑了一下。

次年（1993年）6月，美丽乐观的张权真的去了"英"（阴）国，与她的爱人团聚了。但多年来，她的歌声、笑声却时常回响在我的耳畔，她那美丽的面影也时常浮现在我的眼前。

（原载《新民晚报》2006年8月9日）

民国"助产士"赵凤昌
——杨小佛访谈录

在纪念辛亥革命百年前夕,笔者采访了93岁高龄的上海市人民政府参事杨小佛先生,听其讲述外祖父赵凤昌如何"催生"中华民国的经历。

葛昆元(以下简称"葛"):杨老,您好!今年是辛亥革命爆发100周年,全国以及海外华侨、华人都在以各种方式隆重纪念辛亥革命100周年。您老作为辛亥革命志士的后人,一定有许多感想要对读者倾诉。

杨小佛(以下简称"杨"):是的。因为我的父亲杨杏佛1911年虽然只有19岁,但他却坚决参加辛亥革命,推翻封建王朝,1912年1月1日南京临时国民政府成立、孙中山就任中华民国临时大总统时,我父亲就是总统府秘书处收发组工作人员,有幸在孙中山先生身边工作。那年母亲赵志道虽然还是个中学生。当听说武昌起义爆发后,异常激动,瞒着父母报名参加救护队,跟随黄兴等人一起,从上海乘船赴武汉去支援起义军。我外祖父赵凤昌知道后,非但没有阻止,反而带上钱物赶到十六铺码头,去为女儿送行,勉励女儿为彻底推翻清王朝,建立共和而作出贡献。

葛:杨老,您的外祖父和您的父母都是辛亥革命的参加者或支持者。关于您的父母,我们已做过访谈,并已写过文章,刊布于世。但是,有关您外祖父赵凤昌老先生的生平以及他如何背叛专制腐败的清王朝，转而支持辛亥革命的感人事迹，人们却知之甚少。

杨：是的。这一方面是由于我外祖父一生的经历非常复杂；另一方面，也由于新中国成立后"左倾"思想的作祟，导致人们不敢或不屑去研究我外祖父在辛亥革命中所做出的贡献。直到改革开放后，学术界解放思想，坚持实事求是的原则，才开始对我外祖父做了一些研究。国家图书馆影印出版了厚厚10大本《赵凤昌藏札》。这些信札中，有相当一部分是我外祖父在辛亥革命前后与孙中山、黄兴等革命党人的通信，也有为了避免战乱、力主南北议和，与袁世凯、唐绍仪等人的信函往来，内容极为丰富，从一个侧面真实记录了100年前的那场震惊中外的辛亥风云。

遭诬陷，"一品夫人"被革职

葛：杨老，我想在您讲述您外祖父辛亥革命所做的贡献之前，是否可以先请您介绍一下您外祖父的生平。

杨：好的。我的外祖父赵凤昌，字竹君，江苏武进人，生于1856年。他幼年失怙，曾在常州某钱庄当学徒，常至富户朱家送钱。后因故被钱庄开除。他就向朱某诉苦，朱看他年轻有为，就出资为他捐了一个县丞分发到广州。旋为张之洞赏识，任之为机要文案。由于他深得张的信任，时人有"两广总督张之洞，一品夫人赵竹君"之说。张罗致新派人物，勇于任事，同时办煤矿、炼铁厂以及兵工厂等，颇遭人忌。

1893年3月12日，有人向慈禧太后参奏：湖广督臣张之洞自移督广湖以来，致以炼铁并开煤铁各矿，乞留巨款，轻信人言，浪掷正供，又复多方搜索……藩司王之春，掊克聚敛。候补直隶知州赵凤昌，声名甚秽。慈禧太后着刘坤一按照所参各节确切查明，据实具奏。

刘坤一花了两个多月的时间查下来，知道张之洞、王之春皆是地方实力派人物，是动不得的，而慈禧太后的命令又是不可违背的，于是就用了一个"丢卒保车"的办法，把机要文案"一品夫人赵竹君"撤职查办，以向朝廷交差。1893年5月31日，朝廷根据刘坤一的上奏，发布上谕："兹据该督先后查明复奏，张之洞并无懒见僚属，用人不公……等情。湖北布政使王之春，亦无搭克聚敛实据。张之洞、王之春均著无庸置议。候补直隶知州赵凤昌，不恤人言，罔知自爱，著即革职，勒令回籍，以肃官方。"

到上海，斥资建造惜阴堂

葛：您外祖父被莫须有的罪名革职查办，勒令回籍，心中一定非常气愤，这大概就是他最终背叛清王朝，倾向革命的主要原因吧。

杨：是的。我的外祖父由此丢了官，心中自然愤愤不平，好在张之洞心中有数，两人关系依然密切。庚子事变时，"东南互保"便是张之洞、刘坤一等人与我外祖父合作谋划的结果。张之洞是惜人才、重情义之人，外祖父被革职后，张之洞还为他向盛宣怀讨了一个武昌电报局的挂名差使，并派他驻上海办理通讯运输业务，实质就是张之洞的驻沪办事处。

外祖父南归时年仅37岁，外祖母周南夫人只有25岁，正当有为之年。当他们了解到清廷管不了租界后，便决定以上海为家。于是在公共租界购地10亩建花园洋房，前门为南洋路10号（1943年改为南阳路154号），后门开在爱文义路（今北京西路）。新居定名惜阴堂，两边挂着张謇的楹联：

> 有闲关却扫之风，左顾孺人，右弄稚子；
> 以运甓惜阴为志，门有通德，家藏赐书。

经此一劫，外祖父对清廷腐朽看得更清，知道清王朝覆亡为时不远。故而他积极为张之洞等洋务大臣出谋划策，为社会进步作出一份努力。

外祖父一生做得最为得意的事情，就是在辛亥革命武昌首义之后，在上海筹划和推动的"南北议和"。

避战乱，呼吁南北倡议和

葛：杨老，为什么辛亥革命爆发后，您外祖父和张謇以及革命党人，甚至袁世凯都愿意举行"南北议和"呢？

杨：这个问题提得好。但回答这个问题，必须要从分析孙中山与袁世凯的实力对比来着手。

原来，1911年10月10日武昌新军起义后，清廷无奈重新起用袁世凯，并命他率军镇压革命党。袁世凯是个狡猾奸诈之徒，他一方面在北京借平乱要挟清廷，以获取更大的权力；另一方面他命令部队既要阻止起义军北上，但也不得消灭起义军。他的目的是想以此逼迫清廷退出历史舞台，最后由他取而代之。而当时的革命党人，虽然占领了一些大中城市，但他们没有强大的军队，更没有雄厚的财力支持。因此，他们要想打败袁世凯的军队，攻入北京，推翻清王朝，也是极为困难的。而对全国老百姓来说，能用和谈的方式，取得南北一致，推翻清王朝，避免更大的苦难，那是最好的选择。因此，在我外祖父和张謇等人的倡议下，袁世凯和南方革命党人都表示愿意进行议和。

葛：那么，南北议和为什么会定在上海，会将您外祖父的惜阴堂作为重要议和场所呢？

杨：关于是否将南北议和的地点定在上海，一开始革命党内部还有过争论。11月4日上海光复后，杭州、苏州也相继光复。此后还有湖北、湖南、山西、云南、江苏、浙江、广西、福建等11省先后宣布独立。此刻,起义军内部为将政治中心定在哪个地方而引起争执。11月9日,湖北黎元洪先发制人电邀各省代表到武昌开会,研究组织临时政府。上海方面则在张謇、我外祖父等推动下,江浙沪三都督于11月11日电邀各省即派代表来沪商讨组织临时中央政府事宜。11月12日又电请各省追认上海推举伍廷芳、温宗尧为临时外交代表。显而易见,这是江浙与湖北在争夺全国政治中心的地位。几天后,上海的张謇向汉口的庄蕴宽提出"政府设鄂,议会设沪"的折中方案。

不久形势发生变化,11月底汉阳被袁世凯的军队攻陷,12月2日江浙军政府组织的联军攻克了南京,于是上海的政治地位加重了。黎元洪等人提出以武汉为政治中心,在武汉设立中央政府的意见,就此动摇了。而革命党的政治中心就自然转移到了上海。

几乎是与此同时,在袁世凯和革命党人的压力下,清廷决定于12月7日派唐绍仪为首的议和代表团赴汉口。12月8日,唐致电赵凤昌谓:"明日赴汉口开议,请公约东南人望如张季老(张謇)、汤蛰老(浙江都督汤寿潜)赴汉会议为幸。"对此,我外祖父和张謇寸步不让,于12月10日分别电复唐绍仪:"伍秩老(伍廷芳)与张、汤两公均不能远行,公到汉口无可与议,请公迳来沪上。"又云:"伍不能赴鄂讨论大局,以公来沪为宜。"他们还由伍廷芳出面致函英国驻上海总领事法磊斯(Fraser)说:"因为上海许多朋友都请我不要离开此地,二则上海有很多任务需要我的注意……贵总领事倘愿以电报敦贵国公使,由他商请袁世凯,要袁对唐绍仪发出指示,令其前来上海与我等商谈,将不胜感激。"于是通过朱尔典的请求,袁世凯终于下令唐绍仪一行到上海议和。上海终于成为南北议和的地点。

至于为何将外祖父的惜阴堂作为议和的重要场所?这是因为是

年12月17日唐绍仪到上海后，住在戈登路（今江宁路）英国商人李德尔（Little）的寓所，其他代表住静安寺路（今南京西路）的沧州饭店。因为这两处均距我外祖父的惜阴堂和伍廷芳的观渡庐很近，往来方便。这是惜阴堂的"地利"条件，另外，我外祖父的妻舅洪述祖是袁世凯的一名亲信，外祖父原本在张之洞麾下当机要秘书多年，官场人脉关系又广。此外，他又与孙中山、黄兴等革命党人有联系，与张謇、伍廷芳等人又是好朋友，所以，南北消息都会及时汇集到惜阴堂。惜阴堂也就成了上海一个"新闻中心"和议事厅，外祖父也就成了南北议和的一个重要人物，颇受社会各界瞩目。这大概就是"人和"条件吧。"天时"，那就不用说了。12月17日晚上伍廷芳就致函我外祖父："顷唐使来拜，已约明日两点钟在小菜坊议事厅开议。全权文凭，乞明日午前掷下为祷。又黄公衔似可添代大总统字样。"我外祖父并非南方代表团的负责人，却能出具伍廷芳代表南方政府的全权文凭，可见他在这次南北议和中的重要地位。

第二天上午，外祖父约黄兴与唐绍仪在惜阴堂会面，下午南北议和在公共租界市政厅举行。南北双方代表从12月18日至31日举行了五次会议，讨论了停战、国体和召开国民会议等问题。但南北双方代表对一些关键问题的讨论和争议却是在惜阴堂进行的。

葛：惜阴堂既然是南北议和的主要场所，那么，都有哪些重要人物去过惜阴堂呢？

杨：当时参加议和的南北方代表都到过惜阴堂，还有就是孙中山先生也去过。尽管孙中山先生在辛亥革命爆发时，尚在美国，后又为新政权筹款，奔赴欧洲各国。但当他于1911年12月25日到上海后，第二天就来到惜阴堂看望我外祖父，了解前一阶段南北议和及有关情况，以后又多次前去参加讨论。孙先生与我外祖父此前并不相识，何以一见如故，推诚相见呢？原来外祖父在孙中山回国前已与同盟会的黄炎培、黄兴等多次接触，互相有了了解和信任。

献妙计，"南北议和"获成功

葛：南北议和在惜阴堂主要决定了哪些重要问题呢？您外祖父起到了哪些作用呢？

杨：当时在惜阴堂，一方面南北议和的代表在商议停战，建立共和的大事；另一方面，由于辛亥革命爆发后，先后有十多个省宣布独立，但还没有一个统一的中央政府来统一领导各省的革命与建设工作，因此张謇、汤寿潜、我外祖父等人就向全国17省发出通知，请派代表到南京选举中华民国临时大总统。

1912年1月1日，孙中山乘专车从上海出发于晚7时抵南京，当晚就任临时大总统职。张謇、程德全、汤寿潜等立宪党人也参加了南京临时政府。其实，临时政府中真正任职的同盟会员并不多，各部9位总长，只有黄兴、王宠惠、蔡元培三人，次长中也只有居正、马君武、于右任、蒋作宾等几人为革命派。我父亲杨铨（杏佛）当时还不满19岁，即被委以临时政府总统府秘书处收发组工作人员之职。

1月中旬，惜阴堂又见证了清帝退位后拥袁世凯为大总统的密约签订的一幕。一次，南北双方在惜阴堂讨论国务院总理人选时，南方坚持国务院总理必须是同盟会员，袁世凯则坚持要唐绍仪担任此职。一时间，双方相持不下，势成僵局。这时我外祖父忽出妙策说，如果让唐绍仪加入同盟会后当总理，不就满足了双方的条件了嘛！孙中山听了，也觉得这个办法好，便同意了这个方案。随即由黄兴、蔡元培介绍唐绍仪加入了同盟会后，双方一致同意由唐绍仪担任中华民国首任国务总理。后来在研究陆军总长人选时，黄兴和段祺瑞争当此职，双方代表也争执不下，一时难以决定。我外祖父也感到这是军队大权，十分重要，但按照当时双方的军事实力比较，革命党人方面还太弱，而当陆军总长非得有强大的军队做后盾才行。但是，革命党人虽然军事实力不足，但也不乏军事人才，尤其是他们为了推翻清王朝，曾经先后发动领导了17次武装起义，极大地动摇了清王朝的统治。因此，若没有一个相应的军事要职让革命党人担任，也很不公平。经过一番苦思冥想之后，我外祖父眼前突然一亮，提出了一个让双方都能接受的方案：即由袁世凯的手下大将段祺瑞担任陆军部总长，同盟会的黄兴担任陆军部参谋总长。我外祖父在辛亥革命后，调和各方不同意见之事甚多，上述两件事只是具有典型意义的事例。

南北议和结束后，我外祖父因调停有方，双方均感满意。1912年2月9日，孙中山专函聘他为枢密顾问。不久，袁世凯也特地来电邀他到北京担任政府顾问。可是，外祖父对双方的延揽均力辞不就。

为何力辞不就呢？依我看，一是他当时已经有57岁，自觉年事已高，唯恐就任要职后，不能胜任；二是多年的官场生涯，已使他厌倦。再者，他与南北双方的主要人物都有来往，有一些还是亲朋好友。所以，辞了一方，到另一方去任职都不妥。因此，他便住在上海惜阴堂，坐看风云变幻、潮起潮落了。

由于南北和议及江浙立宪派和革命党人的接触均在我外祖父住宅惜阴堂进行，故而人们曾将南北议和前后的整个过程称为"惜阴堂策划"。同时将我外祖父称为"民国助产士"，或"民国诸葛"。

（原载《世纪》2012年第1期）

杨杏佛赵志道婚姻曲终人散

我家和杨小佛先生的家相隔不远，故而有幸能经常登门求教、组稿或索稿。这一来二去，来往多了，我们就成了一对无话不谈的"忘年交"。渐渐的，我了解了他的坎坷身世，也了解了他父母曲折、动人的爱情故事。我根据杨老所述，参阅了相关史料，撰成这篇拙文，以飨读者。

在美国，两颗青年学子的心跳在了一起

"俗话说，时势造英雄。这话不假。但我觉得，'时势'有时也能造姻缘。如果没有98年前的那场辛亥革命，我父亲杨杏佛和母亲赵志道是无论如何也不会走到一起的，更无缘结成夫妻的。"小佛先生如是说。

的确如此。他们两家原本不认识，家境更是相差悬殊，可以说有霄壤之别。

杨杏佛是江西清江（今樟树）人。父亲杨永昌只当过扬州和杭州的典狱吏，官小人微，常受人欺；家中人口多，收入少，日子过得紧巴巴的。而赵志道则是江苏常州人，其父赵凤昌（字竹君）熟谙官场之道，深得晚清南洋大臣、湖广总督张之洞的信任，时有"两广总督张之洞，一品夫人赵竹君"之说。赵时任张的机要文案（相当于机要

秘书），位高权重，收入颇丰，家境很好。即使后来赵凤昌被慈禧太后革职，着令回籍，张之洞仍与他关系密切。还特地为他向盛宣怀讨了一个武昌电报局的挂名差使，并派他到上海专门办理通讯、运输业务，实如今日的外省驻沪办事处主任。赵凤昌来沪后，即在租界里购地造洋房，过起更加优裕的生活。赵凤昌膝下一子二女，尤其喜欢小女儿赵志道，视如掌上明珠。

按常理，这样两个家庭的青年男女，是不太可能走到一起的。然而，1911年10月10日爆发的辛亥革命，却为他俩创造了缔结一段宝贵姻缘的机遇。

杨杏佛1907年就孤身一人来到上海寻求救国救民的真理，入上海吴淞中国公学读书，受到孙中山革命思想的影响，于1910年秘密加入同盟会。翌年辛亥革命刚爆发，他就弃学奔赴武昌，参加战斗。

1912年1月，南京临时政府成立后，杨杏佛任总统府秘书处收发组组长，本想一展才华，可袁世凯凭借手中武力，压迫革命党。经"南北议和"，孙中山辞去大总统，袁世凯窃得总统宝座。杨杏佛等一批青年革命党人，不愿北上到袁世凯的政府中为官，孙中山就派他们作为"稽勋"（即核查后的对革命有功的政府工作人员到外国留学享受政府资助）留学生到美国去留学。

杨杏佛1916年毕业于纽约州伊卡城康乃尔大学后，又考入哈佛大学商学院，攻读工商管理、经济学和统计学等。也就是在留学期间，他遇见了同在美国留学的赵志道。1911年赵志道在上海中西女塾念书，听到武昌起义的消息，当天，她就与几个进步同学秘密报名参加了由张竹君医师领导的救护队，连夜乘船赶赴武汉。其父赵凤昌知道后，非但不阻挠，反而赶到码头，登上轮船，送上衣物，鼓励女儿奔赴前线。遗憾的是，当他们赶到武汉时，战事已停。她和同学们只得返回上海。而中西女塾却将他们开除了，理由是"擅离学校，无故旷课"。赵志道生性孤傲，脾气倔强，回到家中，就求父亲送她去美国留学。父亲同意了她的要求。1912年,她乘船来到美国入孟河女子学院就读。

  他们是在中国留学生的聚会上认识的。杨杏佛、任鸿隽等稽勋留学生,创办中国科学社,办《科学》杂志,经常举办中国留学生聚会,探讨救国救民的真理。赵志道和女同学陈衡哲就常应邀参加这些聚会。久而久之,男女青年之间,就擦出了爱情的火花。杨杏佛觉得,像赵志道这样的官宦人家的小姐,能奔赴武汉,参加武昌起义,是非常了不起的;赵志道则认为,杨杏佛虽然比自己年轻四岁,但是他有政治远见,富于献身精神,18岁就投身辛亥革命,得到孙中山先生的信任。就这样,两人互慕,于1916年相恋了。1916年9月4日,杨杏佛在给赵志道的信中开头就写道:"昨日甫上一缄,复书未至复有此书,女士必厌其烦,实则提笔时亦自笑其无谓,然心中似有物不吐之则不快……"这句话,把杨杏佛思念赵志道的急切心情表露得一览无余。

  除了通信,每个礼拜天的约会,更是他俩所日日期盼的。杨杏佛总是在礼拜天的清晨悄悄起床,乘火车赶到赵志道的校园去。两人或在校园中散步,或在学校附近的小镇上喝咖啡,卿卿我我,流连忘返。往往一天很快就过去了,两人竟然毫不知觉。只恨时间走得太快,总觉得还有许多话未说,无奈明天要上课,只得连夜乘火车赶回学校。

  杨杏佛热烈的爱国情怀,尤其是他为了实现自己的报国宏愿,忘我的工作,使赵志道十分敬佩。她觉得,杨杏佛不是一个空头政治家,而是一个不怕困难、勇于任事、勤奋工作的实干家。杨杏佛炽热的爱国情怀感染了她,两颗年轻的心终于跳在了一起。爱情的圣火,烧毁了一切世俗杂念,没有了门户的偏见,也没有了女大男小的障碍。他们真诚地相爱了。爱得那样热烈,那样沉醉。

  1918年秋,他们在回国前秘密地结婚了。没有家人的祝福,没有隆重的婚礼,但他们却觉得很浪漫,很幸福。

猜疑,葬送了一段美满姻缘

1918年12月初,杨杏佛夫妇学成归国了,回到上海的第一件事,就是补办了一个新式婚礼。那天,在上海著名的大东旅社里,彩灯高挂,宾客如云。主婚人是双方父母,证婚人是黄炎培先生。当晚,婚礼结束后,杨杏佛和赵志道就住进大东旅社,开始了蜜月之旅。

蜜月一过去,杨杏佛经友人介绍到一家外资银行去面试。但他见不得华员对洋人点头哈腰的样子,还未等面试,便拂袖而去了。岳父赵凤昌倒也理解他,劝他到中国企业去工作。不久,汉冶萍公司聘请他到汉阳铁厂会计处任成本科长。

杨杏佛携妻赴汉阳上任后不久,他们有了第一个孩子,而且还是儿子。他们欣喜若狂,为儿子取名"阿旅"(意在旅途中出生,后儿子上小学时取名小佛),此刻的杨杏佛,一人的收入已足够养家。赵志道则在家精心哺育孩子。一家三口,其乐融融。然而,汉阳的政治空气实在是太沉闷了,杨杏佛看不惯厂方压迫工人的各种卑劣伎俩。1919年5月,北京爆发了五四运动,杨杏佛呼吁武汉的欧美同学会成员上街游行,声援北京学生,却遭到拒绝,理由竟是害怕遭到军阀镇压。他对此极为愤慨,并于1919年8月,辞职后赴南京高等师范学校(后改为东南大学)任教。

杨杏佛一家三口来到南京后,租住在南京石板桥2号。虽然没有自来水、电灯、煤气,但房子倒很宽敞,还有前后花园,阿旅可在花园中玩耍,捕捉各种昆虫。租金也便宜,月租金仅几元钱。当时,杨杏佛的教授月薪200元,日子过得还是蛮宽裕的。

然而,好日子没过多久,家庭矛盾逐渐产生了。杨杏佛是家中长子,也是孝子。此刻的杭州家中,父亲已去世,留下老母亲孤苦伶仃在家中度日。杨杏佛便将母亲接来南京家中,安度晚年。同时,还将六妹接来帮助赵志道照顾孩子,料理家务。

可是,杨杏佛没有顾及到妻子的感受。赵志道从小娇生惯养,性格直率,脾气急躁,心直口快,又不善持家,哪里听得进婆婆和小姑的意见!于是,婆媳、姑嫂间不断发生争吵,闹得杨杏佛两面劝架,两面受气,成了一块"三夹板"。有几次,杨母心疼儿子,也为了避免矛盾,便离家出走,到尼姑庵去修行。杨杏佛知道后,便与妻子大吵了一场,认为是她逼走了母亲,并立刻将母亲接回来。赵志道则一气之下,带着儿子回到上海娘家居住。杨杏佛只得在周末乘火车赶到上海,陪他们母子俩住几天,待好话说尽,赵志道气消之后,再把她们母子接回南京。当时,杨杏佛曾为赵志道的一帧相片,题写了"女拿破仑像",很能反映出杨杏佛心中的无奈。

这样的生活,人累,也费钱。虽说杨杏佛月薪200元,但经不起赵志道经常带着孩子往上海跑,两头开销,花费成倍增加,孩子又常生病,看病又要花钱,再加上学校里常常薪水发放不足,时常还搞捐薪建楼等摊派活动,弄得杨杏佛常常捉襟见肘,入不敷出。因此,夫妇俩也常为了钱不够用吵架。有时,他俩的同学、朋友也劝赵志道出去工作,不妨当个中学教师,这样既可与婆婆、小姑少些矛盾,同时也可以挣点薪水贴补家用。可是,赵志道始终以自己个性太强,脾气不好,与别人相处不好为由,拒绝出去工作。

这样吵闹的生活,也逐渐传到学校里的一些师生中间。有一个常到杨杏佛家来请教的学生竟以杨教授家的矛盾为主要内容,创作了一部题为《灰色眼镜》的小说,很快在校园中传播开来,令杨杏佛很是尴尬。

假如杨杏佛夫妇的矛盾仅仅是由于婆媳、姑嫂之间的摩擦或是由于经济的拮据所引起,还不至于走到婚姻的尽头。关键的是,赵志道多年待在家里，不愿接触社会，视野日渐狭窄，心胸也越发狭隘起来。尤其是1924年，杨杏佛离开东南大学，举家迁至上海后，与妻儿们独居在霞飞坊5号，家务全由能干的女佣范妈打理，她更是无所事事了。杨杏佛却恰恰相反，离开南京后，他担任了孙中山的秘书，日夜忙碌，顾不上回家。1925年3月12日，孙中山在北京逝世后，他又忙于治丧事宜，更是难得回家。之后，他担任了孙中山先生的丧事筹备处主任干事，主持筹建中山陵。后又应邀担任中央研究院总干事，协助院长蔡元培先生处理大量具体事务；最为难能可贵的是，他还与宋庆龄、蔡元培、鲁迅、史沫特莱等人一起成立了"中国民权保障同盟"，专事营救被捕的中共党员和进步人士，曾成功地营救了廖承志等人。这一切，使得三十多岁的杨杏佛成为当时的风云人物，得到中共及社会各界人士的尊重。

按理说赵志道作为妻子，对杨杏佛的成功应感到由衷的高兴和自豪，可是，她却产生了一种可怕的猜疑心理。这种"猜疑"，源于她对丈夫的不信任和嫉妒。

她是很爱丈夫的。但她毕竟比丈夫大四岁，是生过几个孩子的母亲，已不年轻，又长期在家，所以，有时会产生一种恐惧心理，担心丈夫的成功和社会地位会引起某些异性的倾慕与追逐，担心丈夫会经不起诱惑，弃她而去。于是，她开始注意丈夫的行踪，与什么人在一起开会，外出活动。丈夫回来后，她总是刨根问底，盘问丈夫与某某女士是否约好一起去的，有没有"出轨"行为等，弄得杨杏佛异常烦恼，有时忍不住就会与她大吵一顿。

大约在1930年4月底，杨杏佛应邀到浙江莫干山参加一条公路的开通典礼，与会的有浙江省、局官员，还有一对名人夫妇，是杨杏佛赵志道的老朋友。赵志道看了报纸上的新闻报道和图片后，对着丈夫大发脾气，怀疑杨杏佛与那位夫人约好了一起去莫干山。这自然是无中生有，冤枉好人。杨杏佛竭力申辩，继之发生争吵，最后，赵志道拎起提包,甩门而出。杨杏佛则连夜找遍上海各大饭店,最后在沧州饭店找到了她。好言劝她回家,她就是不愿回家,还说她已付了一月的房钱定金,要住满一月,消了气,再回家。杨杏佛只得由她去了。杨小佛记得,那些日子,父亲每天在沧州饭店看望了母亲后,都是坐在大堂里与朋友们商议国家大事。

杨杏佛的这种忍让、宽容,并没有使妻子消除猜疑的心理,反而是愈演愈烈,甚至还猜疑起孙夫人宋庆龄,这就使杨杏佛忍无可忍了。他非常敬仰孙中山先生,同时也非常敬佩宋庆龄的伟大人格和高尚品德。宋庆龄则非常欣赏杨杏佛坚持孙中山先生的"三大政策"和忘我的工作精神。宋庆龄认为,杨杏佛是一位值得信赖的战友。因此,当赵志道无中生有,捕风捉影地猜疑宋庆龄时,自然会引起杨杏佛的愤怒。遗憾的是,即使这样,赵志道依然我行我素,一意孤行。她甚至趁丈夫到南京中央研究院总部工作期间,花钱请锁匠配了钥匙,到设在上海的中央研究院出品部国际交换处,去打开丈夫办公室的抽屉,将寄给杨杏佛的信件全部拿走,其中就有好几封宋庆龄从德国写给杨杏佛的信。

她在宋庆龄的信中看到了什么呢?原来宋庆龄在信中谈的大多是如何维护和继承孙中山的"三大政策",如何反对蒋介石的独裁统治等革命工作。还谈到在德国治病休养的情况。让她始料未及的是,宋庆龄在1928年8月21日的信中,还希望杨杏佛"将全家带到德国来,首先因为可从德国的政治和经济学到许多适合于中国建设的东西,其次这里是生活成本最低的国家,德国人民对外国人非常民主和友好"。她还在宋庆龄1929年11月26日的信中看到:"希望你和杨夫人一起到欧洲来帮助我","在欧洲设立一家中国新闻机构"。赵志道在信中看到了宋庆龄的坦荡胸怀和高贵品格,终于在心中驱除了对宋庆龄的猜疑。然而,由此流传到社会上的猜测和流言却一直困扰着杨杏佛。

再说赵志道虽然排除了对宋庆龄的猜疑，但她对丈夫仍然无端猜疑，依然不顾场合地胡乱指责杨杏佛与其他女人有染，闹得杨杏佛下不了台，令周围朋友十分尴尬。

终于有一天，杨杏佛在遭受妻子又一次的无端猜疑和激烈争吵之后，愤怒地写了一篇《不自由毋宁死》的宣言，发表在《申报》上，表明了自己与赵志道离婚的态度。紧接着，就委托吴经熊律师帮助他们办理离婚协议。

吴经熊律师是他俩的好朋友，对他们的婚姻状况非常清楚，对杨杏佛充满了同情。他决心帮助杨杏佛摆脱这桩痛苦的婚姻。他第一次约赵志道谈话时，赵志道颇感意外。她认为，哪家夫妻不吵架？她与杨杏佛已做了整整13年的夫妻了，先后生了四个孩子（其间两个女儿夭折），怎么能说离就离呢？她表示，坚决不离婚。

吴经熊是个很有经验的律师，他摸透了赵志道的好胜心理。第二次同她谈话时，采用了"激将法"。他以同情的口吻说道，任何夫妻离婚后，女方在独立生活时，经济收入和生活条件必会大受影响。因此，他很同情赵志道不愿离婚的想法。赵志道果然中计，听了此话，立刻气愤异常，说："我倒不信，离婚后的经济收入和生活会出问题。我从来就不做男人的寄生虫，离就离吧！"

吴经熊见赵志道同意离婚了，不免产生同情之心，转而尽力为赵志道及其孩子日后的生活谋划好。他要保证她们母子三人的生活，不低于原来的水平。经吴经熊两头奔波，最终协议离婚的条件如下：1.杨杏佛迁出分居，但继续来往关心；2.杨杏佛的工资半数归赵志道；3.霞飞坊5号（当时杨家住宅）房租、水、电、电话等账单一律由杨杏佛支付；4.万兴食品店、公泰水果行、美丰牛肉店的凭折取货的结账单由杨杏佛支付。

杨杏佛是位有情有义的人，对此离婚协议自然没有意见。大约是在1931年3月，杨杏佛离开了家，暂时住在亚尔培路（今陕西南路）

331 号中央研究院出品部国际交换处的办公室里。

为了爱，她冒险保存了杨杏佛的许多珍贵文札

杨杏佛是个重然诺的人。离婚后，差不多每个星期日都到霞飞坊 5 号来看望两个儿子和赵志道。有时，还带长子小佛外出访友，或到公园游玩。并且按时奉上半个月的工资，支付母子三人的各种开支。两个人相见，倒反而像好朋友一样，没有埋怨，没有猜疑，也没有架好吵了。

不过，这种平静祥和的日子维持了只有两年多，杨杏佛就遭到了国民党特务的暗杀。听到杨杏佛被暗杀的噩耗后，赵志道惊呆了，失声痛哭。

6 月 20 日，杨杏佛的大殓在胶州路万国殡仪馆举行。鲁迅冒着危险前来参加。其他的亲友同事共有百余人送了挽联和花圈，其中赵志道的挽联颇为醒目，联曰：

> 当群狙而立，击扑竟以丧君，一瞑有余愁，乱泪何时，国亡无日；
> 顾二雏在前，鞠养犹须责我，千回思往事，生离饮恨，死别吞声。

挽联意含悲愤，既讽国事，又涉私情，对仗工整，情真意切，表达了她对杨杏佛的一片深情。

杨杏佛被害后，原本由他每月提供的一半工资没有了，食品店的每月账单和房租、水、电、电话等费用也无人支付了。赵志道是一位要强的女性，很快就找到了赚钱的门道。在好朋友徐荷君（徐訏之父，时任中央银行监事会秘书，解放后任浙江省图书馆长）和严诚德

（时任中一信托公司总经理）的帮助下，开始买卖公债，抱定"不赚不抛"的原则，每月盈利有近千元法币。一段时间下来，她竟然在江湾附近的市光路买下了一幢小洋房，同时，还买了一辆福特小轿车，日子过得比过去更宽裕。

好景不长。1937年"八一三"淞沪抗战爆发。其时，赵志道带着小儿子在青岛避暑，仅留小佛一人在家。不久，她家小洋房即被夷为平地。好在小佛及时逃到租界内的外公家，才幸免于难。

不久，中国军队西撤，租界沦为"孤岛"。当赵志道携幼子回沪后，只能在租界里租房居住。可是房租疯涨，公债已不能再炒，赵志道断了赚钱渠道，只能租较便宜的房子住。几次租房，几次搬迁，最后，租下了法租界广元路18号的房子。后又因生活拮据，将底楼两间房出租，以补家用。太平洋战争爆发后，日军进占租界，市民排队领米票购买户口米，每日只够煮粥吃。赵志道真正尝到了日子的艰难。但是她不求人，独自将两个孩子抚养成人，要让杨杏佛在天之灵得到安息，因此，艰难困苦一直伴随她到最后。

最令人感动的是，赵志道虽然与杨杏佛离了婚，但她却一直保存着杨杏佛的许多珍贵文札。其中有杨杏佛写给她的信，还有宋庆龄、任鸿隽、王芸生、竺可桢、胡适、赵元任、徐志摩、吴稚晖、谭廷闿等社会名流写给杨杏佛的信，此外，还有杨杏佛的部分诗词、日记和文章手稿。她将这些珍贵文札，最先是存放在霞飞坊5号，后来藏于市光路小洋房里。令杨小佛奇怪的是，当年他们一家住进市光路小洋房不久，"八一三"抗战就爆发了。当时他母亲和弟弟不在上海，市光路的洋房被日军炸毁后，这些文札竟还留存于世。这说明赵志道早在抗战爆发前，就将这些文札转移到安全的地方珍藏起来。后来，一直藏在广元路住宅里，历经"文革"等政治运动，竟然奇迹般地保存下来。其中最危险的还是"文革"初期的抄家。那天，杨小佛爱人单位的造反派来抄家，抄了杨小佛夫妇的房间后，正想抄赵志道的房间，机智的赵志道对造反派说："我与儿子媳妇是两个户口，你们只能抄我儿子和儿媳的房间，我和他们不搭界。你们单位不可以抄我的房间的，我的房间，应当由我的单位来抄。"其实，赵志道当时并无什么具体单位，她只是徐汇区政协联系的统战对象。没有想到，她的这番话还真的起了作用，那批造反派就没有去抄她的房间，这才使杨杏佛的这些珍贵文札得以保存下来。

1970年，林彪"一号通令"下达后，年逾八十的赵志道被迫搬迁到天平路树德坊楼下客厅，依然精心保存着这批珍贵文札。长子杨小佛一家被迫迁到永嘉路一处房子里，但时常来看望、照顾母亲。

1976年7月9日，赵志道病逝。杨小佛兄弟俩遵照母命简办了丧事，并继承了她保存下来的一份最珍贵的遗产——父亲杨杏佛的珍贵文札（这批文札已于2008年由宋庆龄陵园管理处编成《啼痕——杨杏佛遗迹录》一书，由上海辞书出版社出版）。同时，他们从中也感受到了母亲浸透在这些文札中的那份深沉、真挚而又动人的爱情。

写到这里，我领悟到赵志道的一生是为爱情而活着的。因为有爱，她毅然冲破门第观念，下嫁给杨杏佛；因为有爱，她猜疑丈夫，最终导致婚姻的破裂；因为有爱，离婚后，他们成了无话不谈的好朋友；因为有爱，杨杏佛被暗杀后，她非但没有再婚，而且还在长达四十多年的时间里冒着生命危险，保存了一批杨杏佛的珍贵文札。

因此，作为一个女人，赵志道的一生是美丽的，令人羡慕的。

（原载《世纪》2010年第1期）

徐志摩的一封绝笔信

杨小佛先生懂经济，又好文史。如今，他虽已届100虚岁，依然经常在家中翻阅其父杨杏佛留下的文字图片资料，一有发现，便马上给我打电话，邀我到他家吃中饭。我知道，杨老又有新发现了。

2017年8月的一天，我接了杨老的电话，兴冲冲地去看望他。一进门，杨老就高兴地告诉我，他在父亲的一包资料中，又看到两张字条，一张是徐志摩1931年11月18日写给他父亲杨杏佛的，另一张是杨杏佛写的题为"志摩绝笔"的纸条。

这是怎么一回事呢？

杨老看我有疑惑，便要我坐下来，听他慢慢道来——

1922年徐志摩与原配张幼仪离异后，不久即与陆小曼结了婚。陆小曼虽是才女，却不幸染上了"阿芙蓉"（吸食鸦片）癖，开销很大。尽管徐志摩在上海一所大学任教，薪金已不少，但仍不敷陆小曼花销。无奈，徐志摩只得托人介绍到北平等地的大学兼课。1931年11月19日，他去北平出席林徽因的演讲会，搭乘免费的邮政飞机。不料飞机失事，机毁人亡。

杨老说，他父亲与徐志摩是好朋友，很关心徐志摩的生活处境。这次，徐志摩离沪前特地到他家向杨杏佛告别。不巧，他父亲外出有事不在家，于是，徐志摩特地留下字条告别。

徐志摩写道：

才到奉谒未晤为怅，顷去湘眉处。明早飞北京，今不复见。北平闻颇恐慌，急于去看看。
杏佛兄安好。志摩

噩耗传来，父亲杨杏佛十分悲痛，深悔当日未能与徐志摩见上最后一面。那几天，父亲反复阅读着徐志摩留给他的字条，然后，提笔写下了"志摩绝笔"的题目及以下一段说明文字：

志摩于二十年（1931年）十一月十九日下午二时在山东党家庄附近之开山飞机遇祸，此为其十八夜六时半过访不遇时所留之手笔。当晚在湘眉处狂谈至十二时始归。翌晨八时即北飞。竞武云，志摩晨起即赴飞机场，十分匆促。故知所书为绝笔也。
二十年十一月廿一日　铨志

杨老说，父亲按时间推算，认为徐志摩写给他的这张字条，应当是徐志摩的绝笔信了。

说罢，杨老拿出两张字条（影印件）推到我面前。我仔细一看，果然是徐志摩和杨杏佛的亲笔字条。我感慨地说："您老真了不起！100岁了，还在研究徐志摩，研究您父亲的朋友们。"

杨老谦虚地说："谈不上研究，只是人年纪越大，小辰光的事情就记得越清楚。侬晓得的，当年徐志摩飞机失事两年不到，我父亲就被蓝衣社特务刺杀了。"说完，杨老长叹一声……

（原载《新民晚报》2017年11月13日）

与百岁老人杨小佛聊天

前些天,杨小佛老先生过 100 足岁生日,我去祝贺他。

一进门,看见他正坐在桌前吃早餐,一碗粥,一盘小菜,吃得好香。

我说:"您胃口真好!"

他笑笑说:"我胃口一直蛮好,睡觉也好。"

一会儿,我见他吃完早餐,便好奇地问他:"杨老,您虽然已过了 100 岁,但身体依然这么健康,您有什么养生绝招吗?"

老先生听了哈哈笑道:"我哪有什么绝招?要说有,就是每天喝一两杯咖啡。几十年不变。"

"喝咖啡?有用吗?"我问。

"有用。喝咖啡刮油水啊!"杨老说。

说完,他让阿姨为我泡上一杯咖啡,请我喝。

尽管我知道喝咖啡对人体还有许多其他好处,我也相信杨老的话,因为这是他的体验,非常真实有效。你看,他每天吃荤菜但不胖,睡眠好,说话中气足,思维敏捷。这些都是明证。

话题转到我曾经供职的《上海滩》杂志。杨老问我,眼下《上海滩》在组什么稿?我回答,据我所知,正在积极组织"新中国成立七十周年暨上海解放七十周年"的文章。

杨老听了,马上告诉我说,他虽然没有参加解放上海的战斗,却在 1950 年 7 月，作为随军支前人员，参加了解放嵊泗列岛的战斗。他兴奋地回忆道，当时他们的任务是，负责动员待业船员上船，然后和船员一起运送解放军将士到嵊泗列岛作战。在攻岛战斗中，他目睹我军将士冒着敌人的炮火，奋勇向前，有的负伤，有的则中弹牺牲在他面前。他看在眼里，痛在心里，打心里佩服这些战士个个是英雄。当我军最终攻克敌人阵地，占领嵊泗列岛，活捉匪首张阿六时，杨老兴奋地拿出照相机，一口气拍了好多照片，留下了珍贵的记忆。说完，杨老开心地笑了，笑得像一朵盛开的菊花。

我钦佩杨老的惊人记忆，一个百岁老人说起当年的战斗，竟是如此清晰，同时，在他的笑声中溢出一种自豪感。因为，他为全国解放出了力，流了汗。

不知不觉间，杨老已和我谈了一个小时。我怕累着他，便向他提出了最后一个问题。我问杨老："目前，您最关心的是什么问题？"

我原本以为，杨老会回答说，最关心的是自己的孩子，或是自己过去的一些老朋友、老同事，或是自己的一些学术研究。谁知杨老却说，他最关心的是台湾问题。这的确很出乎我意料。但是，我转念一想，似乎也不奇怪，因为他是个研究经济学的学者，是一个有着"天下兴亡，匹夫有责"伟大抱负的中国优秀知识分子。

我问他，最关心台湾什么问题？他说，是统一。他认为，海峡两岸只有统一起来，才能使我国经济发展更快，老百姓的日子才能过得更好，台湾同胞也才能享受到更多的福祉。这一点已为多年的实践所证明。他还说，他多么希望能在有生之年能亲眼看到两岸统一。

听完杨老的话，我这才明白：一个每天爱喝咖啡、爱回忆、爱思考、胸怀天下的人，怎么能不长寿呢！

（原载《新民晚报》2019 年 1 月 19 日）

杨小佛留下的那句话

2022年12月28日清晨，杨小佛走了。他像平时那样，用手拂去落在衣衫上的尘埃，迎着吹面的清风潇洒地走了。身后留下了长达104年深浅不一的脚印，留下了一群生气勃勃的子孙，留下了一本才气横溢的《杨小佛文集》，还留下了一句发人深省的话。这句话就是"不为先人讳"。

杨小佛好客，健谈，常常邀约大小朋友吃饭、喝咖啡，嘎讪糊。杨小佛活过了一百多年，看得多，见识广。所以，听他嘎讪糊，有味道。杨小佛是做学问的，所以他谈天说地，讲究事实，说一是一，实话实说，从不为名人讳，也不为自己的先人讳。

杨小佛对父亲的感情是很深的，父亲几乎每个周日都会带他上公园，去郊外，或者到朋友家去玩耍，而且正是父亲用自己的身体压在他的身上，挡住了特务的子弹，才使他逃过一劫，而父亲却牺牲了。即便如此，他对父亲的评价也是很客观的。

一次，我们谈到他的父亲杨杏佛的历史功绩和为人时，他却冷静地对我们说，外人总是在反复宣传他的父亲是辛亥革命的元勋、孙中山总统府的秘书，是上海工人第三次武装起义的组织者之一，是中国民权保障同盟总干事，因与宋庆龄、鲁迅等人一起营救过被捕的共产党人而惨遭国民党特务杀害等事迹。这些固然是事实，但少有人论及他父亲的缺点和弱点。这对杨杏佛的研究，就可能产生片面性。比如，他父亲杨杏佛的脾气非常急躁，做事常常急于求成，不计后果，不讲究方式方法。他父亲的挚友任鸿隽就曾当面指出杨杏佛"出言常过实，有时纵言所不知之事；行事尝失之图成过切，而不审手段之当否"。杨老说："任老伯与我父亲是多年的好朋友，时常当面交换意见，互相批评帮助，因此，他对我父亲的批评是非常中肯和击中要害的。"我们听了，都很钦佩。

接下去，杨老谈到了他的母亲。他的母亲赵志道出生于官宦人家，从小娇惯，养成了我行我素、敢作敢为的性格。有一次，一个法国巡捕带人来她家收巡捕捐，惹得她生气。她竟让女佣揪住法国巡捕，自己冲上去打了法国巡捕几个耳光。法国巡捕被打得目瞪口呆，莫名其妙，因怕再挨耳光，赶忙逃走。后来，还是杨杏佛回来妥善处理了此事，才未惹出麻烦。她怕与同事不合，故不愿外出工作，却在家里吵得婆婆多次躲到尼姑庵里不愿回家。她深爱丈夫，却生性多疑，常常当着朋友的面与丈夫吵架，使杨杏佛下不了台，最终闹到离婚收场。但是离婚后，她依然深爱杨杏佛，两人像好朋友一样，相处得很融洽。尤其是杨杏佛被暗杀后，她不仅写了挽联，参加追悼会，将两个孩子抚养成人，而且还冒着风险、历经坎坷珍藏了杨杏佛的许多珍贵的书刊、信件、文章资料，最终捐献给国家有关部门，为研究中国近现代史提供了重要史料。

我对杨老说："真佩服你能这样不为先人讳，要做到这一点，是要有勇气的。"杨老听了，微笑着说："我倒觉得，这不需要什么勇气。都说人非圣贤，孰能无过。我的父母也是普通人，也有七情六欲，也会生气吵架，也会说错话，办错事。所以我认为，只有实话实说，不为先人讳，才能写出事实真相，写出有血有肉的人。也只有这样做，我才能心安，父母的在天之灵才能得到安宁。那些为先人讳的做法实在是不可取的。"

"不为先人讳"，这是杨小佛先生的人生信条，也是他的治学理念，更是他留给我们的一笔丰厚而又珍贵的财富。

（原载《上海老年报》2023年1月5日）

文化老人度夏

连日高温,酷热难熬。夜晚纳凉,谈起名人度夏,蛮有意思。

我首先想起了已故的陈从周先生。

大约在十年前的一个夏天,也是酷热连连,暑气蒸腾。我去拜访陈老。老人家见我满头大汗,脸憋得通红,忙招呼我进屋,让人沏茶、开风扇。我热得难受,左顾右盼想让陈老打开空调吹一下,降降温。陈老看出我的心思,笑着说:"我家没有装空调,不是没钱装,而是我不需要。其实,再热的天只要静下心来,坐一会,就会凉快了。"然后,他转身打开录音机,一缕幽雅的昆曲《牡丹亭》唱腔袅袅而起,飘然而至。一曲未完,我已感觉清凉多了。

陈老告诉我,校领导关心他们这些老教授,将贵宾室腾空,让他们去避暑,内有空调,可供使用。可他觉得,老年人不宜用空调,家中有一风扇足矣!最重要的是能静下心来,自然就凉快了。我问,怎样才能心静呢?陈老笑道,听曲、画兰、读书便是。

这三件事,皆为陈老所好,故而炎热酷暑,自然是浑然不觉也!

接着谈谈老作家任溶溶先生。

任老今年(按,指2008年)85岁。一天上午,我与他通电话,嚄!他老人家说话不仅中气十足,声音洪亮,而且还特别开心。我问他大热天,在家忙什么呢?他立刻哈哈一笑,说道:"不瞒你说,我还真蛮忙的呢！每天上午是我向亲戚朋友打电话的辰光，通过电话，我可以了解到外面许许多多新鲜事情。侬现在打电话给我，是我最开心的。侬千万不要怕打扰我，我现在是怕没有人来'打扰'我。""哦，侬问我下午做啥事情？下午，我看书读报写文章。有些辰光，下午参加一些社会活动。比如，今天下午，我要到文联参加儿歌、民歌评奖活动。我也是评委，还要无记名投票。晚上，是我的亲家过生日，我要去祝贺，吃饭。"说完，他又乐呵呵地笑了。

我问他，现在还在写儿童文学作品吗？他说："不是。人上年纪了，许多往事值得回忆，写出来，蛮有乐趣的。我现在真正是以写作为乐。最近，我写了不少'报屁股'（短篇回忆文章），给了《新民晚报》三篇，《文汇报》两篇，《上海滩》两篇。最满意的一篇是回忆我母亲的，给了《新民晚报》，编辑也认为这篇写得好，还说要优先发表。我听了，真是好开心噢。"

说完，他又呵呵地笑开了。临挂电话前，他还不忘补上一句："欢迎侬经常来电话聊天。"真是一位快乐的老人。

最后，说说沈寂先生。

沈老虽年届耄耋，但精神矍铄，每天写作不止。前些日子刚完成一部专著《海派电影》，主编了一部《海上园林》。近日，连续高温，不知老先生又在忙什么了？

我到沈府拜访，果然，在这大热天，沈老依然像只勤劳的"工蜂"，忙得不亦乐乎。他兴奋地告诉我，8月初，上海中山学社要召开"孙中山与《建国方略》国际学术讨论会"，他应邀作交流发言。因此，他每天在家用心做准备。他认为，孙中山的《建国方略》是住在哈同花园期间写的。中山先生力主办交通、办实业，哈同曾向孙中山建议，可在南京路上办大商场。后来就有了先施、永安、新新、大新四大公司。

我劝沈老，毕竟天太热了，要注意多休息；气温太高了，也要开开空调,降降温。

　　沈老笑道:"我感谢侬的关心,其实,我还是很注意的。这些日子,天太热了,我上午只写作两小时。中午午睡,雷打不动。下午看书报杂志,或接待来访。晚上,看电视新闻,特别是抗震救灾和北京奥运会开幕准备情况。只是有一条,我在家,天再热,是基本上不开空调的。白天,开开电风扇,睡觉时连风扇也不开。其实,大热天,人是要出出汗的,不出汗反而对身体不好。"

　　一番话,说得既科学又生活,叫你不得不佩服。

(原载《新民晚报》2008年8月4日)

严文井三到上海

作家严文井喜欢讲故事。那年,在北京,他给我讲了他与上海的故事。

"上海,历来就是一座风云际会的城市,我一生中有三次到上海,竟都与时代风云密切相关。"一开始,他就十分感慨地说。

他说,他第一次到上海,是在1937年"七七"卢沟桥事变之后。当时,他因此前两次高考落第,只身从武汉来到北平图书馆当了一名小职员,刻苦自学,勤奋创作,已在沈从文编辑的《大公报》文艺副刊上发表了不少散文,并已出版了第一个散文集《山寺暮》,正着手编第二个集子,还结识了萧乾等一批作家朋友。他是多么想有一个安静的环境,再多创作一些作品,尽快使自己成为一名真正的作家啊!然而,日寇的炮火,轰毁了他的梦想和追求。整个华北再也放不下一张平静的书桌了。他看到,母亲在流血,祖国在呻吟。他觉得全身热血奔涌,他不愿当亡国奴,他毅然放下手中笔,打起行李,于7月14日离开北平,奔向上海。他要到上海去感受抗日爱国的时代精神。他在上海环龙路(今南昌路)一位堂兄家住下来后,亲眼看到,上海也已是战云密布,大战在即,各界群众抗日热情高涨,随处可见青年学生抗日演讲的热烈场面,《义勇军进行曲》《大刀进行曲》《松花江上》等抗日歌曲,在上海街头到处飞扬。这一切都极大地感染着他,激发了他的爱国热情。他遏制不住内心的激动,当即决定马上返回故乡武汉,投身到抗日救亡洪流中去。就在他乘船赶赴武汉的途中,传来了上海爆发"八一三"淞沪抗战的消息,令他感到无比振奋。他说,1938年,他毅然奔赴延安,参加抗大,与他在上海的所见所闻有关,他当时就觉得那些活跃在上海街头演讲的青年学生,就是自己的同志,他这条"小溪流"注定要流向北方,奔向光明。

第二次他到上海,已是18年后的1955年。那年的初夏,中国大地正卷起揭批胡风集团的狂风。其时,严文井已在中国作协任职,奉命从北京飞抵上海征求巴金、吴强、杜宣以及当时正在南方的丁玲等作家对胡风等人问题的处理意见。那天,同机的还有去上海就任中共上海市委宣传部长的石西民同志。到了上海,他才知道,上海也有一批作家、学者和大学教授,被卷入这场风暴之中,心中很是不安。

在上海,他逐一听取了巴金、丁玲等作家的意见,准备回京后向作协领导汇报,以供领导在作决定时参考。然而,就在他回到北京的那一天,报纸上却已公布了胡风等人被开除出文联的决定。他看着自己熬夜整理出来的汇报材料,无奈地露出一丝苦笑。

第三次他到上海时,是阔别11年后的1966年。这一年的上半年整个中国正笼罩在一场暴风雨到来前的乌云之中。是年夏天,亚非作家会议在北京召开紧急会议。严文井时任亚非作家委员会中国委员会副主席,自始至终参与了会议的组织工作。会议期间,与会亚非作家分三路赴外地参观游览,他自己也陪同一路作家参观,最后,三路作家都集中到上海举行会议闭幕式。会议结束那天,热情的巴金兴致勃勃地陪着他逛了上海城隍庙,品尝了小笼馒头等上海名点。

往事如烟,扑朔迷离。严文井一生所经历的迷离难解的往事,何止于上海。他似乎要从如烟往事的追寻中,悟出些什么。于是,他在离休之后,除了文学之外,更多的是读老庄,读禅宗,读十三经,读《资本论》,每晚不读至凌晨三四点钟不休息,直至2005年夏天他生命的最后一刻。

(原载《新民晚报》2006年10月29日)

遥忆赵萝蕤先生

闲来无事,在家翻书,偶见一套中译本《草叶集》,使我蓦然想起20世纪90年代造访赵萝蕤先生的往事。

赵先生的家在北京美术馆后街的一所四合院里,她住朝西的两间小屋。听说我是从上海来的记者时,她马上用上海话同我交谈起来。这使我感到既惊讶,又亲切。

赵先生告诉我,她虽然生于湖州,长于苏州,却很喜欢上海。小时候跟大人到上海,最喜欢逛城隍庙,吃南翔小笼馒头和五香豆。吃饱之后,再到大世界看戏,照哈哈镜,真是好白相。1948年,她从美国回国时,也是先在上海住了几天,再回北京家中的。赵先生不无遗憾地说:"唉,谁知一转眼,我已过80岁了,身体又不太好,再去上海已经很难了。"

我见她难受,担心她想起伤心事,忙接过话头笑着说:"这有啥难的?您想来上海白相,先告诉我一声,我来为您安排,陪您去逛城隍庙,吃南翔小笼馒头,不过五香豆,您大概是吃不动了。"

"这倒是的。我的牙齿早就咬不动五香豆了。"说完,赵先生开心地笑出声来。

这时,我注意到,赵先生屋里的摆设很简单,在她的卧室兼书房里,除了一张小床之外,就是一只小书桌和两把椅子。外面一间却放着几个书架。书架里塞满了书。我随口说道:"赵先生,您的藏书真多啊。"

赵萝蕤教授向作者讲述翻译《草叶集》的往事

赵先生站起身来,领我走到书架前,指着一只书架里的书告诉我:"这里是我当年在美国研究詹姆斯作品时,搜集来的全套詹姆斯小说,还有诗人艾略特送给我的《荒原》签名本。他说,这是对我翻译《荒原》的感谢。"

就在我看艾略特的签名时,赵先生又从旁边一只塞满古籍的书架里抽出一本《太平广记》来,笑着对我说:"你知道么?这部明版《太平广记》的失而复得,还有一段曲折的故事呢。"

"哦。"我顿时来了兴趣,请她快讲。

原来,在"文革"初期,她家被抄去了大量古籍,其中就有这部《太平广记》。当时她认为,这些古籍不会再回来了。孰料,粉碎"四人帮"后,被抄去的古籍大多归还了,这本《太平广记》也在其中。这些古籍都是陈梦家先生生前搜集购得的。所以,她十分珍惜。就在她一本本整理这批失而复得的古籍时,突然,看到这本《太平广记》的封面上,竟有康生写的一句批语,大意是:这是一本毒草,应予彻底批判云云。再翻到正文首页,右上角竟钤有一枚康生的印章;再往下看,右下角的空白处,还钤有一枚江青的印章。这说明,这本《太平广记》,曾经落到过康生和江青的手中。同时也留下了"四人帮"一伙借抄家之机,将许多珍贵文物据为己有的铁证。

我听了这个故事,真是不胜感慨。

临别,赵先生捧出一套上下卷的《草叶集》,笑着说:"这是我花了12年的时间翻译出来的,刚出版不久,送给你提提意见。"说完签名,盖印。印章上的"萝蕤"两字系篆体阳文,刀法娴熟,古朴苍劲,很见功力。她见我对印章感兴趣,就顺便告诉我,这枚印章是当年闻一多先生为她刻的。怪不得,如此不同凡响!

告别时,我再三希望她能再到上海一游。她答应有机会一定去。然而,直到她1998年去世,也未能如愿。

(原载《新民晚报》2007年3月25日)

最重真情舒绣文

那是18年前（按，指1990年）的一个下午，我第三次去拜访剧作家潘孑农老先生。这次，他向我谈起了20世纪30年代的影星舒绣文。

"舒绣文，就是在电影《一江春水向东流》里演凶悍泼辣、不通情理的王丽珍的那个演员吗？"我好奇地问道。

"是的。"潘老应道。

"那么，她在生活中也是这样的凶悍泼辣、不通人情吗？"

"不是，不是。"潘老连连摇头说："舒绣文其实是一个心地善良，懂感情，重真情的人。有时候啊，就是因为她太重感情了，反而被感情所累。"

潘老告诉我，舒绣文出生时，已家道中落。其父谋官不成，便意志消沉，而后又染上"阿芙蓉"（吸食鸦片）恶习，还娶了烟馆老板女儿为妻。舒绣文13岁时，就因贫困而辍学，被迫在家为烟客们燃装鸦片。后来她的生身父母竟想将她卖了去还债，好在舒绣文个性倔强，毅然出走，在北京一名记者的帮助下，来到上海打工演戏，吃尽了苦头。

舒绣文对父母的愚蠢行为，尽管十分憎恨，但她毕竟是个有情有义的人。孤身流落上海，却时刻关心着父母、弟妹的日子过得好不好。所以，当她在事业上一旦成功，生活稳定之后，就想把父母弟妹接到上海来一起住。

当时，潘老与舒绣文已结合在一起，自然理解她的这份孝心，但他毕竟阅世较深，担心舒父的"阿芙蓉"癖不戒掉的话，很可能会引起家庭矛盾，从而毁掉他们历经坎坷得来的爱情。为此，他与舒绣文商定，由他先寄一笔钱给她父亲戒掉恶习后再来上海。可是，他哪里知道，要戒掉此等恶习，谈何容易！于是，当他猛然看到她的父亲依旧躺在床上吞云吐雾时，一股热血直冲头脑，随即与她一家发生争吵。从此，两人关系渐行渐远。

不久，潘老应田汉、阳翰笙之邀，赴南京为中国舞台协会公演做宣传。临行前，他留给舒绣文一张字条，决定就此分手，说明家中除书籍字画之外，一切家具全部归她，房租已付到年底。他猜想，舒绣文虽然也是南京公演邀请之人，但她回来一见到字条，很可能会托故不来南京，如此就意味着真正分手了。

然而，出乎潘老所料。几日后，舒绣文竟若无其事地来到南京，又若无其事地同他住在一起。她说的第一句话是："怎么，你就这样不要上海这个家啦？"潘老听了，心中一颤。接着，她又说："我看了你的字条，心里非常难过，想到我们当初的结合是多么艰难。实在不该产生目前的不幸。这次，父母逼我与你分手，我以自杀抗争。你知道，我很爱父母，他们的一生太苦了，希望你能谅解我，演完戏和我一起回上海。"

她的真情深深打动了潘老，两人一起回到了上海。

谁知，家中弥漫的烟味与不和最终还是冲散了他们的情缘。不过，在以后的几十年里，他们俩还是默默地关心着对方。

上海解放后，舒绣文政治地位不低，可是，潘老却担心她秉性耿直，直言遭忌。

1957年，反右运动开始，她厄运临头，被内定为批判对象。后幸有领导施以援手将她调到北京，才躲过一劫。然而，她调往北京的事，他是后来才知道的。一天，潘老刚到单位，就接到一个电话，声音低沉，是个女性。他忙问是谁，对方说："我是缦，不必多问。我就要去北京了，你那里情况怎么样？千万要当心啊！"潘老再要问话，电话突然挂断。潘老放下电话，想了半天，突然想起舒绣文的小名叫"缦儿"。过去，她父亲写信给她时，总是称她"缦儿"。

潘老一下明白了：她在赴京之前，还在关心着他的安危。这令他十分感动，永生难忘。

这就是懂感情、重真情的舒绣文。

（原载《新民晚报》2008 年 1 月 21 日）

利群俗子心
——访著名作家秦瘦鸥

桌上，一盆海棠花酣然怒放。我与秦瘦鸥老先生隔花相对而坐，谈起他的代表作《秋海棠》……

20世纪30年代长篇小说《秋海棠》一问世，就以其曲折动人的故事，攫住了人们的心魄。尤其是在1941年下半年，由黄佐临领导的话剧团将小说改编成话剧，在上海一连演出五个月，场场爆满，很是轰动，出现世人争看《秋海棠》，路人皆谈《秋海棠》的感人情景。戏中秋海棠由石挥主演，他把秋海棠这位京剧名演员的忠于爱情、反抗暴政的坚强性格，和忍辱受难、祈望光明的苦难一生演得非常真切。他的精湛演技和高深的艺术修养，是对小说的一次再创作，弥补了小说中的某些不足。如演到秋海棠落难后在一个剧场后台打杂工、含辱接过一位富人"恩赐"的一元钱时，石挥运用一团、一扔，而后想了一下再捡起来，用手慢慢抹平、摺好的几个动作，把秋海棠当时气愤的心情，和不愿屈辱收钱，但为了养活女儿梅宝又不得不含辱收下这一元钱的极为矛盾的心理活动细致入微地表现出来了。至今，秦老谈起仍然十分钦佩。

有趣的是，当年我国京剧界对《罗成叫关》这出戏原来并不十分重视，愿唱这出戏的演员很少。然而，由于话剧《秋海棠》中的秋海棠演唱了这出戏，从而使《罗成叫关》成为家喻户晓的戏目。不少著名京剧班子为了满足观众要求，也纷纷上演这出戏，一时名声大噪，延续至今。

演出的成功，引起了日寇的干预，话剧被禁演了。

但在此之后，《秋海棠》仍然被改编成电影、越剧、沪剧、粤剧、评弹等多种艺术形式，长期在各地上演，在民间广为流传。1957年小说《秋海棠》经修改，由上海文化出版社重新出版。"十年动乱"中《秋海棠》与秦老同遭灾难。直到1980年，《秋海棠》又再次得以重印，很快销售告罄。1985年，上海电视台又将小说改编成十四集电视连续剧，由曾经导演电视连续剧《故土》的郭信玲执导，并聘请俞振飞老先生任艺术顾问，1986年春天已拍完，不久，将同观众见面。届时，一定会受到欢迎。

说来也怪，秦老早年攻读的是经济学，先后在工矿、铁道任职，而他后来转向文学道路，却完全是由于他的伯母的影响。还在念中学时，他就在伯母的熏陶下读了《红楼梦》《三国演义》《聊斋志异》《儒林外史》等中国古典文学名著，读了鲁迅、茅盾等一些作家的作品以及《新青年》杂志。以后，他学习了英语、法语后，又先后读了《名利场》《福尔赛世家》《悲惨世界》《茶花女》《贝姨》等原版书。此外，秦老兴趣广泛，从小常跟伯母看京剧、昆剧、话剧、电影等。稍长，他对戏剧产生了浓厚兴趣，潜心研究戏剧的表现手法，结交了荀慧生、陈白尘、朱端均、马彦祥、应云卫、黄佐临等戏剧界朋友，向他们学到不少戏剧创作的艺术手法，并运用于小说创作之中。戏剧化，也就构成了他小说的主要艺术特色，《秋海棠》的创作成功，也正是由于秦老十分熟悉戏剧演员的生活，同情他们的悲惨遭遇所致。他饱蘸着戏剧演员的血泪，愤怒控诉了旧社会残酷迫害演员的罪恶。在那沉沉的暗夜里，他发出的这一抗争的呼声，如同一道蓝色的闪电。以后，他继续深入生活，了解群众的喜怒哀乐，为群众而创作，陆续写出了《危城记》《刘瞎子开眼》《梅宝》(《秋海棠》续集)等小说和《婚姻大事》《患难夫妻》以及《江淮稻粱肥》等电影剧本。

回首数十年的文学生涯，秦老意味深长地说，要想写好文学作品，最重要的是作家必须有一颗利群之心，要熟悉生活，要善于交朋友，还要有多方面的艺术修养。其实一部成功的文学作品，总是多种知识的结晶体。由此他为自己过去没有花精力钻研文艺理论而感到遗憾，他对自己的作品始终不尽满意。

秦老虽已年近八旬，但还是笔耕不辍。1986年一月，他的新书《晚霞集》（散文集）出版，另一本《小说纵横谈》不久也将问世。现在，他正抓紧时间创作几部中篇小说，其中一部《被儿子遗弃的人》即将脱稿。

握别的时候，当我重读那幅悬于粉壁、由戏剧家吴祖光亲笔书写的"济世菩提愿，利群俗子心"的题字时，心里倏然一亮，这，不正是秦老一生的追求与写照吗？

（原载《书讯报》1986年11月17日）

秦瘦鸥的谦虚

年前朋友聚会，沈扬先生题赠每人一册《朝花怀叙录》，书中所记文坛名家，不少我也曾拜访过，尤其是那篇怀念已故作家秦瘦鸥的文章，更是勾起了我的一段回忆。

我知道秦瘦鸥先生，还是在1970年的春节。那天是年初三，我与几位工人师傅在厂里值夜班。刚吃了夜宵，年轻的王师傅就悄悄地拿出一本书，躲在角落里读起来。我抬眼一看，哟，书的封面用旧报纸包着，纸张已发黄了。我心想，这肯定又是一本禁书。我好奇地走过去。王师傅忙对我说："这是《御香缥缈录》，是写慈禧太后的。"我问："能借我看看吗？"他爽快地说："可以。我马上就看完了，不过侬看了要'批判'噢。"说完笑了笑。你说怪不怪？"文革"爆发后，差不多所有好看的书都被禁了，有不少还被烧了。但在工厂里，在工人中，仍有一些被禁的优秀图书在悄悄地流传、阅读。我进厂三年不到，就从好多位工人师傅手中借阅到《绞刑架下的报告》《普希金诗选》《福尔摩斯探案集》《复活》等文学名著，而且从未有过麻烦。当时，我不理解。后来才明白，这大概就是所谓的"灯下黑"吧。

那天下半夜，我一口气读完了这本民国版的《御香缥缈录》，知道了慈禧太后的糜烂生活，知道了作者德龄女官，也知道了将这本书从英文翻译成中文的秦瘦鸥先生。我对作者、译者充满了敬意。当然，我明白，因小说《秋海棠》而正在横遭批斗的秦瘦鸥先生是绝对不会想到，这时竟然还有几个青年工人在偷偷地读他的译作。

16 年之后，我在采访秦瘦鸥先生时，向他讲起了这件往事，他边听边谦和地笑着说："你们的胆子真大，我太感动了。"不过，他话音一转说道："我一生所写所译的作品，都算不上好作品，不值得你们这样冒险去读的……"

我不同意他的说法，插言道："不能这样说吧。您的代表作《秋海棠》，不是就很受人们欢迎吗？不仅在《申报》连载，而且还改编成话剧、沪剧、电影等。"

秦老听了，抬手指了指墙上的一幅字，对我说："侬看，这幅是'济世菩提愿，利群俗子心'的墨宝，是吴祖光先生题赠我的。不仅字好，而且意思也好。侬晓得的，中国文人向有济世、利群的传统，尤其在国家危难、民族存亡之际，更应挺身而出，宣传爱国救亡。可《秋海棠》在 1941 年连载时，却离此甚远……"

我觉得秦老对自己的作品过于严苛了，便说：《秋海棠》毕竟是一部反抗旧社会黑暗势力的好作品，特别是改编成话剧上演后，在上海连演五个月，场场爆满，很是轰动，甚至出现了'世人争看《秋海棠》，路人皆谈《秋海棠》的盛况。'"

秦老听了，谦逊地说："那是黄佐临导演得好，石挥等人演得好。比如，石挥演到秋海棠落难后，在一个剧场后台打杂工、含辱接过一个富翁'恩赐'的一元钱时，石挥用一团、一扔，而后想了一下再捡起来，用手慢慢抹平、折好的几个动作，把秋海棠当时气愤的心情和不愿屈辱收钱，但为了要养活女儿梅宝又不得不含辱收下这一元钱的极为矛盾的心情，细致入微地表现出来了。石挥把秋海棠演活了。他们是对《秋海棠》的再创作，弥补了我小说中的许多不足。至今，我还深感钦佩。"说完，他又谦和地笑了。

这笑容，印在我心里已有 20 年，一直没忘。

（原载《新民晚报》2008 年 3 月 20 日）

百龄画家玄采薇

2010年6月里的一天,我有幸拜会了沪上一位1912年12月出生的长寿老太太,探寻她的长寿秘诀。她是上海市文史研究馆馆员,名叫"玄采薇"。她的血统是一半韩国,一半中国。

"玄采薇",念着这个名字,使我想起了《史记·伯夷列传》中的伯夷、叔齐兄弟二人"义不食周粟,隐于首阳山,采薇而食之,及饿且死"的历史故事。一见她就感觉到这位长寿老太太的人生一定不平凡,一定有不少动人的故事可以采写,而她之所以长寿,也一定有秘诀可寻。

毕生热爱中国

那天下午1:30时,采访一开始,我就问她,您父亲为什么给您取名"采薇"?她听后摇摇头告诉我,这个名字不是她父亲取的,而是一位教中文的家庭教师林先生帮她取的。

原来,玄采薇的父亲玄尚健(又名荷谭)是韩国驻法国大使。1910年8月22日,日本逼迫韩国签订了《日韩合并条约》后,吞并了整个朝鲜半岛。他不愿当亡国奴,更不愿为日本侵略者服务,便从法国流亡到上海,在一位法国朋友的上海远东公司里当经理(即三星白兰地的总经理)。父亲只身流亡上海,丝毫得不到居住在韩国的母亲、妻儿的音讯，非常孤寂。不久便在朋友的撮合下，与一位上海姑娘结了婚。这位姑娘名叫王芳君，漂亮贤惠。可是，当时上海有不少人看不起嫁给外国人的女子，王芳君家里的人，也是这样，并从此与她断绝了来往。为此，王芳君非常痛苦。有了孩子之后，她也不敢让他们外出玩耍。因为孩子们一出门，就会被人家骂"杂种"。到了读书的年龄，父母也不敢让孩子们去学校念书，而由父亲请家庭教师上门授课。

当时，父亲给玄采薇取名叫"玄玉玲"。父亲请来教孩子们中文的林先生，是个有才华、有正义感的知识分子。当他了解了玄尚健的爱国义举后，非常钦佩，并觉得他的事迹与司马迁《史记·伯夷列传》中伯夷叔齐兄弟二人的义举很相似。随即撷取了其中"采薇"二字，作了玄采薇的名字。意思是让她牢记并学习和发扬她父亲的爱国精神。

虽然囿于当时的社会环境，"玄采薇"这个名字并没有敢正式使用，依旧叫"玄玉玲"。结婚后她又改随丈夫姓，觉得"姚"是中国人用得较多的姓，"采薇"又是出自中国古籍，觉得合起来就看不出她是韩国人了，于是就开始改名为"姚采薇"。直到1956年在人口普查工作人员耐心说服下，才正式恢复父姓改叫"玄采薇"。但是，父亲的爱国精神却已深植于她的心中。尽管，她与父亲不同，父亲爱的是遭受日寇铁蹄蹂躏下的韩国，而她爱的是生于斯长于斯的中国。

1949年春天，上海解放前夕，玄采薇的好朋友张幼仪（徐志摩原配夫人）、张肖梅（张君劢的弟媳）等人决定移民国外。临走前，她们曾经建议玄采薇夫妇到泰国去开饮食店。但是，他们却没有走，而是选择留在了上海，参加建设新中国。她说，他们是听了盛康年先生详细介绍了共产党的政策之后，才决定留下来的。

交谈中，她多次提到当年决定留在中国，毫不后悔，表示爱中国是她一生中最正确的选择。虽然也有曲折，甚至磨难，但是，她觉得只有在中国共产党的领导下，人民生活才有了保障，国家才越来越好，2010年上海又隆重举办世博会。她说，自己作为一个中国人，感到十分自豪。正是这一决定命运的选择，使她对任何风浪都能经受，这是缘于热爱中国信念的支撑。

"凡事都要看得开，掼得脱！"

当我请教她是用了什么方法，活得如此长寿、如此快乐时，她笑道："一句话，就是凡事都要看得开，掼得脱（沪语，意为放得开）！"

人的一生难免会遇到各种各样的烦心事，特别是20世纪五六十年代，"左"风甚炽，运动不断，天灾人祸，防不胜防。要真正做到"凡事看得开，掼得脱"，是很不容易的。

然而，玄采薇却做到了。

1949年，上海解放后不久，在"三反""五反"运动中，她丈夫与人合办的雪园老正兴饭店经过社会主义改造上交后，没有及时给他安排工作。玄采薇原本在家当家庭主妇，闲时画画，也无收入。一家人生活顿时陷入困境。不少亲戚朋友不仅不愿借钱给他们，而且还害怕惹上麻烦，疏远了他们。

面对生活困难，玄采薇没有抱怨，也没有后悔在解放前夕作出留在祖国的决定。她和丈夫坚信，人民政府不会不管他们的。果然，过了些日子，丈夫就被安排到绿杨村饭店去记账，而她则被介绍到上海医学院画人体挂图，供教学使用。有了工作，有了收入，生活就稳定了。玄采薇生活中又充满了笑声。

1956年1月，上海各区政协广泛联系知识分子，将有一技之长的知识分子组织起来学习。玄采薇追求进步，有绘画才能，充满青春活力，很快她被邀请参加了徐汇区政协学习；并于是年6月，加入了农工民主党，丈夫也参加了民建。不久，她在参加筹备孙中山诞辰90周年的纪念活动后，由于表现出色，被调入农工民主党上海市委宣传部工作。一边做好宣传工作，一边拿起画笔热情讴歌新社会、新生活。

玄采薇原本以为，这样的太平日子一直会过下去。谁知，"文化大革命"爆发了。由于玄采薇的丈夫姚绍华曾经是"资方代理人"，因而也遭到了抄家的厄运。当时，造反派闯入家中抄家，抢走了她家很多心爱之物。玄采薇对金钱倒不在乎，她常说："没有钞票无法生活，但也不能被钞票所束缚。"因此，对于家中被抄走的一些金钱财物，她并不特别可惜。但对于父亲生前留下的一套军装以及收藏的一些书画、古董，她是很珍惜的，尤其是其中的五幅明代国画，在父亲中年逝世后，是母亲不顾家中生计困难，执意保留下来的。母亲想将五幅明代国画作为父亲的遗物，将来在适当的时候，交给他在韩国的亲人，以慰父亲在天之灵，竟然也被造反派抄走了。直到今天，仍然杳无音讯，实在令人遗憾。

不过，玄采薇的确是一个很看得开、掼得脱的人。这种遗憾和难受很快就过去了。那时，她常常独自思考生命的意义。她觉得，生命对每个人来说，都只有一次。人死了，你再欢喜的东西、再好的东西，也是带不走的。所谓"生不带来，死不带去"，就是这个意思。所以，她认为人活着的时候，对一切身外之物都要看得淡一些，都要能够"看得开，掼得脱"。当然，这也包括被抄去的五幅明代国画。

粉碎"四人帮"后，玄采薇这种"看得开，掼得脱"的豁达，将她带到了一种全新的人生境界：既然一切财物珍宝都是身外之物，都是生不带来，死不带去，何不清理一下家中劫后幸存的藏品？如果那些东西的确是有些文物价值的，就捐献给国家，省得将来遭遇不测。于是，她找出了明朝女画家马湘兰绘的四张花鸟绢本插页单片，觉得有一些文物价值和艺术价值，便于2001年12月捐给了上海市文史研究馆，得到了馆有关领导的赞赏。

谈话间，玄采薇还起身走到卧室里，拿出一只珍藏已久的盘子和几把刀叉对我说，这只法国盘子和五把象牙柄的刀叉，是她父亲当年担任驻法国大使时买的,至今已有一百多年了,很有纪念意义和收藏价值。她想将这些盘子、刀叉捐给韩国驻上海领事馆,捐献给父亲的祖国,以了却父亲的爱国心愿,安慰一个至死也不能回到祖国的漂泊的灵魂;同时,也是代母亲了却一桩心愿。

这时,玄采薇还笑着说了一句颇有哲理的话:"抑抑郁郁成了病,愉愉快快成了人。"这大概就是她人生经验的总结,也是她长寿的秘诀之一吧。

自找乐趣化解烦忧

玄采薇说她的长寿秘诀,除了"凡事要看得开,掼得脱"之外,还有一个就是画画。"人的一生啊,难免会有些不愉快的时候,我呢,每次碰到这些不愉快时,除了在弄堂里慢跑外,就是提笔画画。"她说,这画画还真有排遣郁闷、消除烦恼的作用哩。"比如,就说当年跟陈从周先生学画吧,也是这样。"她笑着告诉我。

她是1946年拜陈从周先生为师学国画的。陈从周先生首先教她临摹张大千的花鸟、人物画,然后,精心教授有关工笔画、国画方面的技巧;对她的习作,他是既严格要求,又耐心指导。至今,她还珍藏着当年的兰花、青竹的习作。有时,陈从周还让她去观摩张大千先生的画展。有一次,她在张大千画展上看得如痴如醉,获益良多。临走,还买了张大千的一幅小尺寸的画,留作学习之用,后来在"文革"中被抄没了。这样,她的画技进步很快。她每天画画都非常投入,忘记了身边的一切不愉快的事情,排遣了心中的一切烦恼,简直到了物我两忘的境界。由此,她渐渐领悟到了绘画的门道,几年后,她的一些画作竟被选中参加了画展。

1955年,毛主席提出"农业走合作化道路"的号召后,玄采薇和一批画家深入农村,体验生活,回来创作了一幅国画《合作好》,

被选送参加中央文化部第二届国画展览会展出。这让她兴奋了好几天，因为这是她做梦也想不到的事。从此，她画画就更投入、更有信心了。特别是"文革"中，玄采薇与许多画家一样，被抄家、批斗，便不能公开画画了。不过，她为了排遣烦恼，偶尔也会在晚上偷偷地在家中画上几个小时。

1976年是个多灾多难的年份：1月8日敬爱的周恩来总理病逝；4月5日清明节，"四人帮"镇压悼念周总理的革命群众；之后，朱德委员长和毛主席相继逝世；7月28日，还发生了震惊世界的唐山大地震……每一个有良心、有正义感的中国人都压抑着满腔愤怒和忧愁。那一年，玄采薇也经常为国家的命运和前途担忧，心中就像压着一块巨大的石头。但是，这满肚子的话是不能与外人说的，否则就会遭到不测。于是，她想到了搁置已久的画笔。晚上，她关上门，拉上窗帘，悄悄在家里画。每次画画时，她都全神贯注，忘记了身边的一切，忘记了忧愁和烦恼。每当一幅画画好后，她心中就充满了喜悦。

玄采薇重新公开拿起画笔，进行创作，已是1978年。那时她已经重新回到农工民主党机关工作，担任农工民主党徐汇区区委委员，负责落实知识分子政策的工作。那年，为庆贺香港《文汇报》创刊30周年，她创作的国画《华枝春满》，被刊登在该报的"纪念集"里。同年，香港《文汇报》出版的年历月历以及香港在希腊雅典出版的年历月历，都刊登了这幅画。

1981年，她虽已届70高龄，但她创作的国画更富思想内涵，更具艺术品位。她的《寒林图》《玉兰山雀》《吹箫引凤》三幅作品，入选上海市少数民族美术作品展。其中《玉兰山雀》还于1982年被选送参加了全国少数民族美术作品展览，并荣获"佳作奖"。同年12月，她赴京参加了授奖大会，会后和其他画家一起参观了昭陵、故宫等。其间，有一位记者问她，为什么要创作《玉兰山雀》，玄采薇深有感触地说："玉兰花是一尘不染的，我觉得中国共产党与玉兰花一样是洁白的，圣洁的……"她想起了在旧中国受人歧视被人骂为"杂种"的羞辱，非常感慨地说："我在旧社会一直想得到他人尊重的奢望，现在终于得到了实现。解放初期，人口普查工作者要给我恢复父姓，我当时顾虑还真不小，事实证明我当时的担心是多余的。"说完，她开心地笑了。

1991年她80岁退休后，将生活安排得井井有序：每天5:30醒来，6:30起床，自己做早饭吃，打开电视看早新闻。然后，天气好就外出散步，9点，保姆来烧饭、做卫生，她就开始画画。午饭后睡午觉，14:30起来看当天的报纸。她除了看《上海老年报》等报刊外，还能看字号偏小的《新民晚报》。直到下午5点喝杯牛奶，18点吃了晚饭后，看电视新闻，然后，看电视里播放的京剧节目。到21:30时上床看一会儿报纸，然后睡觉。

2006年，她已95岁。上海市级机关工委举行纪念中国共产党成立85周年"党在我心中"书法摄影展览会。主办者邀请玄采薇创作一幅书画作品参展。她有些为难，她对来人说，她只会画画，毛笔字写得不好，恐怕不能参加这次展览。但是，拗不过主办者的热情邀请，经过几天的构思和创作，最后她写出了五个笔力苍劲、意蕴隽永的大字——"共产党万岁"。参展后，获得"荣誉奖"，还荣幸地入选《党在我心中——书法摄影展优秀作品选》。这幅作品是玄采薇一生坎坷经历的总结，是她这样一个在旧中国饱受歧视，在新中国得到尊重的少数民族画家发自内心的呼声。

采访中，她不止一次地对我说：画画不仅使她忘记烦恼，带来快乐，而且还带来健康。如今她身无病痛，心情愉快，每天忙忙碌碌，乐乐呵呵，简直忘了自己即将是一位寿登期颐的老人。

（原载《世纪》2011年第3期）

请李丽芳、姚周兄弟在文庙演出

上了年纪,就爱回忆。一听说上海文庙街旧区改造,立刻使我想起1991年9月下旬,应邀参加孔子诞辰纪念活动的事。

记得那年9月初,南市区文化局领导顾延培打电话到我任职的《上海滩》杂志,热情邀请我们编辑部参加这次纪念活动。同时,要求我们出面邀请两三位戏曲表演艺术家参加活动并表演一个节目。因为我负责部分文艺界的采访和组稿工作,所以编辑部领导将这项任务交给了我。

接了任务,我首先想到前不久我采访了京剧姐妹李丽芳和李慧芳,于是,打电话邀请李丽芳参加活动并演唱一段京剧。李丽芳为人真诚豪爽,当即表示很高兴参加活动,并答应在现场演唱京剧《海港》中的精彩唱段《忠于人民忠于党》。

随后,我又电话联系了滑稽表演艺术家姚慕双和周柏春。他俩都高兴地接受了邀请。我问他俩表演什么节目,他们不约而同地讲,就演一出独脚戏《宁波音乐家》。这出戏在上海家喻户晓,演出一定是满堂彩。

很快,就到了9月28日。一大早,我和一位同事开车接到李丽芳、周柏春和姚慕双,赶到南市文庙活动现场。那天,秋高气爽,阳光明媚。时间还未到,广场一排排椅子上已经坐满了观众。一见到李丽芳、姚慕双和周柏春步入广场,观众中就起了不小的轰动,不少人站起来朝他们鼓掌，有的人直呼"李丽芳老师好！""姚慕双老师好！周柏春老师好！"有些观众还伸手与三位艺术家握手致意。三位艺术家一边与观众握手，一边微笑着问好，感谢大家前来观看演出。一直走到第一排椅子前，他们落座后，观众才陆续安静下来。

活动开始后，李丽芳在一片热烈的掌声中登上舞台。她先向大家鞠躬致意，随着京剧乐声起，她唱起了现代京剧《海港》中的主要唱段《忠于人民忠于党》。广场上寂静无声，观众都被李丽芳声情并茂的演唱所折服，每每唱到精彩处，观众们就高声喝一声彩。过去我只是在电影中看到李丽芳演《海港》，今天能亲眼看到她演唱，心里也有些激动。我觉得，虽然她已年近花甲，但还是唱得铿锵有力，激情四射，一招一式还是那样有板有眼。此刻，站在我身旁的顾延培兄感叹道："李丽芳真是功力不减当年！佩服！"

当李丽芳唱完最后一句，全场顿时响起热烈的掌声和"哦、哦"的叫好声……李丽芳连连鞠躬致谢，然后，缓缓走到她的座位前，与附近的观众握手致意后才坐下。

紧接着，姚慕双和周柏春两兄弟走上舞台。刚一转身，两人就向观众作揖问好，做了一个滑稽表情，逗得大家哈哈大笑。周柏春说，今天我们纪念孔夫子的生日，就要像他老人家一样讲究礼貌。姚慕双接过话头说，孔夫子不仅非常讲礼貌，而且对音乐也很有研究。所以，阿拉今天就给大家表演一个独脚戏《宁波音乐家》。话音刚落，台下发出一片叫好声。

随着姚周兄弟说出"来发，棉纱线驮来。纱个棉线梭驮来？……弗驮弗驮……"观众的笑声此起彼伏。姚周兄弟将宁波话的谐音梗与西方七声音阶巧妙地暗合在一起，并将其演绎成一个旧时裁缝铺学徒生活的完整故事。尤其是说到小学徒与老板斗心眼，"来发弗淘籼米淘大米……"老板生气要来发"弗淘米，去驮沙发"，来发回答"来发不驮沙发，来发沙"时，大家更是忍俊不禁，大笑不止。

我对顾延培说:"我估计今年姚周兄弟已是六七十岁,竟然还能演得这么精彩,真了不起!"

"真是宝刀不老啊!"顾延培赞道。

表演结束后,不少观众涌上舞台,与姚周兄弟握手,称赞他们演得"交关好!"有一名观众激动地说:"过去,只是在收音机听到李丽芳老师唱的《海港》,听到姚周两位老师演的独脚戏。今朝能亲眼看到你们三位艺术家的精彩表演,简直不敢相信!我太开心了!"

看着这感人的场景,看着三位表演艺术家脸上兴奋的笑容,我突然想到,倘若孔老夫子天上有灵,在他生日这一天,看到如此精彩的演出,看到如此欢乐的情景,也一定会开怀大笑的。

(原载《新民晚报》2022年12月20日)

菊满花城访秦牧

我知道秦牧，还是在十多年前悄悄读他的《艺海拾贝》时。他那借万物以喻深奥的文艺理论知识的艺术手法，将我循循诱进了艺术的海底，满目流光溢彩的艺术海贝，一下把我给迷住了……从此以后，每当与友人谈起对文艺殿堂的神往，都自然唤起我对在那学废书荒的年代里悄悄读《艺海拾贝》的回忆。

多少年来，我虽然留心从报刊上寻找阅读秦牧新发表的文章，但作为记者，总想知道他更多的情况。1986年岁暮，我趁南下广东实习采访的机会，专程拜访了他。

是日，虽然时令已交初冬季节，然而，花城广州却还是菊光如锦，温风如酒，依然还是一片醉人的南国秋色。秦牧客厅的茶几、窗台和阳台上，摆满了菊花、大丽花等各种青翠艳丽的花卉，更有那几条金鱼怡然地来回穿梭在玻璃鱼缸里，满屋流动着勃勃生机。

乍看上去，秦老已是银丝覆颅，已没有谷苇笔下的"中年人"模样，比我想象中的秦牧似乎老了些。我这样想着。

"我现在年纪大了，反而比年轻时上下班还忙。"他好像觉察了我的目光，一边将茶碗送到我面前的茶几上，一边诙谐地对我说。的确，他今年已经67岁，但一身竟担任了广东省文联、作协副主席等20多个社会职务，再加上外事任务，忙得很，有时连晚上还要加班……话未说完，电话铃响，原来又是一家电视台预约采访。

秦牧先生在阳台上

我不禁为他担忧:"您毕竟上了年纪,如此繁忙的事务,是会影响您的健康和创作的。"他点点头说:"是的。然而,再忙,我手中的笔是从不停顿的。白天忙,就利用晚上多写点。"多年来,秦老一面忙于工作,一面又写不了大量的散文作品。1985年,在《秦牧文集》第二册面世的同时,他的新作《访龙的家乡》《秦牧科普作品选》及《和青年人聊天》等也先后问世。去年,他的那本访问新加坡和美国的《大洋两岸集》已经付梓。今年,25万字的《秦牧散文选》也将同读者见面。

我边听边寻思,秦老所以能既不负众望,做好工作,又能笔耕不辍,硕果累累,这与他有丰富的创作经验是分不开的。我有意请他谈谈个中奥秘。

起先,他谦逊地笑笑说,自己没有什么经验可谈。后来,当我告诉他,这不仅是我,也是我们《书讯报》广大爱好文学创作的青年读者的愿望时，他收敛了笑容，沉思片刻说道："要写出好作品，没有思想、知识和文学技巧三方面的高度结合是不行的。"思想，是指作者依据马列主义毛泽东思想对社会生活观察后得出的正确认识；知识，包括直接的生活知识和间接的书本知识；文学技巧包括语言表达能力和美学观点等。他十分强调，只有具备了丰富的生活知识，才能充分发挥出艺术想象力。

说到这里，他郑重地要我转告广大文学青年，不要在刚开始时就梦想写出大部头作品，一鸣惊人，这是一条危险的道路。千万不能只看到文学上成功的好处，看不到写作的艰辛，没有一点失败的精神准备。一切矢志于文学创作的青年，开头应先学写些一两千字的短文章，时有见报，积累经验，再逐步写些较长的作品，待到很成熟的时候，再去写很长的作品……秦老的警策之语，颇为发人深省。沉思中，我偶一回首窗外，才发觉暮色已经悄悄地降临。

辞别秦老，走到街上，已是万家灯火，一阵阵蕴含着菊花幽香的清风吹来，使广州的夜晚格外醉人，吸引了许多路人驻足观赏。然而，今晚的我，耳边却老是响着秦老的嘱托，心中老是惦念着同辈们的渴望，不知不觉地加快了脚步，朝车站走去。

（原载《书讯报》1987年3月2日）

雪落黔灵访叶辛

已是"冬岭秀寒松"的数九天，笔者还是毅然启程，西进贵阳。

清晨，瑞雪飞扬，贵阳满城皆白，枝头上绽满了朵朵白莲，洁静、高雅。

乘兴踏雪，笔者拜访了家居黔灵湖畔的上海籍作家——叶辛。

当他知道我是从上海专程来访的时候，高兴地握住我的手，操着流利的上海乡音连连说："哦，欢迎侬，欢迎侬，故乡来的朋友。"

"爸爸，爸爸！"一阵清亮悦耳的童音从屋外传进来。迎声，只见一个五六岁的小男孩，手中拿着一本连环画，扑在叶辛怀中，撒娇地要爸爸讲连环画上的故事。叶辛朝我笑笑说："这是我的儿子，成天缠着我讲故事。""看来又是个未来的文学家。"我笑着说。叶辛也笑了。

叶辛正当旺年，精力充沛。继《蹉跎岁月》后，近年来又出了多部作品。今年又将有小说《虎的年》与《轰鸣的电机》在上海出版。誉随名来，1984年7月他被贵州省文化领导机关任命为《山花》杂志主编，前不久又出席了全国作协第四次代表大会并当选为理事，今年3月他还将作为中国青年文艺代表团成员出访斯里兰卡，参加国际青年年野营活动。

一日承师恩，百年萦于怀。在文学道路上不断获得进展的叶辛，他首先是感激培育过他的陈向明、谢泉铭、李济生、余鹤仙、周晓、姜英等前辈老师们。他再三请笔者一定要表达他的这一感情。其情之真，其意之切，恰似黔灵湖水那样碧深透亮。

当笔者问到他，担任《山花》主编后，是否会影响创作时，他坦然地说："当然，当上了编辑，创作的时间相应的少了很多。我在想，虽然由专业转向了业余，但我不能放下自己的笔，我要在编刊之余用三五年的时间写一本新的书，这书应该比我已出版的那些小说要好一些，深刻一些，也更凝重一些。"

因为我的来访而受到爸爸冷落的孩子不知什么时候又凑到了叶辛的身边。可能是为了表示我的歉意，我拉过孩子，问他叫什么名字。他告诉我叫"叶甜"。有意思，父亲叫叶辛，儿子叫叶甜！"他的名字应该与我的相反，他们今后的生活应该是甜蜜的。"叶辛无限感慨地告诉我说。

怀着这甜美的记忆，我辞别了叶辛，漫步在黔灵湖畔。不知过了多久，我只觉得风雪已叩开了春天的门扉。

（原载《书讯报》1985年3月5日）

叶辛，一篇书评一段佳话

春日，阳光洒满阳台。我在春光里整理旧书信。突然，翻到著名作家叶辛给我的一封信。看信封邮戳，竟是 1986 年 3 月 15 日寄到上海的。信封上是叶辛用钢笔写的我当时供职的《书讯报》和地址，而后是我的名字。右下角是"山花编辑部"及地址、电话。信里写的什么内容呢？一时想不起来，便马上抽出信纸读了起来，使我回想起当年的一段往事……

1985 年，我正在上海《书讯报》当编辑，负责书评工作。是年 1 月，我到贵阳拜访了作家叶辛。由于前几年电视剧《蹉跎岁月》的热播，叶辛和他的同名小说几乎是家喻户晓。不久前，他调任《山花》杂志主编。

拜访前，我曾顾虑他工作忙，无暇理会我。可是一见面，他如同老朋友一样，热情坦诚，无话不谈。

谈话间，我担心他当了《山花》杂志主编，会影响创作。他坦然告诉我，是的。当了主编之后，创作就从专业转向业余，写作的时间会少很多，但他会利用一切业余时间抓紧创作，还表示"要用三五年时间，写一部新的小说。这部小说应该比我已经出版的那些小说要好一些，深刻一些，也更凝重一些"。

果然，不久他就创作了三卷本长篇小说"三年五载"（《基石》《拔河》《新澜》），一经推出，立即引起了反响。

一天，我收到一篇署名"谢国平"的书评稿子。题目是《写下去写得更凝重些》，副题是"——简评叶辛的长篇新作《拔河》"。我赶紧阅读起来。作者肯定了叶辛新作《拔河》："讴歌了以回乡青年景传耕为代表的广大农民摆脱贫穷、落后的改革愿望和英雄业绩。作品仍然使我们享受到作家那深受俄罗斯文学影响所特有的艺术美。他在艺术手法上的日趋圆熟，使我们明晰地看到了叶辛在文学创作的山路上艰苦跋涉的足迹。"之后，便对《拔河》的不足之处，提出了自己的看法。

首先，作者认为《拔河》的内容还属于改革的第一阶段，即用文学作品直接回答"要不要改革"这一重大政治问题。而这个问题又难免会染上较强的政治性和较浅的思想性，因而缺乏历史的纵深感。作者继续指出，叶辛虽然有着优厚的生活底子，但离生活太近了，使他无法站在高处进行艺术深化；叶辛又是一位高产的作家，惊人的写作速度使他不能从容地思索生活的变奏。所以，作者建议叶辛要"注意自己的步子"。

不得不说，这是一篇难得的、热情而又中肯的书评文章。萧乾先生曾经说过，在我国书评并不风行。因为我国是一个人情社会，人们大都不愿意去得罪人。所以，我读了谢国平的文章，才觉得非常难得！

看得出，文章作者是从爱护小说家的角度出发，根据自己的理解，指出了叶辛创作上的不足。我觉得，这是一种正常的书评风气，值得提倡。所以，在征得主编同意后，我就将书评文章编发在1986年1月27日《书讯报》"书评"专版上。

报纸出版后，我特地给叶辛寄了一份，并附了一封短信，请他抽空读一下这篇书评，并欢迎他提出不同意见。我相信，叶辛看到信和这篇书评文章，会很高兴的，也会很快回信，因为他在创作上有不懈的追求。出了书，有人读，还有人评，那是对作者最好的褒奖和鼓励了，叶辛是深知其理的。

果然，一个月后，我收到了叶辛的来信。

抽出信笺。我看到，在写了"葛昆元同志：你好！"后，第一段就是请求我原谅他，收到报纸和短信后，"因参加人大代表视察边沿山区，未及时复信，望谅"。接下来就表示"欢迎读者对我的所有作品作出批评指教"。而后说"随信寄上近年出版的长篇《基石》《拔河》《新澜》各一册"，希望我"便中翻阅书末的后记，那篇文字写下了我写这部作品的一些想法"，并希望"如能借贵刊一角，选摘'后记'刊登一下，则不胜感激之至"。最后，再次"谢谢那位书评作者，他读的正是我的中卷《拔河》，欢迎他通读三卷之后再赐指教"。信末落款"叶辛 86.3.9"。

叶辛在信中，表明了他欢迎读者批评的态度。同时，我在他的这部小说的后记里，也看到了他的自我批评："遗憾的是我毕竟年轻，不能更好地从艺术上反映这段生活。而所写的题材和生活确实又离得太近了一些，有些东西难免看得不准、不深"，并表示"我愿意在今后的岁月中，在不断深入生活的基础上，把小说修改得更圆满一些"。

叶辛这段自我批评与谢国平的书评文章如出一辙。说明当时叶辛虽然年轻，但对自己的作品是有清醒认识的，并对如何进一步提高创作水平，也是有清晰规划的。我觉得，这不啻是书评界的一则佳话，值得广为推广发扬。

为此，在征得主编同意后，我将叶辛的来信全文，以及"三年五载"后记的部分内容，发表在是年7月21日的《书讯报》上，为此，我还特地写了一则"编者附记"。主要意思是说，本报发表了署名谢国平的书评文章，对叶辛的长篇新作《拔河》提了一些看法，其中不乏中肯的批评意见。叶辛读了这篇文章后，特于百忙之中致信本报，对书评作者的批评表示欢迎和感谢，并希望继续给予评论。叶辛的这种能纳逆耳之言，虚心求教之诚意，可谓文坛佳话。

越经得起锤打的作品,就越有生命力!

四十年过去了。叶辛的这部三部曲(《基石》《拔河》《新澜》)再版了6次。从第4版起三部曲改名为《巨澜》。

2021年,在庆祝中国共产党成立一百周年之际,《巨澜》入选百年百部红旗谱红色经典,同时印刷了布面精装的第6版。

(原载《劳动报》2025年4月13日)

蒋丽萍，一封旧书信的回忆

春日慵懒，我放下书，转身去翻检起旧书信来了。突然看到一个信封上，我的姓名里的"昆"字，竟是用拼音"kūn"拼成的。便好奇地抽出信纸，看看究竟是谁写给我的。

"蒋丽萍"？

哦，我想起来这是上海知名女作家蒋丽萍给我的一封信，时间是1993年9月11日。

在这之前，我并不认识蒋丽萍。但我的同事朱玉琪是写小说的，曾听他说起过蒋丽萍的小说和电视剧《咸菜街轶事》。当时我也想抽空读读她的作品，但杂事一多，就放一边了。不过，我倒读到一些她发表在报刊上的短文章。尤其有一篇写她在文庙唱京戏的文章，非常生动有趣。她将自己如何被一群爱好京戏的老伯伯"哄"上台，在演唱《甘露寺》过程中，一开始心情如何紧张，但她横下心一路唱下去时，却"越唱越踏实"，因为"那京胡十分体贴地跟着我"，"乐队还相帮我转节奏，使我唱得张弛有变。忘了词的地方，只要我一挠头，台上台下立即起了帮腔，待我接上了茬，他们的声音又弱了下去，就这么相互扶持着唱到了结束。"她还自鸣得意地写道："演唱中，好几次拖腔还赢得了掌声。"

写得太好了！到底是小说家，短短几行文字，就将现场氛围和心理活动写得栩栩如生。

当时，我就将这篇文章从《新民晚报》"夜光杯"上剪了下来，收入剪报集里。并记下发表时间是 1991 年 12 月 30 日。

而我正式认识她却是在一年半之后。

那是在 1993 年 8 月初，我应黑龙江《妇女之友》杂志的邀请，到哈尔滨参加笔会。当列车过了南京之后，座位周围的人都开始搭讪起来。先是一位男青年与我攀谈起来，方知他是南京一家报社的编辑，此次也是应邀北上参加笔会的。这时，我见到一位年轻女同志朝我们微笑，我看她穿着像上海人，刚想开口，她倒先用上海话问起我们："你们也是参加《妇女之友》笔会的吗？"

我也用上海话应道："是的。"然后，我们自我介绍，方知她就是蒋丽萍。

交流中，我注意到，她除了小说之外，对上海历史，特别对有关张元济、史量才、舒新城、陈铭德等报业出版界的人和事感兴趣。这一点，我们在哈尔滨一起去拜访王观泉先生时，也得到了印证。

王观泉是黑龙江省社科院研究员，长期从事中国现代文学史、中共党史、西方美术史等方面的研究。那天中午，王观泉在一家餐厅热情款待我们这两个上海老乡。酒过三巡，他说起自己正在搜集史料，准备写一部《陈独秀传》，并问起蒋丽萍和爱人林伟平合作的关于"陈铭德和季惺夫妇传记"的写作情况。他们谈得很投机，我则在一旁当听众。不过，我觉得，我又可以组到精彩的稿子了。

笔会活动丰富多彩。我们参观了瑷珲博物馆、鄂伦春人的山村，逛了黑河的街市，特别有意思的是，我们还乘船渡过黑龙江，到俄罗斯的布拉戈维申斯克（海兰泡）观光。

那天上午，我们参观了列宁博物馆、红军烈士陵园，中午我们吃到了著名的"黑面包"和一杯果汁饮料。

下午，我们参观了这座城市的建筑、街道，了解当地俄罗斯居民的生活情况。

一会儿，我们来到一个居民点，满目都是用圆木和木板搭建起来的房屋。房子都很大，门前的俄罗斯老人和妇女都冲着我们微笑。有的还用汉语对我们说："您好！"

蒋丽萍很活跃。她拿着相机，一会儿拍俄罗斯人的住房，一会儿又拍热情的俄罗斯妇女，拍完照还用俄语表示感谢。这时，她将相机对准了一群可爱的俄罗斯孩子。

看上去，这群孩子大都在十岁上下。他们看到我们，就停止玩耍，微笑着看着我们。我赶忙走上前去，从口袋里掏出一把泡泡糖分给孩子们。有几个孩子拿着糖高兴地回家了。但有一对姐弟却留下来，姐姐穿着粉色衬衣和裙子，弟弟上身赤膊，下穿短裤，左手抱着一只鸟。姐姐对我说："西巴西巴（俄语：谢谢）。"我赶紧弯下腰对他俩说："涅特，涅特（俄语：不客气）。"就在这时，蒋丽萍按下了相机快门，拍下了一张精彩的照片。

也就是为了将这张照片寄给我，蒋丽萍给我写了这封信。

刚一收到信，见到那个拼音，我笑了。心想，这个蒋丽萍也真够粗心的！在火车上，我不是已给过她名片了吗？但我转而一想，很可能我的那张名片找不着了。不过，我又觉得，蒋丽萍做事还是挺认真的。她为了写出这个"昆"字，她翻了半天词典，也不敢确定是哪个字。结果，就只能用汉语拼音来表达，起码不会写错字。这体现出她的认真和严谨。这也是她后来能写出《民间的回声——新民报创办人陈铭德邓季惺伉俪传》等人物传记的重要原因。

我们告别孩子来到大街上，忽然有一朋友告诉我们，有一位参加笔会的朋友不见了。眼看上船返回黑河的时间要到了，《妇女之友》主编要求大家帮助找找这位朋友，不能落下他。

于是，我们便立即行动起来。可是，怎么才能找到这个朋友呢？有人说，这座城市看看不大，但要找一个人，也真不容易呢！这时，听到蒋丽萍说，应该拦下一辆出租车，我们一起乘车找。

大家听了，觉得可行。于是，便一起走到马路边伸手拦车。可是，马路上来往的小汽车不少，但没有一辆是放顶灯的出租车。正在我们疑惑之时，有一辆小轿车停在我们旁边。司机是位四十岁左右的俄罗斯男士。他伸出头来用俄语问了一句话。我们中一位会说俄语的同伴回答了一句话后，司机立即请我们上车，并说开车帮我们找人。大家上车后，我听到蒋丽萍说了声"西巴，西巴"。

我说："你会说俄语？"

她说："过去学过，现在快忘掉了。"

"我也是。现在只记得一点常用语了。"我说。

司机一边开车，一边向前方和左右两边看。每当有人群聚集的地方，他都停车，带着我们下车去找。如此，大约转了四五处，也未找到。就在我们着急时，一位《妇女之友》的编辑跑过来说，人找着了，大家快到码头上船返回黑河吧。

我们这才松了口气。我摸出两张拾元人民币，一边塞到司机手里，一边说着"达哇里希，西巴西巴！"（俄语：同志，谢谢！）

谁知，这位司机竟然连连摇手，拒绝接受。并说了一连串俄语，我完全听不懂。蒋丽萍笑道："人家做好事不要钱，是俄罗斯的雷锋。"

我们听了，都竖起大拇指，夸奖这位俄罗斯"雷锋"："赫罗索，沃卿赫罗索！"（俄语：好，很好！）。司机被夸得不好意思，朝我们挥挥手，说了一句："达哇里希，达斯维达良！"（俄语：同志，再见！）我们也回了他一句："雷锋同志，再见！"

望着远去的小汽车，蒋丽萍似乎若有所思。

在信中，她还关心地问："您爱人恢复健康了吗？"

这是由于我在参加笔会期间，我的妻子突发胆囊炎住院开刀。主办方接到电话，马上为我买了飞机票，让我提前飞回上海。这个消息也引起了大家的关心。所以，蒋丽萍会在信中提到此事。

回到上海后，我忙于照顾妻子，忙于工作，与蒋丽萍联系很少。除了在给她的回信中，约请她为《上海滩》写些人物传记的文章外，便是应她要求寄了一些《上海滩》杂志给她参考。

几年后，我从报纸上看到她和林伟平合作的《民间的回声——新民报创办人陈铭德邓季惺伉俪传》问世了，我从内心为他们高兴。此后，听说蒋丽萍在写《澹园的孩子们》《赵超构传》和《蒲熙修传》，更是为他们高兴！

遗憾的是，不久后，我竟然听到了她患病住院的消息。我以为，她那么年轻，那么乐观，那么有活力，一定会很快病愈出院的。

果然，在《新民晚报》上，我好几次读到她写病房、病友、医护人员的文章，充满了乐观精神。还了解到她在病房里，依然在赶写她的三部作品。我本以为，这是她战胜疾病、即将出院的好信息。不料，这些竟是她生命发起的最后冲刺，是她生命中最灿烂的一段光焰！

（原载《劳动报》2024年6月23日）

王观泉谈《共产党宣言》中的那句著名口号

我喜欢陪王观泉先生喝酒，因为在我眼里他就是"酒仙"。杜甫称赞"李白一斗诗百篇"，而王观泉则是"老王三杯话千年"。

最近几年，我和丁言模兄时常相约带着一些小菜，一起去看望王观泉先生。言模兄是向他请教学术问题，而我是为了听他"嘎讪糊"，为我任职的《上海滩》杂志组稿。果然，每次他老人家只要三杯"二锅头"下肚，便会手捋白胡须，开始"嘎讪糊"了。他笑谈古今，臧否人物。说到精彩处，更是口吐莲花，妙语连珠，令人钦佩，无须整理就是一篇好文章。

记得2015年6月里的一天，我和言模兄又去拜访王观泉先生。刚坐下，他尝了一块言模兄带去的红烧肉，喝了一小口"二锅头"后，就和我们聊了起来。我说起前不久，我请叶永烈先生写了一篇有关陈望道先生的文章时，引起了他的兴趣。

只见他"嗞"一声，又喝了一口"二锅头"后，对我说道，陈望道先生在1920年就用中文翻译了《共产党宣言》，了不起。但他将《共产党宣言》那句著名口号，译成了"万国劳动者团结起来啊！"与后来流行的"全世界无产者，联合起来！"有较大的不同。

此刻，他又抿了一小口酒，吃了点菜，认真地对我们说，除了陈望道先生的版本外，《共产党宣言》还有好几个中译本。除了刘师培的那个版本没有翻译这句口号外，其他版本都译了。1932年，华岗的译本将这句口号译成了："全世界无产阶级联合起来！"而1938年在延安由成仿吾、徐冰翻译，乔冠华校的《共产党宣言》中，将这句口号译成了"一切国家的无产者，联合起来啊！"博古译本中的口号则按陈望道的译法。

说到这里，王观泉用筷子轻轻点了点盆子说，奇怪的是1945年由南京的中山文化教育馆编辑，并由商务印书馆出版的陈瘦石译本中，却将那句口号译成了"全世界工人联合起来"。这是比较接近华岗的译法。而这个中山文化教育馆是由孙科领衔，由蔡元培、戴季陶、史量才、叶恭绰诸元老组成的。该馆还曾接受过陈独秀的推荐，翻译出版了《资本论》。

我惊讶地对王观泉说："您的研究真是细致。一句口号，各种中文译本您都做过比较研究了。"

他听了，冲我一笑，说道："这还不够！"

"难道还有其他的版本？"我问道。

"对，真是如此。"他肯定地说。

原来，早在1919年苏俄印制的"代币券"上就印有这句口号的中译文字。说毕，他站起身来，走到写字桌前，在一大堆书籍文稿中，抽出几张复制的苏俄"代币券"给我们看。他指着上面的各种文字说，当年在这张代币券上，分别用德、法、英、意、俄、阿拉伯、中文印上了这句口号。中译的文字是"全方贫工之联合"。这是最简短的中译文。我问，这句口号还有最长的中译吗？他即刻告诉我，有啊！那是1919年8月，俄国工人声援中国铁路工人改善生活条件斗争的通告中，将这句口号译成了"愿各国工界互相联合，从此化除国籍意见，视全球为一家"，共23个字。

说到这里，他又开心地笑了。

王观泉先生生于上海，他自称是上海"土著"。上海解放初，他应征入伍，后长期在北大荒、黑龙江社科院文学所工作，从事学术研究，在中共党史、中国现代文学史、欧洲美术史、鲁迅美术思想及活动研究等方面多有建树。退休后，他偕夫人鲁秀珍（《北方文学》原副主编）回上海安度晚年。我们才有了时常向他请益的机缘。

2017年春节前，他的夫人去世了，他很哀伤。我去看望他，并和他相约过段时间，我们继续陪他喝酒，听他"嘎讪糊"。可是，令人遗憾的是，当年6月11日，"酒仙"王观泉也仙逝了。我在震惊、悲伤之下，更多的是遗憾……

（原载《新民晚报》2017年8月23日）

上虞访书

这是三年前的事了。

浙江上虞的赵畅兄是我的一位热情而又勤奋的朋友。他一面忙于工作,一面勤于写作,为我供职的《上海滩》杂志写了许多精彩文章。我们成了神交已久的朋友。

那天,他来电话邀请我们一定要到上虞去一次。他说,上虞不仅有白马湖,有春晖中学,还有一本值得一访的好书。

我听了觉得奇怪。是什么书,值得我们专程去一次上虞?

他说,是一本保存完好的中文首译本《共产党宣言》,而且还很有故事。我们听了很高兴。为了尽早目睹这册中文首译本《共产党宣言》,很快我们便乘车前往上虞。

赵畅兄一接到我们,便立刻带我们来到上虞县档案馆。在那一排明亮的玻璃展柜前面,他激动地指着一本保存完好的薄薄的小册子告诉我们:"这就是我们上虞珍藏的首译本《共产党宣言》。"

我们将目光一起投射在这本书上:书名是从右往左排的,其中第二和第三个字颠倒排错了。在书名上面印着"社会主义研究小丛书第一种"。书名下面有两行字,分别印着"马格斯、安格尔斯合著"和"陈望道译"。封面正中印着一幅水红色的马克思像。封底则清晰地印有"一千九百二十年八月出版"。果然,这是一册最早印刷出版的中文首译本《共产党宣言》。

赵畅兄自豪地说，目前在我国有关部门搜集到的七本《共产党宣言》首译本中，我们上虞的这一本不仅没有破损，没有污渍，而且首尾完好。

我有点好奇，便问赵畅兄，你们是怎样得到这本首译本《共产党宣言》的呢？

他听后笑了笑说，这里面是有个曲折动人的故事的。

原来，这本首译本《共产党宣言》是上虞县丰惠中学副校长夏云奇捐赠的。但冒着危险珍藏这本《共产党宣言》的则是他的父亲夏禅臣。

那么，夏禅臣是怎么得到这本书的呢？

赵兄听了，认真地说道，20世纪20年代，大革命风起云涌。浙江许多热血青年来到上海，寻求救国救民的真理。这册《共产党宣言》封面右上角盖有一枚"华林"的印章。这位"华林"也是一个浙江青年，当年在上海外国语学社学习时，得到这本《共产党宣言》。后来，传给外国语学社同学、浙江上虞人叶天底等人学习。

第一次国共合作期间，叶天底回上虞组建国民党区分部，叶任书记，夏禅臣任执委。两人配合默契，做成了不少事情。很可能在此期间，叶天底将这本《共产党宣言》传给夏禅臣，让他学习和了解马克思主义。

时隔不久，蒋介石发动"四一二"反革命政变，叶天底被捕牺牲。夏禅臣侥幸躲过一劫。从此，这本《共产党宣言》就一直秘藏在夏禅臣的一只箱子里。抗战时期，夏禅臣带着全家为躲避日军扫荡而逃入虞南山区时，始终带着藏着这本《共产党宣言》的箱子，之后一直坚持到抗战胜利和全国解放。直到1963年4月，他才将这只箱子连同这本《共产党宣言》一起郑重地交给儿子夏云奇保管。

二十多年中，夏云奇始终谨记父亲的嘱托，十分用心地珍藏着这本《共产党宣言》。直到1988年，他在《人民文学》上读到一篇《大王魂》的报告文学,很为山东省广饶县大王村群众用鲜血和生命保护一册中文首译本《共产党宣言》的事迹而震撼。于是,他便和母亲商量后决定:在1991年中国共产党成立70周年前夕,将这本珍藏了六十多年的中文首译本《共产党宣言》捐赠给国家。

于是,我们在上虞才有幸看到了这册保存完好的中文首译本《共产党宣言》。

(原载《新民晚报》2021年4月7日)

"文化大使"戈宝权

1990年初冬,在上海市政协那间暖融融的屋子里,我见到了著名翻译家戈宝权同志。他温文尔雅,虽年近八旬,却满脸红光。

他高兴地对我说:"我喜欢读《上海滩》,她引起我对许多往事的回忆,特别是那篇《失踪在莫斯科》,使我联想起当年我在苏联与朱穰丞的一些交往。"

他回忆道:"他是一个很有才华的人。1935年初,我作为天津《大公报》记者和上海《新生周刊》《世界知识》《申报周刊》的特约通讯员派驻莫斯科,结识了朱穰丞。他的博学,他的艺术修养,对我帮助极大。很快,我们成了好朋友。但好景不长。当时正值苏联肃反扩大化愈演愈烈的时期,有的朋友相继失踪,朱穰丞也有多日不见了。我去找他,才知他早已离开住地,不知去向。几十年过去了,直到近两年才听说他早已屈死异邦,留下了孤儿寡妇……"说到这里,戈老的声音发颤,神情黯然。

我们的话题,由朱穰丞转到了上海。

"我对上海有特殊的感情。是上海培育了我成长为一名新闻记者,一名俄国文学的翻译和研究者。"

1928年,15岁的戈宝权便跟随叔父、著名报人戈公振先生离开家乡到上海大夏大学念书。他住在辣斐德路亚尔培路口(今复兴中路陕西路口)叔父家里。叔父是位进步的爱国新闻记者,对他的思想、学识颇有影响。"一·二八"淞沪战争之后，年仅42岁的叔父曾对他说："我年纪已经大了，我至多只能成为一个社会主义者，而你应该成为一个共产主义者。"叔父鼓励他学俄文，阅读苏联的进步文艺作品。其间，他协助叔父编印了再版本《新闻学撮要》以及叔父的新著《世界报业考察》，并开始了对苏俄文学的研究。

1932年，戈宝权走进了望平街（今山东路一段），作为一名新闻记者。望平街上报社林立。他至今还清楚地记得每天早晨五六点钟，报童们怀抱着《申报》《新闻报》《时报》等许多报纸，从望平街上涌出来沿街叫卖的热闹情景。

"八一三"抗战爆发后，他从苏联回国参加抗战。到了重庆，周恩来副主席派他到《新华日报》工作；抗战胜利，又派他回上海参与《新华日报》的复刊工作，但由于遭到国民党当局的阻挠而作罢。他只好在吕班路（今重庆路）的生活书店参加编辑工作，并与胡绳、陈原、史枚等办了一份《读书与出版》（周二刊），专事介绍新书，罗曼·罗兰的《约翰·克里斯朵夫》就是由他在这份刊物上介绍给我国读者的。不久，国共和谈破裂，形势险恶。周恩来离开南京前，叮嘱戈宝权："你在上海要留到不能再留的时候。"

于是，他到由苏联人罗果夫创办的"时代出版社"继续他的革命工作和苏俄文学的研究和翻译。他与姜椿芳、陈冰夷、叶水夫等一起编辑《苏联文艺》，介绍了高尔基、普希金、谢甫琴科等著名诗人和作家。他还独自编辑了大型的《普希金文集》，编了两本《高尔基研究年刊》，并与姜椿芳（笔名林陵）合编了《俄国大戏剧家奥斯特罗夫斯基研究》专集，被誉为"文化大使"。

四十多年过去了，今天他又回到上海，特地去汾阳路瞻仰了普希金铜像。然而，罗果夫，那位当年在上海担任时代出版社社长的苏联人却已在1988年逝世了。前些年，戈宝权在苏联时，曾去看访过罗果夫，并向他谈起了上海的新变化。罗果夫当时那种激动、向往的表情,至今仍深深地印在他的脑海中。

12月2日,戈老冒着寒风拜望了老友巴金,受到巴老热情接待。早在20世纪30年代,他俩就有书信来往,神交已久。1945年,戈宝权到霞飞坊(今淮海坊)与巴金见面之后,交往更多了。以后的数十年内,戈老每到上海必去拜望巴老,在俄苏文学的翻译与研究上得到巴老的不少帮助。

当得知戈老患了帕金森病时,巴老风趣地说:"哦,我们两人是同病相怜啰。十年前,你来上海,我还能请你到外面吃饭。可是,现在我们的腿脚都不灵了。"巴老刚过86岁生日,戈老衷心祝贺,并将自己的译著《谢甫琴科诗集》作为生日礼物赠送给巴老,并向巴老谈了1989年去苏联访问的一些见闻。巴老则将编号的《随想录》特装本回赠戈老。问起巴老近况,巴老乐观地说:"我每天坚持锻炼身体,上午坚持写点东西,身体比前些年要好些。"戈老感到莫大的欣慰。离别时,巴老坚持从书房走到大门口,为戈老送行,两位老人长时间地握手,互道珍重,依依惜别。

戈老高兴地对我说,这次来上海,真是不虚此行,见到了巴老等一些老朋友,又看到了上海的一些新变化,他指着窗外一幢幢高楼说:"这些大楼过去是没有的,这是一个新上海。我希望上海变得更好,更美!"

(原载《上海滩》1991年第3期)

行脚诗人朱夏

早就听人说过,学部委员(后改称院士,朱夏教授能诗,并在其数十年石油地质勘探生涯中,行万里路,写千首诗,自号为"行脚诗人"。本应早去拜访他,但我总以为,他一生爬山越岭,刚逾古稀之人,体魄必定健朗。谁知,一晃两年,今春(按,指1990年)前去造访,朱老先生竟已作古。令我一连几日懊丧不已,深责自己惰性为害太烈。

好在朱夏先生的夫人严重敏教授精心保存着朱先生的诗篇,才使我得以欣赏,并从中看到了朱先生一生的足迹,卓越的才华与高贵的品格。

朱夏先生家学渊源,其父朱大可是诗人、书法家。朱夏从小耳濡目染,嗜诗特甚,少年时代即常吟出佳诗博得父辈们的赞赏。

原来,他也想继承父业当个诗人,但实业救国的理想使他考入中央大学地质系,以后又留学瑞士。1949年10月,他与妻子毅然中止在瑞士的学业,放弃国外优越的工作和生活条件,返回祖国,为新中国的地质勘探事业而日夜奔波。

1955年,地质部开展全国石油普查,朱夏主动请求到最艰苦的大西北去寻找石油,从而也就产生了他那成百上千的绚丽诗篇。出征前,他作诗云:"荷戈负弩请先行,砺面风沙茧足程,但得书生能报国,何妨诗趣杂豪情。"

是年春天,朱夏穿着一双重达 20 斤的底部钉满大钉子的登山鞋,率领勘探队从乌鲁木齐出发,绕准噶尔盆地一周。当时正值冻土初融,泥深数尺。克拉玛依尚荒无人烟,而朱夏与同事们经过勘探认为很有前景。次年,即钻井出油。朱先生激动地吟道:"黑油山下拭弓刀,和雪春泥满战袍。莫指墨池愁腐鼠,惊雷破地看腾蛟。"表达了兴奋的心情。

紧接着,他又马不停蹄地率领青海石油大队挺进柴达木盆地,鞋底跑穿了,他们就用废罐头铁皮绑在鞋底上;袜子穿烂了,就撕破衬衫裹在脚上,走一阵,滑落了,再绑上。他们就穿着这种"自造钢底鞋子"与"活动袜子"踏遍了柴达木盆地。1956 年 6 月首先在冷湖浅钻中喷出油流,随后又钻出了马海与盐湖构造的天然气。他写下了"墨龙破地抹雷霆,黑雨俄垂五色璎。好化穷荒成沃壤,不须天外乞甘霖"的诗篇以记此喜讯。

朱先生以苦为荣,以吃苦为乐。日夜风餐露宿,结帐篷而憩的浪漫生活,使他诗情豪发:"席地幕天任所亡,鲁戈在手夜来迟。山经石理商量遍,独向寒崖索小诗。"他在给爱妻的信中写道:"地质生活与其说是艰苦,毋宁说是'壮丽'。'壮'是可以激励豪情壮志,更加热爱祖国,'丽'是可以领略诗情画意,把自己融合在大自然中。"他一生中有三十年"抛妻别子"在外勘探,但他同样深深怀念着妻子儿女。他在一首给爱妻的诗中这样写道:"茧足归来已十年,迎门妻子笑体颠。江湖行脚犹多事,乞为征装换薄绵。"将妻子喜迎他归来的笑语神情,以及他乞请妻子为其换装的情形,刻画得维妙维肖。

朱夏先生一生足迹遍及西北荒漠、东北草原、西南山岳、东南岛屿,为我国石油、天然气、金矿、煤炭的开发,作出了重大贡献。晚年,他返回上海定居,又带教博士研究生。有人不解,他以诗答之:"老去原知步履艰,江山未许此身闲。传薪献曝心犹壮,烈士何尝有暮年。"真可谓老骥伏枥，志在千里。

读完朱夏教授的诗篇，一连几日我都沉浸在他那别具一格的诗韵中。眼前常常呈现出一幅气势雄浑的《大漠行吟图》：一个白发盈颠的老科学家在茫茫大漠上，一边策杖前行，一边昂首吟唱……

（原载《科技日报》1992年7月5日）

诗心流霞
——访《流霞集》作者姚昆田

晚清光、宣之际，姚石子以诗与古文辞名噪于江南，并与吴江柳亚子共举南社于苏松间，曾任第二任社长。其子姚昆田亦好诗文，尤爱填词，所作新词常刊于报端。每每读来，皆词蕴情深，余韵袅袅。

近读他的词集《流霞集》，更是为他渴望台湾回归、祖国统一的诗心才情所叹服："年来常作珊瑚梦，潮信谁先送？渔滩每见海帆还，惯上日光岩顶望台湾。鸽铃响处萦思远，寄我山河愿。同酬壮志大江东，爱国一家都念郑成功。"（《虞美人·厦门日光岩遥望》）他的十五阕《梦游台湾》词，引我在"安平夕照"下，走入了"蝴蝶翻飞舞彩霓"的"茗浓蝶谷"，观赏环翠谷的秀美，茗浓溪的晶莹；登上"俯仰惊心路九回"的"清水断崖"，我看到了"云海森森日曜鲜"的"阿里云海"；闲步在"水汇霞流碧影涵"的"日月潭边"，我仿佛听见了远处飘来的"高山镇鬼杵歌声"；在新竹县狮头山的望月亭上，我又瞧见"澎湖渔火"在茫茫的夜幕中闪跳……有好几天我都沉浸在词人编织的美丽的画梦中。

友人告诉我，姚昆田善填词是得益于家学的渊博和父亲的熏陶。我亦以为然。

一日，我探访他时，顺带提出了这个问题，满以为他会印证我们的判断。

孰料，他却摇头一笑说："恰恰不是这样。""哦"，我有些愕然。

只见他眨眨镜片后的眼睛笑笑说，他父亲从不强制他们兄弟姐妹一定学什么、干什么，倒是十分注意道德品性的熏陶，而从没教过他怎样写诗。他早年念大学时专攻外国文学，之后参加革命工作，也未学过写诗。做诗填词，其实是苦难生活的赐予。

1958年，他被打成"右派"，旋即离开北京，到山西接受改造，初为牧马人，后为教书匠。歧视、凌辱倒还能忍受，而精神上的荒芜却使他难以忍受。

他在苦难中苦苦寻觅着自己的路。一天他在读《毛泽东诗词》时，心里不觉一亮：毛泽东同志古为今用，在旧形式中嵌入新内容，我何不也试试看。此刻，在这人生的漫漫荒漠中，他仿佛看到了一条崎岖的小路。

从此，他便背着人潜心研究诗词格律，从事创作。虽然艰苦，但心中得到充实。时间一长，就集为一束。

1978年他终于得以平反，回上海从事中外文化的交流工作，尤其感念在台湾的亲人不能团聚。每有所感都化为一阕新词，以寄托对亲人的思念，八年之间竟得数百阕。不久前，他精选120阕，编为《流霞集》面世。

他说，流霞是流向远方的云彩，又是神话传说中的仙酒。他想等到海峡两岸实现"三通"之日，将《流霞集》作为一种祝贺的觞，以酬归来的同胞。

真是诗心如云，诗心如酒呵！

（原载《书讯报》1988年7月4日）

"走厂人"的足迹
——访著名彝族作家李乔

隆冬的贵阳,寒风舞飞雪,然而咫尺昆明,却是"吹面不寒杨柳风",满廊翠绿。

老作家李乔书斋里的那盆文竹,迎窗风婆娑,更唤来一室春浓。笔者发出这样的感慨。

李老热情地接待了我,并笑着说:"有朋自远方来,不亦乐乎?何况又是乘春风而至。"听罢我也笑了,笑声又夺窗乘春风飞去。

几句笑话,一杯香茗,长于联想的作家,很快地就引笔者一起追寻他那曾艰难跋涉在红河岸边、黄浦滩头、金沙江畔的足迹。

李乔是个彝族苦娃。他年仅11岁就辞别了养育他的故土,独自步行数十里,去个旧锡矿当了矿工,成了苦难的"走厂人"。

20世纪30年代初,他刚过20岁,为求生计,与人结伴漂泊到上海。他十分幸运地与当时的"中国艺术大学"的学生一起,听了鲁迅先生的《文学与革命》的著名讲演,得到鲁迅的"一个好的青年必须首先是革命者"的思想启发。他参加了党领导下的革命斗争,受到革命文学的熏陶,开始了他的文学生涯。

在鲁迅等文学前辈的启发鼓舞下,他先后在《申报》副刊"自由谈"发表了《我的走厂》《锡是如何炼成的》等文章,朝着旧世界发出了一支支"响箭"。不久,这位靠半工半读勉强初中毕业的彝族青年,用饱含锡矿工人血泪创作的第一部描写个旧锡矿工人悲惨遭遇的长篇小说《走厂》写成了。书稿得到茅盾先生的好评,并决定作为"天马丛书"中的一册出版。但时值"八一三"淞沪抗战爆发。上海失陷前,茅盾眼看小说《走厂》来不及出版,便托郁达夫保管,郁达夫将书稿埋藏于土中。不久,郁达夫被日寇杀害。抗战胜利后,巴人挖出书稿时,原稿已腐烂了。

在抗日战争的烽火里,李乔冒着枪林弹雨,采写了台儿庄战役、徐州及武汉保卫战等大量战地通讯,讴歌了抗战军民浴血奋战、杀敌卫国的壮烈事迹。

全国解放后,李乔参加了云南省民族工作队到金沙江畔的一个小村子——桷树,参加解放大小凉山的斗争及民主改革。他亲身感受到了本民族人民摆脱了奴隶制桎梏后的极大喜悦。他仿佛听到金沙江在欢笑,大小凉山在歌唱。一种神圣的责任感,促使他花了几年的时间,写出了他的代表作《欢笑的金沙江》(三部曲)(该书是作家用汉文写成,后译成彝文),出版后,受到广泛的好评。还被译成俄文、英文、日文流传到世界许多国家。

经历了炼狱般的岁月后,李老虽已年逾古稀,但他仍然像奔流不息的红河水,创作不止。他又出版了《破晓的山野》(上册)等长篇小说。他的短篇小说《一个担架队员的经历》还获得了"少数民族文学作品奖"。目前,他正日夜笔耕新作《草莽英雄传奇》。

当笔者谈及他的作品所取得的成功时,李老坦率而又谦虚地说:"我的所著都不成功,只有在余年尽全力写作,争取写得好些。"朴实无华的数语,唤起了笔者由衷的敬意。我仿佛看到一双苍劲而又坚实的足迹,在高原那葱茏的山道上继续延伸,延伸……

(原载《书讯报》1985年4月25日)

浆果飘香
——记张草纫与叶甫图申科的一次会见

正是"绿荫幽草胜花时"的初夏，繁茂的译苑里又绽开了一朵色泽鲜艳的红莓花，新熟了一颗味甜清香的浆果——苏联长篇译著《浆果处处》。

还在这颗"浆果"成熟之际，笔者拜访了辛勤的移植者、上海外语学院副教授张草纫先生。

谈起《浆果处处》，这位为人严肃的副教授，脸上透出兴奋的神采，向笔者讲述了一件难以忘怀的往事……

那是在1985年的十月金秋，张先生翻译《浆果处处》的最初几章刚在《外国文艺》杂志上发表，恰巧原小说作者叶甫图申科作为苏联作家代表团的成员来我国访问。在风清气和的校园里，张先生高兴地见到了他。两位不同国籍的作家，运用同一种语言，热情谈论着同一部书。

"书中有一首诗，至今我还未查到出处，您能告诉我吗？"张先生谦逊地请教。

"哦，这是我根据普希金的一首诗做了改写，以符合书中人物的性格，难怪您查不到它的出处。哈哈哈！"叶甫图申科笑着答道。

"您的这部小说很有特色，中国的读者会非常欢迎的。"

"您把我的作品翻译介绍给中国读者，我非常感谢。"

他们诚挚地互相探讨，请教，指点；他们是那样的真诚，坦率，谦和，就像两位久别重逢的老朋友。

的确，叶甫图申科对于我国文坛来说，是不陌生的。张先生略有所思地告诉我。

叶甫图申科是一位苏联当代的著名诗人。他今年53岁，在创作的道路上已经留下了《未来的侦察员》《第三次下雪》《热心者的公路》等三十多本诗集，《浆果处处》是他至今唯一的一部长篇小说。他又是一位常常引起人们争议的诗人。在他的这部小说里，就反映了他对苏联现代某些官僚、市侩、投机钻营者的批判，也表明了他反对战争、主张和平的政治观点。他在文学创作中好标新立异，形成了直率泼辣的风格。在这部花了整整七年时间写成的《浆果处处》中，他不仅塑造了一位性格复杂、充满矛盾的"现代实干家"，而且还设计了一个头尾倒置、互不关联的散状小说结构；小说里流动着西方现代派创作手法的气息，但又不时地让人感到以契诃夫为代表的俄罗斯文学的传统力量，这是一部比《老人》还要不规则的小说。小说自1981年发表后，立即引起了苏联乃至欧美文坛的争议。有的认为这部小说"一无是处"；有的则认为这是一部"奇特的、同任何作品都不相像的、既散乱但又连接得很紧密的、经过周密思考的小说"。自然，叶甫图申科和他的作品也同样得到了我国文坛和广大读者的重视。

欢迎会上，叶甫图申科做了热情洋溢的发言，并在热烈的掌声中朗诵了他创作的诗歌，抒发他诚挚的感情。

握别的时候，这位出生于西伯利亚的诗人留下了他在莫斯科的住址，真诚地希望张先生能将他的诗集也翻译介绍给中国读者，并叮嘱中文版《浆果处处》付梓问世后，一定寄给他一本。

转眼，冬去、春谢，浆果熟了，清香诱人。这清香乘着长风，跨山越水，同黑龙江彼岸片片浆果林的清香融和一起，在蓝天里播撒、飞扬……

（原载《书讯报》1986年7月7日）

姚明父母捐赠纪事

姚明的父亲姚志源是位有心人。自从五年前他和夫人方凤娣向上海历史博物馆，捐赠了姚明当年在上海男篮和美国火箭队打球时穿的球衣等珍贵物品后，就一直将捐赠之事放在心上。

2019年1月，我与姚志源参加老厂同事迎春聚会期间，他又主动热情地对我说，几年前，姚明到四川的一个藏区去旅行，当地一位土司的儿子赠送给他一卷藏文文献，这是土司的祖先保存下来的。姚明收下后便郑重地交给父母亲代为收藏。经人指点，这份文献可能是三百多年前的藏文课本，有相当的研究价值。所以，姚明父母与姚明商量，这份珍贵的文物放在家里，没有任何作用，应该捐赠给博物馆。于是，他们首先想到了上海历史博物馆，并托我代为联系。

我很快联系了上海历史博物馆的王毅先生。王毅闻讯，十分高兴，在馆长支持下与我一起登门拜访姚明父母。

姚明父母是很守信的人。那天，我们约好下午三点一刻到他们家。他们出门办事，硬是在三点十分冒着雨提前赶到家接待我们。

进门后，姚志源立即拿出一个布包裹，打开后，我们看到许多张用古藏文文字写成的课本纸页，页面整洁，文字清晰，为研究者提供了一份很好的文物。王毅郑重地用双手接过了这份珍贵的文物。

这时，姚明母亲端来了刚沏好的香茶，坐下后同我们聊起了篮球。这位当年的国家女篮队长回忆起，几十年前她在北京参加一次

姚明在接受采访。右侧依次为作者、张岚、王毅

国际篮球比赛时，邓小平同志也来观看比赛，并在赛前亲切接见了国家女篮，给了她们极大的鼓舞。说着，她从影集里拿出一张照片给我们看。照片中，她手上拿着队旗，含笑看着小平同志和她的队友握手。

由此我发现，姚明父母虽然退休在家多年，但对篮球的热爱和关注丝毫未减，尤其是关注姚明在中国篮球改革进程中的每一项新举措。

当我谈到中国篮球队实行红蓝队制后取得了不小的成绩时，他们却冷静地告诉我们：由于国际篮协将大洋洲的澳大利亚队和新西兰队归入亚洲赛区，这给中国篮球队继续保持亚洲冠军提出了严峻的挑战，也是姚明必须解决的一道新的难题。

循着这个话题，王毅说，今年3月25日是上海历史博物馆新馆开馆一周年，届时要举行一些庆典活动，包括捐赠仪式。你们的这件藏文文物也将参加这次捐赠仪式，如果再有几件姚明与篮球有关的藏品一起参加捐赠则更好，这会给上海无数喜爱姚明的球迷和市民带来很大的欢乐！

一向善解人意的姚明父母，马上商量拿出了姚明的一件火箭队11号球衣，还说这虽是纪念版的，但有姚明的亲笔签名。同时，他们还拿出一个美国火箭队五大主力队员阵容的套娃给我们看。只见套在最外面的是大中锋11号姚明，第二层是二中锋2号莫泰勒，第三层是小前锋21号杰克逊，第四层是攻击后卫5号莫布里，最里面的是后卫3号、全明星球员弗朗西斯。真是好玩极了。看了这个由火箭队制成的套娃，你就可以明白，当年火箭队是多么重视姚明在队中的作用。

姚明父母一面说着这五大主力的位置和作用，一面笑着说，这两件藏品我们俩就可做主捐赠给上海历史博物馆，至于捐赠奖杯的事，待我们与姚明商量后再告知。

果然，不出两天，姚明父母就告知说，经与姚明商量决定，捐赠姚明在"中国篮球2000—2001赛季"中获得的"盖帽王""扣篮王"和"篮板王"一套三尊奖杯。

我注意到，在整个拜访过程中，姚明父母热情接待，积极捐赠，唯独没有提任何个人要求，就连王毅提议请姚志源在捐赠仪式上做个简短的发言，他们也婉言谢绝了。当王毅代表馆方向他们表示感谢时，姚志源却面带微笑谦逊地说，我们应当感谢国家、感谢上海历史博物馆看得起姚明，看得起阿拉！

唉，这种一如既往的姚式谦逊和低调，这种一如既往的姚家人的古道热肠，真的令人既佩服又感动！

（原载《新民晚报》2019年4月2日）

姚明父母"因材施教"

姚志源兄是我老厂同事。一日闲聊,说起他们夫妇对儿子姚明的"因材施教",很有意思。

姚明上小学时,学习成绩中等,但已参加少体校篮球训练。在"小升初"时,作为父母自然是想让儿子念重点中学。果然,在姚志源夫妇一番鼓励下,姚明夙夜奋战,考试超常发挥,还有体育加分,最终考上了一所市重点中学。然而升学不久,他们就发现姚明在学习上与其他同学有一定差距;同时,他们也看到,姚明很好强,为了赶上同学们,每天功课做得很晚,渐渐地连打篮球也放弃了。

他们心疼儿子了。他们觉得姚明在重点中学学得太累,太苦了,连他最喜爱的篮球也要放弃了。怎么办呢?他们必须做出选择。他们和姚明商量,是否可以放弃重点中学,转到那所以体育为特色的普通中学上学。这样,姚明读书就可以轻松些,更重要的是,他又可以参加少体校篮球训练了。

起初,姚明觉得放弃重点中学有些可惜,并表示经过刻苦努力,一定可以跟上全班同学。但他也明白,父母劝他放弃重点中学,完全是出于对自己的关心和爱护。最后姚明接受了父母的意见,转了学。从此之后,他学习上一帆风顺,篮球技术也日益精进。几年后,就被召入市青年队,后来参加了上海市队,再后来就被召进了国家队,最后去了美国火箭队,成了一名世界级篮球明星。

说到这里，我问姚志源："您当时是否已经看出姚明是块打篮球的料，才决定对他进行'因材施教'的？"姚志源摇摇头说："当时，我们根本没有想过，姚明将来能成为篮球明星，只是想让他读书不要太苦，不要压力太大，打篮球只是他课余的一个业余爱好。再说，当职业篮球队员也是很辛苦的。我们夫妇都当过职业篮球队员，至今身上还有伤。作为父母是不愿意孩子去吃这份苦的。但是，后来姚明真的走上这条路了，我们也只能顺其自然了。所以，我们也谈不上什么'因材施教'。"

姚志源说的话，就像他的为人一样朴实和低调。但话中所隐含的哲理，对我们却很有启示。比如，"因材施教"就必须懂得取舍，勇于放弃。如果不放弃那所重点中学，姚明就很可能放弃篮球，世界就失去了一个篮球巨星；可是，话又说回来，有几位家长能放弃重点中学的？再比如，"因材施教"不能太功利。不要预设什么成名成家的奋斗目标，逼着孩子去拼命、去努力、去承受另一种巨大压力，而应当让孩子在轻松的环境中，自己去选择、去发展。父母除了鼓励之外，关心的就是孩子的身心健康，至于成功与否，一切顺其自然，才有望获得成功。

（原载《新民晚报》2012 年 12 月 17 日）

姚明谈差距

姚明是个爱思考的人。尤其对于篮球，他想得很多，也想得很深。

里约奥运会开幕前，我有幸采访了他。应我的要求，他在回顾了四次参加奥运会（三次参加篮球比赛，一次以嘉宾身份参加）的往事后，谈起了中国男篮与世界一流强队之间存在的三个差距。

"哪三个差距？"我问。

"第一，"他说，"在身体素质上。我们有很多运动员技术看着不错，但是一遇到高水平的球队，在强对抗的比赛中就都用不上了。所以我们要训练出更强壮的体魄。实践证明，缺少强壮的身体，很难打好比赛。"

这是他多年征战NBA的深切体会。如果姚明没有一定的高度，身体不够强壮的话，是很难与那些世界球星相抗衡，造成威胁的。

"那第二条呢？"

姚明说："第二条就是中国男篮若想赶上或达到世界一流强队水平，就必须从基础抓起，比如搞好联赛的规章制度、管理规范、质量保证和整体结构等。此外，还要抓好学校的体育课、青少年训练班、办好体育学校等。"他强调说："如果把这些都做好了，国家队不会差。"

说到这里，姚明停顿了一下后，接着说道："我认为除了上面两条之外，还有一条是至关重要的，就是我们需要一代有文化的运动员。因为文化能帮助一个运动员更好地成长，在比赛时能更好地适应和判断，更好地领悟教练的意图和队友们默契配合，更好地学习和吸收人家的长处，补自己的短板。"

"同时，文化还能够使运动员养成一种清高的傲骨。"姚明解释说："这不是说我们要骄傲，而是希望我们的队员要有一些清高的气质，需要有底线和理想。"

这句话说得真好，有文化绝不仅仅是多读几本书，多识几个字，有文化也决不仅仅表现在比赛时，能更好地领会教练的战术意图。姚明说的有文化的真正涵义是：中国篮球队员必须要恪守做人的道德底线，要有一种有志男儿应有的家国情怀，更要有一种为国打球、为民争光的崇高理想。因为中国男篮的12名队员，就是中国十三亿人民的代表。全世界就是先从他们及其他运动员的言行举止上了解中国、了解中国人的。

最后，姚明还强调，我们之所以要有一代有文化的运动员，是为了将来我们能够拥有一代有文化的教练员。"我觉得中国篮球不缺少各种各样有天赋的运动员，但是缺乏优秀的教练员，我担心今后很少有像宫鲁鸣指导这样的好教练。没有好教练，就像学校里没有好教师一样，再聪明的学生也无法培养成为优秀的人才！"

姚明说的差距，其实就是存在的问题，发现问题就应该对症下药，中国篮球才会更上一层楼。篮球如此，那么，中国足球呢，我想也应如此。

（原载《新民晚报》2016年7月27日）

姚明谈球赛

姚明不仅篮球打得好，而且面对记者的提问，话也说得好。

2008年北京奥运会闭幕后，有位中国香港记者在记者会上问姚明："邀请赛已结束，你什么时候回美国啊？"

姚明听了，立刻作出反应，沉着地回答说："在回答这个问题之前，先纠正你一个词语，你应该问：'邀请赛已结束，你什么时候去美国啊？'"

姚明明确地把"回"字改成了"去"字。一字之改，含义完全不同！

当时，我读到这则报道时，真是从内心钦佩姚明的沉着、机敏和良好的文化素养。我觉得姚明是个善于思考的人，不仅能巧妙回答记者，而且对我国球赛乃至体育改革必然也会作一些思考，很想有机会听他聊一聊。

机会终于来了。去年（2015年）经我与姚志源先生多次联系，姚明慨然向上海历史博物馆捐赠了一套他的NBA球衣球裤和一双球鞋。今年春节前，我陪同张岚馆长、王毅主任等向姚明颁发捐赠证书时，乘机做了个现场采访。

果然，我们的话题一涉及中国体育尤其是球赛，姚明的话就犹如浦江春潮似的奔涌而来……

姚明告诉我们，在我国获得奥运会金牌的体育项目中，三人以上的集体项目很少，篮球、足球等球类项目则更罕见。因为这些球赛输赢的关键是集体配合，是每个队员之间的心灵默契。

"但是，"姚明停顿了一下，继续说，"这种配合不是像划船运动员那样做整齐划一的动作，而是要做好与其他球员不同的动作，这样才叫配合。"他说，在球场上，拿球的队员固然负有传球、投篮、进球的责任，但要顺利完成进球的任务，必须要有其他球员的密切配合。比如，有人掩护进攻，有人跑位引开防守队员，有人抢点占据有利位置，准备抢篮板、发动二次进攻等。这时无球队员的积极跑动，便是赢球的关键。倘若，一旦有队员拿到球，其他队员就觉得没有责任了，无事可做了；或者，虽然无球队员也跑动了，配合了，但是只要有一个人位置未占好，动作未做好，这场球就赢不了。篮球如此，足球就更复杂，因为足球比赛人更多，配合要求就更高，也更难。

姚明喝了口水，接着说道，"当然，在球场上，球员还要有'将在外君命有所不受'的勇气"。这里的"君"，指教练，"将"是球员。诚然，球员必须要执行教练的指导，在球场上做出各自的动作。但球场上经常会风云突变，战机稍纵即逝。这就要求球员迅速作出判断，独立作出反应，才能把握战机，赢得胜利。但是，我们有些球员在场上，就缺少这种勇气，缺少主动性和创造性，把握机会的能力比较差。反观外国优秀球员就做得比较好：既能跑好一条线，又能主动地跑好与这条线相关的一个面，积极参与这个面上的进攻和防守。这样，球员就能最大限度地发挥出主动性和创造性。

姚明谈球赛，是讲了一个问题的两个方面：一是球员在场上，必须要按照教练的指导，做好各自的动作，进行密切的配合；二是球员在配合时，也要视场上变化，勇于突破某些"框框"，充分发挥想象力和创造性。只有这样，才能形成球员之间的完美配合，也只有这样，才能攻城拔寨，夺取球赛的胜利。

往深处说，姚明谈球赛是阐明了一个哲学问题，即个体与整体的辩证关系。没有整体,何来个体的作用?个体只有融入整体之中,才能发挥出应有的作用,否则就一事无成;反之,没有个体,何来整体的合力?只有充分发挥出每一个个体的积极性和创造性,才能形成整体的巨大合力,做出完美的配合,才能实现攻坚克难、战胜对手的目标。

球赛如此,做其他事情呢?我想,也应当如此。

(原载《新民晚报》2014年3月13日)

繁华中的高雅

徐家汇的繁华,除了那个著名的现代化商圈外,就数天钥桥路了。

几年前,我迁居于此,友人曾笑曰:"天钥桥路闹猛是闹猛,但这里太过于繁华,太过于浮躁了。"言下之意,这里是远离文化与高雅的庸俗之地。然而,几年下来,我对她却有了别样的了解,在她的一派繁华中,我确确实实感受到了居住在这条路上的鸿儒士子们的高洁风雅。

何满子,一位学富五车的学者兼杂文家。他的府邸就在天天渔港斜对面。每天,除了傍晚,年逾八旬的何老夫子与夫人携手在天钥桥路上散步外,其余时间都是坐拥书城,读书写作。我常到何府索稿,每次何先生见我来了,总是随手拈起一稿,迎面一笑,轻轻说一句:"侬看看,好用哦?不好用,就还给我,呒没关系的。"好一位恂恂学人、谦谦君子。

出何府南行不足百步,向右拐入一条小弄,这里竟住着著名作家峻青先生。我还在少年时就读过他的小说《黎明的河边》,又看过据此改编的电影。他的作品大多是时下所说的"红色经典",作品中所迸射出的爱国精神和民族英雄气概,着实感动教育了几代人。那天,我去拜访他,见到客厅墙上挂有不少他画的山水、花鸟以及遒劲的书法作品,才知道这位从枪林弹雨中闯过来的老作家,在当作家前早已是一位画家了。

叶永烈先生的家,离峻青的住宅仅隔几十步远。那天,我去访问叶先生,刚坐下,他就苦笑着告诉我,他在路边的一个流动书摊上，竟然看到一些盗用他的名字写的当代中国政治家传记。我打趣地说:"那是您的名气太大了,写的书又畅销,所以引来不法书商盗名牟利。"听我这么一说,他也乐了。他指着茶几上一本《毛泽东的秘书们》,对我说:"不过,有些盗版书商还是很会动脑筋的。这本书是我写的,可这本盗版书的封面设计,就比原来正规出版的那本好。我建议编辑,将来重印本书时,也可以此作参考。"

握别叶先生时,他告诉我,小说家俞天白就住在南面那幢新盖的大楼里。我说,知道,俞老师刚搬来时,还打电话问我这儿附近哪里有菜场呢。

俞天白先生住在18层,凭窗远眺,可清楚地看到彩虹般的卢浦大桥和如练的黄浦江水。最使他满足的是,冬日中午,他躺在朝南的大窗台上,晒着暖和的太阳午睡,那种惬意,那种甜美,真是无与伦比!他的那部60余万字的长篇小说《天地蛋》就是在这温暖的新窝里"孵"出来的。他激情似火,下笔如山。近来,他正在埋头创作一部以迎接上海世博会为背景的长篇小说。我期待着他的新作早日问世。

与俞天白隔路而居的是著名画家韩伍。早听人说韩伍是韩氏五兄弟中学画最努力的一个。他自律甚严,"不教一日闲过",以至于"努力"得连说话都有"指标"。他的那幅《濒湖医踪》,画的虽是明代李时珍江南访病开药的故事,画中百十余人却个个神态不一,栩栩如生,酷似宋代的《清明上河图》。惊叹之余,我问他,这幅画用了多少时间?他仍然是"嘿嘿"一笑,说,大约一个多月吧。哦,一幅画用了一个多月,这在如今的画坛上恐怕是罕见的。于是,我又是一阵惊叹。

天钥桥路上,还居住着许多作家、学者、记者、演员……他们如普通人一样,静静地生活着,享受着天钥桥路上的繁华,同时,也默默地以自己的奉献,努力为这里的繁华注入了这一种精致,一份高雅。

(原载《新民晚报》2005年4月16日)

散步偶遇

平时，我在家里读书编稿累了，喜欢走出小区，到天钥桥路上散步。

天钥桥路很热闹，车多，店多，人多，熙熙攘攘，市声鼎沸。然而，我久居于此，对这一切早已漠然视之了。令我感兴趣的倒是，在这条路上散步时，偶然会遇到一些也在散步的文化名人。

前些年，在一个秋日的傍晚，白天下过些雨，地上低洼处有些积水，我正往前走去。突然，我眼前一亮，走在我前面十几米远的一对老人，竟是何满子先生和吴仲华老师。我刚想紧走几步，上前向二老问候。忽然我注意到，他们二老好像正在专心地谈论着什么，还不时地抬臂迈腿做着什么动作，很开心的样子。于是，我便忍着，没打搅他们，目送着二老走进了他们的小区。

那天，我去何府取稿时，问起那天傍晚，他们二老在说什么高兴的事。吴仲华老师笑着告诉我，那天，他俩外出散步，路上有些积水，路不好走。为了避免踩到水凼里，他俩就说起过去轿夫雨天抬轿的口头禅。吴仲华先说："天上照星星。"何满子应道："地上水凼凼。"吴说："踩左。"何说："踩右。"这一路上，一边说，一边互相关照，尤其两人都是用四川话说出来，就更好笑，更好玩了。说完，他们二老又忍不住笑了起来。

如今，何老已仙逝，路遇不再矣！

有几次，我散步时，还遇见过沈寂与他的夫人。

有一次，我见他们二老迎面走来，赶忙趋前问候。沈老笑着告诉我，他与夫人出来散步，顺便到超市去买点日用品。接着，他就高兴地告诉我，最近几个月，他应李伦新先生之约，写了一本《上海电影》，刚完稿交出去。接下去，他想主编一本《海上园林》，已请熊月之先生作序，可望在上海世博会举行前问世。另外，他还应邀参加一些学术研讨会，均要作发言准备等等。

听了沈老的这些话，我一面为他高兴，一面也自感惭愧。沈老已是八十多岁的老人，还如此勤奋，笔耕不辍，硕果累累。想想我等晚辈，真是差之远矣！

在我们谈话中，沈老夫人一直含笑静静地看着我们。我怕耽误了他们去超市，连忙告辞。沈老夫人总是客气地说："呒啥事体，呒啥事体，你们谈。"富态的脸上，始终是一掬慈祥的笑容，令人感觉亲切。

可能是住的比较近的缘故，我散步时，遇到最多的还是叶永烈夫妇。

有时迎面碰上，我则会主动上前问候，叶永烈夫妇也会热情地与我攀谈。我知道，他们常常外出。有一次，我遇见他们，开口就问："叶老师，最近到哪里去了？"他高兴地答道："刚从台湾回来，看望我们的孙子去了。"说完，他俩开心地笑了。那种天伦之乐，荡漾在他们的笑脸上……不久，我就在"夜光杯"上，读到了叶老师写的有关台湾的文章。

我衷心地祝贺他，并希望他有更多的作品问世。

（原载《新民晚报》2009年10月30日）

美好的邂逅

黄昏时分，我常常在散步时遇到叶永烈和他的夫人杨惠芬老师。他们牵着手，漫步在徐家汇天钥桥路的人行道上，有时还边走边谈论着什么感兴趣的话题。这份恩爱与温馨，不时引来路人羡慕的眼光。

若是走在他们后面，我便默默地看着他们慢慢远去。若是正面遇见，我定会迎上去打招呼："叶老师、杨老师又在散步呢！看你们谈得真投入，又在讨论什么话题吧！"他俩也会停下来和我聊上几句。

叶永烈是著名作家，我是《上海滩》杂志编辑。我和他因组稿相识。后来我们成了近邻，又认识了他夫人。我们聊得最多的，还是书和稿子。2012年初夏，有一次散步遇见，叶老师高兴地对我说："告诉你一个好消息，我的那套四卷本《"四人帮"兴亡》已经正式出版，这次增加了许多珍贵的史料。"

我为他高兴，说："这是值得祝贺的一件大喜事！您为这部书花了多年的心血，现在终于有结果了。恭喜您啊！"停顿了一下，我伸出右手，笑着说，"不过，叶老师，我想向您要一套《"四人帮"兴亡》行吗？"叶永烈笑了笑："可以呀，过两天你到我家来拿。"杨老师也笑道："欢迎来我家。"

几天后，我在叶永烈家得到了他这部书的签名本。他在扉页上写着："葛昆元先生存念 叶永烈 2012.7.1 上海"。

我也是个工作生活分不太清的人。有时，见到叶永烈夫妇，也会突然向他约稿。

有一次,我了解到叶永烈年轻时在上海科技教育电影制片厂工作多年,这家厂的旧址,现在正是我们《上海滩》杂志编辑部的办公地。那天黄昏散步时,一见到叶永烈夫妇,我就请叶老师写一篇在科教厂工作的回忆文章。他一口答应,并说,这是个好选题。在科教厂里,他从一个普通的大学生,成长为拍摄科教影片的导演,其中,有许多人和事值得写。叶老师历来出手快,两天后,他就将文章发给我。文章发表后,引来不少读者的来电来信。

叶永烈夫妇喜欢旅游,足迹几乎遍及全世界。有一年冬天,我两三个月没见到他俩,后来遇见问起,他俩高兴地告诉我,是到台湾看孙子去了。我连忙祝贺:"与儿孙团聚,安享天伦之乐!这可是大好事!恭喜恭喜!"

2018年11月底,叶永烈发微信给我:"请教:我们即将从迈阿密去古巴旅游,是落地签吗?古巴可以用美元吗?"

我作了回答。不久,看到他发来的哈瓦那景观照片。又过了一阵,又能在散步时遇见他们夫妇了。我们交流了对古巴的观感。他还告诉我,他已给《新民晚报》"夜光杯"写了一篇文章,其中最有趣的,是乘坐漂亮的"老爷车"兜风。很快,我就读到了他这篇趣味盎然的游记。

尽管前不久叶永烈永远地离开了我们,但我总觉得,和往常一样,他只是又到地球的哪个角落旅游去了。过不了多久,我又会在灿烂的晚霞里,望见正在散步的叶永烈……

(原载《上海老年报》2020年5月23日)

萧丁的严谨

萧丁（本名：丁锡满）的文章，既有记者的敏感、文学家的才情，更有史学家的严谨。那天，在萧丁新作《走笔大千》的研讨会上，与会者关于其"敏感"和"才情"说了不少，而对于"严谨"却无人道及，有点遗憾。

如果说，"敏感"和"才情"是表现作者的创作才华的话，那么"严谨"表现的却是作者的品德。何满子生前在论述"鲁迅的不可及"时指出："鲁迅从他从事创作生涯起，历年所有的著作，没有一篇是不能公之于世、让天下人覆按的。"为什么？因为鲁迅诚实。而诚实的人写文章必定是严谨的。萧丁是个诚实的人，他的文章处处透出史学家的严谨。

他的严谨，首先体现在他善于读书查资料。

比如，他在写《松江从历史走向未来》一文前，认真查阅了《松江县志》《松江文物志》等典籍。因此，他就写得很自信、很从容。他告诉我们：松江是上海的根。松江设县至今已有1200多年了。如果从人口的生息繁衍，就有6000多年历史了。汤村庙的崧泽文化和广富林的良渚文化，都是新石器时代的墓葬。然后，他一口气写了松江历史上的诸多名人，如陆机、陆云、董其昌、张照、马相伯、史量才、施蛰存、程十发等，令人目不暇接，赞叹不已。

他的严谨还体现在对某个字的注音上。

比如，他在写《五库夜思》一文时，考虑到有些读者可能不熟悉"库"字的读音，便在查阅字典后于"库"字后面的括弧里写上"音舍"二字。使读者在认识"库"字的同时，也感受到他的严谨。

他有时还喜欢查看地图。

他在写《司南鱼》一文前，就曾仔细查看上海地图，发现上海就像一条神仙鱼。原来的南汇是鱼的头，临港新城是鱼的嘴，宝山的罗泾、华亭是鱼的背鳍，金山卫是鱼的腹鳍，而青浦的商榻、金泽则是鱼之尾。之后，他还查阅了《韩非子》中的那句"古先王司南以端朝夕"，并注明：端者正也，朝夕指东西方向。他因此产生联想。他写道，司南是古人利用磁石制成的指南仪器。而上海这条"神仙鱼"，又很像竖立在浦东南汇嘴观海公园里的钢雕司南鱼，"象征着中国正在走向海洋大国，而且从南汇起步"。如此，他的《司南鱼》写得既生动形象，又严谨扎实。

另外，他的严谨还表现在善于向别人请教。

十多年前，他为了了解松江，而向程十发先生请教。程十发陪他游览方塔公园，详细地向他介绍方塔、楠木殿的历史和价值。并说："这个公园到处都是宝，你只要俯身拾块碗片，说不定就是宋朝的文物。"说毕，程十发便在草地上挖出两块碎瓷，真的就是明朝之物。这使他亲身感受到松江悠久而丰富的文化遗产。

因此，他笔下的松江便生动可信了。

严谨，说说容易，做起来难。否则，我们就不会在当下一些"杰作"中，屡屡被错误的历史常识击晕，就不会被某些"大师"的低级错误雷倒。

如今，做到严谨不易。萧丁算一个。

（原载《松江报》2011年4月22日）

鲁秀珍：做嫁衣的人

又到清明时节，我照例会想起一些仙逝的朋友，鲁秀珍老师就是其中一位。

鲁秀珍原是《北方文学》副主编，是一位为人做嫁衣的编辑，常年在哈尔滨工作。退休后，她随丈夫、著名学者王观泉来上海安度晚年。我是他俩多年的朋友，常登门请教或约稿。最喜欢听他俩谈文坛往事。他俩好客，也喜欢聊天。经常是一盏茶，一杯酒，聊上半天。鲁秀珍谈得最多的是她与作者交往的往事。有一次，鲁秀珍深情地谈起了她与著名女作家迟子建的故事。

一开始，鲁秀珍就自豪地说："迟子建是'中国当代文坛的主力'，是茅盾文学奖得主。她的小说驰誉海内外，好几个国家翻译了她的作品。而我认识她时，她才十八九岁，刚开始工作。"

鲁秀珍说，那年，《北方文学》的青年编辑宋学孟外出组稿，在大兴安岭师专找到一名叫迟子建的学生商量修改稿子。本以为是个男生，来的却是个小女生。她的小说《那丢失的……》经修改很快就在《北方文学》上发表了。这是她的处女作，是编辑从自投稿中挑出来的，因此她非常感激，也很兴奋。她领到第一笔稿费，便去商店买了一瓶父亲爱喝的"竹叶青"。他们父女情深，她的名字就是父亲起的，父亲希望女儿能有曹子建那样的文采。

不久，鲁秀珍担任了《北方文学》副主编，办了第一届兴凯湖小说班。在这里鲁秀珍第一次见到迟子建。她是班中年纪最小的，说话不多，喜欢思考。

鲁秀珍待人真诚有亲和力，一言一笑，都透着亲人的感觉。很快，她和迟子建就成了"忘年交"。她们经常联系，无话不谈。迟子建有时甚至会有点调皮。她在来信中自称"小迟子"，还给鲁秀珍寄来好多生活照。其中一张有点淘气：她撒开着两手，嘻嘻哈哈地笑着骑在公园雕塑大熊猫上，照片背后还写了几句对话：

大熊猫（拱手作揖状）：小姐，行行好，小熊猫饿了，我该喂它奶了。

我（耍赖一般地）：不，我还没玩够呢，再背我五步。

大熊猫（灵机一动）：看看，小姐，你骑在我身上，公园管理人员要罚你款了。

我（晃着脑袋）：没关系，老熊，我兜里预备着稿费呢。

看到这里鲁秀珍明白了，最后一句才是她点题的话吧。这是她的快乐！

交往中，鲁秀珍发现迟子建虽然天真、活泼、可爱，但她的作品却蕴含着深沉的思想。不久，迟子建的小说《沉睡的大固其固》发表。鲁秀珍在编者按中热情地指出：此小说是"一篇新的生命的宣言"。这一评价得到了许多读者的认同。

鲁秀珍不仅在国内竭力推荐迟子建的小说，而且设法将她的小说介绍到国外去。迟子建发表在《北方文学》上的那篇乡土叙事《葫芦街头唱晚》，就是由鲁秀珍和丈夫推荐，由美国汉学家葛浩文译成英文，推向海外的。

听到这里，我感慨地说："您真是一位全心全意为他人作嫁衣的好编辑啊！"鲁秀珍笑笑说："这些都是我作为一个编辑应该做的事情。能够从我们的杂志上涌现出像迟子建这样的优秀作家,是我们杂志的荣幸,也是我的荣幸!"

迟子建非常尊重做嫁衣的编辑。对于鲁阿姨为她做的事,她点点滴滴都记在心里。她曾经写道:"我日记上有一首19岁时写的诗,名为《草》:草是鲜花的陪衬者,是人类自由的元素,牛羊是你忠诚的伙伴,你是鲜奶不尽的源泉……但愿《北方文学》能做文学青年的这样一棵草;愿那些因吃了这草而获得'鲜奶'的牛羊,不要忘记它的源泉——草!"

鲁秀珍退休来到上海后,迟子建依然与她联系不断。迟子建只要到南方参加笔会或领奖,都会在上海下车去看望他们夫妇俩。十多年后,鲁秀珍出了一本书。在丈夫的鼓励下,鲁秀珍携书回到哈尔滨,当面给朋友和同事们送书。其中一本就是送给迟子建的。

这天,迟子建高兴地收下鲁秀珍的书后,特地请她的"鲁阿姨"去"波特曼"吃西餐。席间,她对鲁秀珍说,这么多年来参加了很多次在旅游胜地办的小说培训班或笔会,最不能忘的还是第一次参加的兴凯湖小说班。看来,她真没忘了"草"。至于她得茅盾文学奖的事,当上黑龙江省作协主席的事,却一字未提……

听完鲁秀珍讲的故事后,我终于明白了,一名编辑究竟应该怎样做,才能成为作者心目中的那个做嫁衣的人……

(原载《新民晚报》2022年4月1日)

艰难的辉煌
——记中国科学院院士杨雄里

辉煌成就

中国著名生理学家杨雄里,拥有一个辉煌的中年:

1980年,年仅40岁的杨雄里在日本提出了视网膜水平细胞突触输入的模型;

1981年,他又首先观察和研究了视网膜中视锥系统的暗压抑效应;

1984年,他在上海首次从形态和生理上鉴定了一种新的双相C型水平细胞(G/B型);

1988年初,47岁的杨雄里荣任中科院上海生理所第三任所长;

1989年,他以"视网膜第一突触层的信息处理"的一系列重要科研成果,荣获了中国科学院自然科学一等奖;

1990年11月,他又被推选为亚大地区生理学学会副主席;

1991年10月,他刚过50岁的生日时,传来了他被增选为中国科学院学部委员(1994年初改为中科院院士)的喜讯。他是上海最年轻的中科院院士之一。

成功奥秘

杨雄里成功了。许多人询问他成功的奥秘。有些记者的文章把他吹成了一个"天才""神童"。对此,他极为反感。他曾经不无感慨地对笔者说道:"我绝不是'天才',小时候也不是'神童'。'天才'确实有,爱因斯坦就是一个伟大的'天才';一个天资平常的普通人无论如何努力勤奋也不可能获得爱因斯坦那样巨大的成就。像许多男孩子一样,我也曾非常顽皮,而且生性胆怯,有不少缺点和弱点。我只是上中学时,才立志献身科学事业。我觉得成功就是不断地战胜自己的缺点和弥补自己的不足。这就需要刻苦学习,长期坚持。"

1960年11月,杨雄里年仅20岁,来到长春光机学院念书,当时严寒与饥饿拷打着每个人。杨雄里在饥寒交迫中坚持勤奋地学习。当时的主食就是高粱米、苞米窝窝头或者苞米楂子,大米成了珍馐。一年四季与西葫芦、土豆片以及酸菜打交道,几个月才能吃上一顿红烧肉。杨雄里正处于长身体的阶段,但他一直是处于饥肠辘辘的状态。那年的冬天似乎特别寒冷,暖气不足,他和同学们冷得受不了,多半是以跺脚驱赶寒冷上完课的。

与此同时,他家收入拮据。母亲给他的生活费刚够糊口。他明白,他正面临一场严峻的考验,是对他的意志和毅力的考验。他在自己的一本外语学习笔记本的扉页上写下了这样一段话:"马克思说得对:'在科学的大门口就像在地狱门前一样,在这儿一切怯懦、畏惧、迟疑必须去得干干净净。'我应该用马克思要求的那种'进地狱'的精神严格要求自己。"

他嗜书如命。他节衣缩食,硬是买了大量的学习资料、俄语原版书和多种外语词典。他凭借自己的外语和专业知识,尝试着翻译一些科技小品投给有关杂志,所得稿酬都用来买书刊。

为了分担家庭的经济重担,他在暑假期间去长春郊区干活挣钱。他用挣的钱,不是去增加营养,而是买了一本又一本专业书、外语读物和工具书。

常年的艰苦生活、发奋的读书与强体力劳动消蚀了他的肌体。终于，在1961年秋天，他患了浮肿病，常常头晕目眩。他咬着牙，与疾病抗争。

杨雄里的刻苦学习精神全校闻名，令人惊叹。他常年保持严格的生活规律，一年四季天天早起晚睡，学习时间长达十几个小时。他的"晨读"课本是俄文版专业书，晚上则自学英语和德语。

刻苦、勤奋加之他的外语天赋，使他的成绩斐然。毕业时，他已熟练地掌握了三门外语。使他更高兴的是，在这艰苦的学习中，他还意外地获得了圣洁的爱情。

羞为人父

成功之后的杨雄里同我谈起家庭，总是有着一种深深的歉疚。首先是因为忙于自己的事业，牺牲了妻子的学业，繁重的家庭负担大多压在妻子身上；此外，他对两个女儿一直有一种"羞为人父"的自责。

1967年初，他们仓促地迁至上海市区牛庄路的一所老式石库门住宅的底层后厢房中。这几乎是一间暗房，终年不见阳光，白天也得开灯。房屋四壁因常年潮湿，墙灰已酥软，成片成块地自行剥落下来。

刚迁入这后厢房时，大女儿刚满百日；两年后，小女儿就出生在这间潮湿的屋里。两个女儿在这样恶劣的居住条件下度过了她们的童年。在她们童年的记忆里，太多的是家里的潮湿与阴暗，嘈杂与清苦，混乱与担忧。唯一的欢乐是周日，父母亲带她们去公园。蓝天、白云、阳光灿烂，姐妹俩如两只小蝴蝶似地在碧绿的草地上飞跑着、欢叫着、戏耍着……也在此时，杨雄里夫妇才在备尝辛苦的脸上露出一丝欢欣的笑容。杨雄里每一次见到她们放学回家在昏暗的灯光下做作业的情景，常常觉得自己欠了她们一笔永远还不清的债，为自己未能尽到父亲的职责而深感羞愧。现在每当他忆及昔日的情景，总是歉疚地说："我成功了，但我欠孩子太多了，我不是一个好父亲，我没有能为孩子创造出一个可以说得过去的童年生活环境。同样，我也不是一个好丈夫，我让妻子跟着我受了太多的苦。"

他永远记得几十年前发生的一件事。那是1974年春天，他正在上海奉贤县的科技五七干校。那次肝炎普查，发现他血液中谷氨酸转移酶偏高，被批准回沪作进一步检查。中午到家时，他见到房门紧锁，明白大女儿已去食堂吃午饭了，便立即赶到食堂。食堂里人群熙熙攘攘，一片乱哄哄。他找了好几遍也没找见孩子的身影，最后在几个高大的壮汉之间看到了刚满7岁的心爱的女儿。只见她一边捧着搪瓷碗，一边用小手清点着饭票，湮没在拥挤的队伍之中。此刻，他的泪水不禁夺眶而出，蹲下身子对女儿说："咪咪，今天别在食堂吃饭了，跟爸爸出去吃吧。"

他牵着女儿的小手走进南京路的沈大成饭店。他让女儿坐着，自己端来各种她爱吃的点心，他似乎想以此来弥补他作为父亲的失职，请求女儿的宽恕……

十几年后，大女儿要出国留学了。在她启程的前夜，他又和大女儿共同回忆起这段往事。虽然，清苦未必全是坏事，但作为一个男子汉，这是他永世不能忘记和不能原谅的歉疚之一。那晚，他和女儿都久久未能入睡……

爱国情怀

20世纪80年代初，杨雄里在日本工作两年。他所在的日本冈崎国立生理学研究所，其实是一个小型的国际社会，除他来自中国外，还有来自美国等国家的科学家。杨雄里以自己的科研成果、出众才华以及工作精神博得了各国科学家的尊重，相互之间也建立了友谊。

一个星期天，一位伊朗裔的美国科学家莫拉教授邀请杨雄里到他的冈崎的家中作客。杨雄里欣然前往。他们谈科学，谈文学，谈艺术，话题十分广泛，充满了友好的气氛。

莫拉对杨雄里说："我有收藏文物的嗜好，在我家里有一件你们国家的珍品。"说完，莫拉从桌上拿起一张放得很大的彩色照片递给杨雄里。杨雄里接过来一看，发现原来这是一张中国古代瓷盘的照片。

热情的莫拉没有察觉杨雄里的神情变化，神采飞扬地介绍说："听说，这是当年英法联军攻入北京时，从圆明园里拿走的。在一次拍卖中，我的祖父用高价买了下来，一直珍藏在家……"

此刻，杨雄里的心中涌起了一阵深沉的悲愤和忧伤……杨雄里的沉默与神色骤变，终于引起了莫拉的注意。他忽然意识到，他可能无意中伤害了杨雄里的民族自尊心。

杨雄里深沉地对莫拉说道："我相信这不是你们家族从我们祖国抢走的。对你来说，这件珍品的意义就像你收藏的其他珍品一样，但是，我想告诉你的是，我极其遗憾地看到这件珍品被收藏在你家里。我相信那样一个时代，在我国历史上从此以后是绝不会重演了。"

杨雄里一直在想，历史是不可能改变了的，但是，作为中国人，他有责任为中国永远不再受欺侮，为了中国的富强去尽全力做点什么。

于是，1987年杨雄里在美国视网膜研究取得一系列突破性进展时，他听到了祖国的召唤。同年底，杨雄里婉言拒绝了美国一些大学和研究机构的盛情邀请，欣然从美国返回上海，出任中科院生理所所长。友人不解，他动情地说："知我者，谓我心忧；不知我者，谓我何求？我孜孜以求的是中国科学事业的发展。我的事业无疑是在祖国。中国生理学并不一定需要我这个人，但我有责任去推进它的发展。"

所长甘苦

在中国要当好一个研究所的所长非常不易。一个研究所实际上就是一个小社会，杨雄里需要处理学术以外的许多事情，从科研成果的开发、职工的住房、工资直至基本建设、房屋修缮。令他最为头痛的是，研究经费的奇缺。他必须花大力气解决这个难题。他原来仅是一介书生，以前只担任过研究组组长，对于如何筹集经费毫无经验。1988年底，中科院院长周光召来沪参加会议期间约见杨雄里晤谈了半小时。杨雄里抓紧时机，向周院长简练扼要地汇报了生理所的情况及今后工作计划，特别提到了面临的经费困难。

周院长看着面前这位年仅47岁的精明能干的所长，若有所思地说："你介绍的情况很好。我充分理解你所目前面临的困难，请给我一份简单的书面报告，我将从院长基金中拨出专款加以支持。"杨雄里明白，他遇到了一位优秀的上级领导，一个知音。他立即写好报告上呈。很快，50万元经费下拨给了生理所。杨雄里将其中的20万元支持所内细胞、分子水平的研究工作，其余则作为机动费。另外，杨雄里还破天荒地从美国健康研究院和国际人类前沿科学计划组织争取到两项研究基金，近20万美元，缓解了所里的科研经费的困难。

杨雄里是一个由中西文化交融而成的人。他既接受了西方的许多科技文化知识和科学的思维方法，同时，他也深受中国士大夫们"修身齐家治国平天下"思想的熏陶。在他的思想品格中，既有彬彬有礼、洒脱优雅的绅士气派，又有中国知识分子那种崇尚为人坦率、正直、恪守信用的君子风度。他说话算数，对自己的要求十分严格。所里一切规章制度，他都带头执行，一丝不苟。他认为，要求部下和群众做到的，必须自己首先做到。

每天早晨7点多，他就到所里上班，一直工作或实验至深夜才回家。他身体力行所里的每一条规定。每次因私用车，他都十分自觉地付出规定的费用，甚至寄封私信，他都自觉照付邮资。"以权谋私"，是他最不能容忍的事。他希望以自己的行动，影响和造就一支素质好、业务强的科研队伍。

他嫉恶如仇。有一次，有人向他反映个别职工严重违反考勤制度，竟让人代敲"考勤卡"，或者敲卡后回家睡觉。他听了勃然大怒，责令有关部门调查核实后严肃处理。另一方面，他又极富同情心，他多次慷慨解囊支援经济困难或家庭有突发变故的同事。若有职工生病时，他知道后，一定抽空前去探望。

他在所长任期内，进行了一些必要的改革，但是改革必然会触及一部分人的既得利益，必然会遭到一些人的反对以至谩骂甚至威胁。对此，他强调指出，改革不可能不得罪人，问题在于得罪了哪些人，是那些勤勤恳恳工作的好人，还是好吃懒做、投机取巧的人。他让干部们坚决顶住。有人扬言要给他颜色看，但他毫不胆怯，在邪气面前就是寸步不让。他深信正必压邪。

严格地说，杨雄里算不上一个能干的行政领导者。他书生气太足，满脑子的学术逻辑。更糟糕的是，他常常是，手里做的是这个，心里想的却是那个，老是有一种"捉住了老鸦在树上做窠"的感觉。他常为此深深苦恼。他善于思考，善于分析，在把握全局上有一定能力，而一旦陷入琐碎的事务堆中，他的能力就湮没了。但历史把他推上了所长位置，他只得竭尽所能妥善处理那些永远也处理不完的事务。

1991年9月，他的任期即将届满，他在向全所同事作的述职报告中这样评价自己：四年来，生理所是在前进之中。成绩，是全所同事的共同努力取得的。他用更多的篇幅谈了自己工作中的失误，这些失误应当由自己"毫无怨言地承担主要的责任"。

他坦诚地谈到自己的主要缺点，他无情地解剖自己。"由我的性格和历史铸成的我的工作风格也是有争议的。我衷心希望，领导和同志们能在一定程度上宽容地允许我保留自己的处事风格。另一方面，我也着意从失误中吸取教训，使自己更加成熟。"

他承认在上任之前，一方面对面临工作的复杂性估计不足，另一方面又对自己的精力和能力估计过高，这种"不足"和"过高"之间的强烈碰撞使他陷入了深深的矛盾之中,也不可避免地诱发了急躁情绪。他对自己很不满意,"工作留下了很多缺憾",最后他说:"唯一值得自慰的是,我一直尽力工作着,我决不说'没有功劳也有苦劳',其次,我也没有在我的岗位上谋取自己的私利。"

他诚恳希望人们让他还原为一个专事研究的科学家本色,并希望有更合适的人选来替换他。但是,当他了解到在高级研究人员和中层干部中进行民意测验的结果是全票支持他连任下一届所长时,他为大家对他的信任感动得热泪盈眶。

1992年2月,他开始了第二届所长任期,这期间,他组织和主持在上海召开的第三届亚大地区生理学大会,将迎接生理所建所50周年大庆,将把中国生理学事业推上一个新的台阶⋯⋯

(原载《人到中年》1994年11月号)

杨雄里,那一份潇洒

科学家能潇洒么?能。杨雄里就是一个。

他与我开怀畅谈,毫不矜持,还以他渊博的学识与潇洒的风度,一下改变了我过去以为科学家与潇洒无缘的偏见。

他谈兴颇浓。谈他的视网膜研究中的新发现,谈文学,谈音乐,谈哲学,谈历史,甚至还谈到了政治与管理。谈话时,他喜欢旁征博引,名言佳句,随手拈来,间或还潇洒地吐出一些英语单词或句子,用来准确地表达他的意思。

当有人鉴于他的举世瞩目的科学成就,称他具有"超人的天赋"时,他颇不以为然地微微一笑后,却谈起了自己的弱点:

"其实,我的天赋属于一般,脑子不算笨,也不特别聪明。而且,从小还有胆小、性情急躁、顽皮、语言表达能力差等弱点。我之所以能取得一些成就,主要是勤奋与不断战胜自身的弱点。而其中不断战胜自身的弱点又是成功的关键。"

这句话,真可谓清新洒脱,不同凡响。

我请教治学之道。他莞尔一笑说:

"博学。"

见我不解,他旋即娓娓道来:

"科学研究需要严密的逻辑思维,而思维是通过语言文字来进行的,因此,语言文字修养高低,则直接影响到人的思维能力的强弱。

我对文艺的爱好，使我的思维异常活跃；其次，文艺修养又能影响到人的语言表达能力。科研成果，需要运用准确生动的语言表达出来，一个连中文都不能很好运用的人是绝难写好科学论文的。苏步青、陈从周等学界前辈提倡'文理相通'极有道理。另外，有了一定的中文基础与文艺修养，极利于学习外语。各种语言都有相通之处。我能较熟练地掌握俄、英、法、日、德五种外语，这同我爱好文艺与有点中文基础大有关系。如果说我有什么天赋的话，学外语大概有点小天赋。"

他从小爱背诵唐诗宋词，阅读《三国演义》《水浒》《红楼梦》，稍后，又迷上高尔基、普希金、莎士比亚、巴尔扎克、泰戈尔、鲁迅等。他还曾经翻译过一些俄苏文学作品。若不是当年巴甫洛夫的那封《给青年的一封信》的召唤，今天，他很可能已成为一名文学家了。

杨雄里虽然成了科学家，但对文学创作仍然迷恋，没空写长篇，他就写杂谈短论。一篇几百字的杂感，他在20来分钟内可一气呵成，不仅说理深刻，而且文采斐然，刊于1992年2月10日《文汇报·虚实谈》上的《鸟翼上系黄金能飞远吗？》便很值得一读。

在一次国际学术交流中，一位美国著名科学家同他谈起了马克思，认为马克思学说已经过时。杨雄里颇有风度地笑了笑答道："但是，马克思学说起码在中国还未过时，而且，马克思的哲学思想，即他的从费尔巴哈、黑格尔那里发展而来的辩证唯物论，即使现在，对我们科学研究仍然具有不容忽视的重要意义。"

难怪，美国科学院生命科学委员会主席道林教授会由衷地说出"杨是极出类拔萃的人才"的赞语来。

1986年，杨雄里奉召从美国返回上海，担任中科院生理所所长之职。友人不解，他动情地说："知我者，谓我心忧；不知我者，谓我何求？我的事业无疑是在中国。这里所指的并不是我个人的事业，而是我参与的中国生理学的发展。是的，中国生理学并不一定需要我这个人，但我有责任去推进它的发展。"

他与同事们创建了世界一流的实验室；争取到美国健康研究院（NIH）和国际人类前沿科学计划组织两项研究基金，近20万美元。

他热爱他的同事们，采访中间，我们常被敲门进来请示工作的人打断谈话。他总是先对我表示歉意，然后耐心地解答属下的问题。

近年来，他成了上海市劳动模范、第二届上海十大科技精英之一、上海市人大常委等，对这些接踵而来的荣誉，他平静如常。可是，当他得知自己当选为学部委员时，他平静的心，卷起了涟漪。我杨雄里何德何能？能当得起这中国最高的学术称号？他激动地摁下了收录机键，在他平时最喜爱听的柴可夫斯基《降b小调第一钢琴曲》的优美旋律中，他陷入了沉思……

他首先想起了曾经辛勤培育过他的小学老师张亚芬；想起了含辛茹苦抚养他成人的老母亲；想起了二十多年来与他苦乐相守的妻子；想起了许多指导和帮助过他的导师与同事；想起了自己在科学的崎岖小路上攀登的艰辛；想起了不断战胜自身的弱点取得成功的喜悦。想着，想着，他不觉潸然泪下。

在热情奔放的终曲声中，他扶案而起，眺望星空，默默告诫自己：名利皆过眼烟云，唯有不断为人类奉献出更多、更好的科学成果才是亘古长存的。科学没有顶峰，路漫漫其修远兮，吾将上下而求索！

这就是潇洒的至高境界！

面对杨雄里，我惭愧平日里常谈的潇洒，竟是那样的肤浅，那样的狭隘，他使我懂得了潇洒其实是一种高尚的品格，一种奋发的精神风貌：它要求你把酒望天，睥睨名利；要求你青灯苦读，博学多才；要求你战胜自己，无私奉献。

（原载《科技日报》1992年5月10日）

叶圣陶关心上海蔬菜供应

前些日子，蔬菜涨价，"朝野"震动。各级政府迅速采取措施稳定菜价，解了市民之忧。这使我想起夏弘宁先生生前对我讲过的，著名文学家叶圣陶先生关心上海蔬菜供应的往事。

夏弘宁是夏丏尊的孙子，新中国成立后长期在银行工作。"文革"中他落难，先到五七干校劳动，后于1972年被调到上海市蔬菜公司担任领导工作。这可是一个十分艰苦、吃力不讨好的工作。当时，国家完全实行计划经济，取缔了所有副食品农贸市场，全上海市民吃菜，就全靠蔬菜公司独家经营。每天必须要有500万斤蔬菜上市才能保证供应。蔬菜是一种鲜嫩商品，受季节、气候影响极大。一旦遇上台风暴雨、严寒酷暑、蔬菜供应就大受影响。市民买菜难、吃菜难，意见很多。尽管夏弘宁与同事们千方百计从外省市采购蔬菜，但也难以满足市民要求。

这时，叶圣陶老先生虽然身居北京，但对生活了20多年的上海依然十分挂念，尤其是关心上海老百姓的吃菜问题。由于祖父和叶圣陶的深厚友谊，因此，夏弘宁十分敬重叶老，每次赴京开会都会去看望叶老。叶老每次都会问起上海的蔬菜供应情况，并为蔬菜供应紧张而担忧。

1977年，夏弘宁又在北京参加全国蔬菜工作会议，其间，去看望了叶老。当时，叶老已经83岁，但还是兴致勃勃地向夏弘宁提了一连串的问题：如上海有多少蔬菜地，种了哪些品种？每天能供应多少蔬菜，是通过几种渠道收购上来的，菜价比北京贵还是便宜？并且还竟然问道：青菜是不是原来的矮脚菜，茄子是不是细长的那一种？类似这样细微具体的问题。

不久，叶老从广播中听到上海蔬菜供应有了好转的消息后，高兴地给夏弘宁写了一封长信：

> 弘宁惠鉴：今天听到上海传来的消息说，上海菜蔬供应大大好转了，菜场上卖出之后有多余了，菜蔬卡取消不用了。听到这个消息，我们全家个个异常高兴，于是我说，我非写封信给弘宁，对他祝贺一番不可。说真的，上海菜蔬紧张，我们一直代你着急，常常说不知道弘宁伤脑筋伤到什么地步了。现在完全好转，当然决非你个人的功劳，但是一定也有你的若干分之一的功劳在内，因此，我更对你祝贺……

夏弘宁捧读叶老来信后，真是倍受鼓舞。

后来，夏弘宁到北京公干期间，又向叶老汇报了如何做到上海蔬菜供应从紧张到缓和的过程。叶老听了更加高兴，并应夏弘宁之请，当场挥毫题诗一首赠给夏弘宁。诗中赞曰：

> 弘宁从来不皱眉，晨夕惟此专心志。询谋恰协遍同侪，众心众力弥一致。东社西队息息通，探菲问菘勤布置。双轮一跨去如飞，全市菜场靡不至。买菜人归齐欢颜，弘宁之乐乐无比。

（原载《新民晚报》2010年12月25日）

听夏弘宁谈上海蔬菜供应

2018年3月末，读了《新民晚报》转载的《菜篮子里看民生》一文，感触颇深，不禁想起了已经仙逝的夏弘宁先生。

夏弘宁先生是文化名人夏丏尊先生的孙子。他除了在上海金融系统工作外，还曾多年从事上海蔬菜的组织供应工作，历经计划经济和市场经济两个截然不同的时期，亲身经历了上海蔬菜供应从极度紧张到随到随买的繁荣景象。

那是十年前的一个下午，夏老给我讲述了上海蔬菜供应的往事。

一开始夏老就说，700多年前上海已是一座港口城市。城市里种不出蔬菜，市民吃菜必须去购买农民或小贩挑运进城的蔬菜、禽蛋和其他副食品。鸦片战争后，上海商业发展，人口猛增，随之产生了蔬菜地货行（即早期的蔬菜批发行），不久还办起了菜市场。地货行作为菜农与菜贩中间的批发商，代客买卖，收取佣金。由于利润可观，蔬菜地货行逐步被一批流氓、菜霸所把持。直到上海解放初期，上海蔬菜批发还完全由这些地货行控制。他们既向菜农收取成交额的10%，又向菜贩收取4%的高额佣金；菜少时还抬高价格，市民叫苦不迭，菜多时则向农民杀价，菜贱伤农。对此，上海市人民政府采取各种措施，迫使私营地货行降低佣金；随后又加快对私营地货行的改造，成立上海市蔬菜公司，将蔬菜供应全面纳入计划管理，保证每天能向每一位上海市民供应5两蔬菜。如此，存在了100多年的蔬菜地货行终于退出了历史舞台。

"应当承认,为了实行上海蔬菜的计划供应,国家和上海有关部门是做出了不少努力的。"夏老说,比如,1958年为了解决上海蔬菜和主副食品的供应,中央将江苏省的松江、宝山、嘉定、川沙等10个县划归上海市,使菜田面积扩大一倍多,并规定专业菜田必须常年种菜,不得插种或改种其他经济作物,还严格规定专业菜田生产的蔬菜,菜农不能私卖私分,更不能拿到集市卖高价,必须全部进入国营蔬菜批发市场,统一分配市场,上海市民则凭卡买菜。

"但是,"夏老接着说道,"当时的蔬菜生产基本上还是靠天吃饭,再好的计划,也可能变成'滑稽'。"

的确如此,计划供应的头三年,上海蔬菜供应情况比较稳定。但到了"三年困难时期",上海开始出现排队争购蔬菜的现象。1959年初上海每人每天只能供应2两蔬菜。市民们为了多买点菜,起早排好几个队,还常常引发争吵,秩序混乱。这种情况一度还引起全国上下关心。夏老说,当时叶圣陶老先生在与他的通信中,常常问到上海市民吃菜困难缓解了吗。国家也全力支持上海,江南造船厂制造的第一艘万吨轮"东风号",首航就是开赴天津、青岛装运近万吨大白菜,驰援上海。但是,这些依然不能真正解决上海市民的吃菜问题。后来,上面竟然指令菜田改种粮食,种蔬菜则片面追求数量,造成蔬菜品种单调,淡旺季矛盾扩大,供应大起大落,不仅市民买菜更难,而且还浪费严重。虽然从1974年到1991年国家为上海市民吃菜拿出7.4亿元财政补贴,但市民依然抱怨说:"买菜难,难于上青天!"

"说老实话,我们蔬菜公司的同事,包括各菜场营业员都是起早贪黑努力工作,想尽了各种办法,就是满足不了市民的买菜需求。"夏老十分苦恼地说。

怎么办呢?"有句话说得好,何以解忧,唯有改革。"夏老说,市民买菜难的问题,逼着他们去改革。

变化从20世纪80年代开始，尤其是"菜篮子工程"实施之后，上海蔬菜产销逐步向市场经济迈进。蔬菜公司先在十六铺试办贸易货栈（次年改为蔬菜副食品交易市场），实行开放式经营。"人不分公私，货不分南北"，均可在此自由交易。很快上海市郊也办起多家交易市场，各地进入上海的非计划蔬菜已占到三分之一左右；2006年仅江桥蔬菜副食品市场经营的蔬菜就达到165万吨，相当于计划经济时期上海全年上市量。与此同时，重新开放集贸市场，不久集贸市场的蔬菜年经营量也占到总供应量的三分之一。之后，随着科学种田为广大市郊菜农所接受，淡旺季蔬菜供应更趋平衡。当联华、华联、农工商、家乐福、麦德龙等超市纷纷经销蔬菜时，市民们确实已跨入了随到随买的新时代，那种"买菜难，难于上青天"的尴尬局面，已经成为遥远的记忆。

临别，夏老说了一句意味深长的话。他说：世间万物都是沿着一定的内在规律前进的。大到国家、民族，小到一个城市的蔬菜供应，概莫能外。

（原载《新民晚报》2018年5月4日）

吴云溥：人生能吃几只蟹？

"你要多读书"

我认识老吴，是在 30 年前（按，本文作于 2019 年）。屈指算来，有幸在他麾下效力，也有 13 个年头了。

那是 1988 年的盛夏，我为能调到离家近些的单位，好照料即将分娩的妻子而四处奔走。可是，一个多月的顶着烈日奔波，竟然毫无进展。眼看妻子分娩在即，我真是心急火燎，只得求助于老领导姚昆田。老姚沉吟片刻，突然眼睛一亮，笑着对我说："可找吴云溥试试。他刚组建了市方志办，还创办了一份《上海滩》杂志，你去蛮合适的。"见我赞同，老姚随即与王伟商量后，拨通了老吴的电话。刚把我的情况介绍完，就听话筒里传来老吴中气十足的声音："小葛吗？我了解的。他在报上发表的许多人物特写，我都看了，不错！我欢迎他来地方志工作。"

嗨，真是"踏破铁鞋无觅处，得来全不费功夫"。当时，我真是

吴云溥先生

百感交集，感激不已。老吴的这句话一下卸去了压在我心头的千斤巨石，顿觉浑身上下一阵轻松，泪水漫过了双眼。

不久，我当上了《上海滩》杂志的编辑，同时得了个大胖儿子。双喜临门，更加感激老吴的知遇之恩和及时帮助。那天，我怀揣喜蛋和一条进口香烟去拜访他。他乐呵呵地说："生儿子，喜蛋要吃，但香烟不要。"我再三表示这是我家的诚意。他依然笑眯眯地说："你调入《上海滩》工作，这本身是工作需要，绝非是对你有什么特殊照顾，所以，你千万不要谢我。"继而，他又关心地说："这条香烟用掉你大半个月的工资了吧，拿回去，送给更需要的人。"

临别，老吴见我仍有为难之色，便开导我："这点事别老挂在心上。好好工作，上海滩，学问大，编好杂志不容易，你要多读书。"我听了感动得连连点头，随后大声地说道："老吴，你放心，你的话，我都记住了！"

这时，我看到老吴那圆圆的脸上又露出了和善的笑容，目光中流出了一种父辈的慈爱……

真名士自风流

在我辈后生们的眼里，老吴可算得是个大人物了。20世纪50年代，他还只是个二三十岁的小青年，就已是上海市委和华东局宣传部的"笔杆子"，常奉命为报纸拟写社论稿；之后，又调任市委办公厅的"大秘书"，参与密勿，与闻机要专为首长起草文件、报告；同时，他又是个著作等身的学者，那些以"楚云飞"为笔名发表的杂文，如匕首，如投枪，犀利无比，切中肯綮，名闻遐迩。我调入《上海滩》时，他已官至"正四品"，以上海市地方志办公室主任兼《上海滩》主编。

然而，令人称奇的是，老吴虽在官场历练经年，却毫无"官"气，有的倒是那种倜傥风流、落拓不羁的名士风度。平日里，每逢在编辑部，或会议，或闲谈，老吴都是幽默诙谐，口吐莲花，笑谈历史掌故，月旦人物功过。一到夏天，老吴更是身着一件圆领"老头衫"，长裤撩到膝盖之上，一坐下，就脱鞋，将双腿盘于椅上，边说笑，边时不时地用手指搓几下脚趾丫，间或还咧着嘴，露出一脸的惬意。那神态，真好似饮酒吟诗高谈阔论于竹林菊园中的古代名士。

这时候，是我最感有福之时，我可以支起耳朵专心地听，也可以拿出各种怪问题尽情地请教，没大没小，没上没下，谁都可以拍着他的肩胛，直呼"老吴"其名，甚至还"逼"着他谈自己年轻时的恋爱史。就这样，我们知道了，当年他在市委第一书记柯庆施和许世友司令员主持的会议上，一字一句敲定了那篇著名的《南京路上好八连》的长篇通讯；也由此听到了，1965年11月他参与评新编历史剧《海瑞罢官》一文的校对时，从毛泽东的亲笔修改中，了解到老人家对明史非常熟，就连姚文元写错的某个人物的名字，毛泽东都随手改了过来。还有一次，他不无遗憾地说："是张春桥决定了我的命运。"原来，解放之初，他本想在参与创办了《解放日报》后，能从事自己喜爱的新闻工作。谁知，他的美梦还未做醒，"顶头上司"张春桥却令他去了市府新闻处当起了"新闻官"。虽说不情愿，但他还是干得很认真，只是把个"新闻官"，干成了个思想开明、任劳任怨、专为基层服务的"新闻保姆"。

有时，我们和老吴也会各执一词，互不相让地争论起来，那更是我学到知识的最佳时刻。一次，老吴在我编辑送审的稿子中，将"买账"改成了"卖账"。我认为，老吴改错了。为慎重起见，我还查阅了一些书籍报刊，大都是用"买账"。于是，我自恃有凭据，便向老吴发出"诘难"。我满以为老吴必输无疑。谁知老吴却一口咬定他是对的。我俩的争论，也引起同仁们的兴趣，几乎一致认为老吴错了。老吴见状，笑吟吟对大家说："大家先别争，还是请教'老先生'（指工具书）。"于是我和同仁们查《辞海》，翻《辞源》，寻例证。最后，从《汉语大词典》中查到了"卖账"的词条，一读注解才恍然大悟。原来,"卖账"是北方农村小酒铺的老板同意赊账给顾客的一种常用俗语,同意赊账,亦同意"卖"这份赊账的面子给顾客,故俗称为"卖账"。注解还举了赵树理小说中的句子为例证。至此,我们都已是心悦诚服,十分钦佩老吴知识渊博,记忆力好。他听了,又是淡然一笑说:"不行喽,人老了,记忆力已大不如从前了。"啜了口茶,他又说道:"少看些乱七八糟的电视剧,多读点书,倒是一辈子受用的。"

下山第一人

其实,老吴看似儒雅、敦厚和谦恭,其实是个很要强的人。1996年同仁们一起上黄山,隔日下山,不少青壮汉子都畏惧下山更比上山难,早早搭上缆车下到山脚。然而,年近古稀的老吴不仅坚持徒步走下山,而且还能一路健步如飞遥遥领先,竟把我们这些年轻后生远远抛在后面。当他第一个走到山脚凉亭休息了整整一小时后,同仁们才姗姗到齐。当时,老吴得意地像个孩子,胖胖的圆脸上笑得就像一朵怒放的山菊花,眼睛里跳闪着快乐调皮的光芒。他的确很为这个"第一"而自豪。

老吴一生中,是实实在在争得过好几个"第一"的。早在1962年,他这位自学成才的"经济学家"就和几位同好编写了上海第一本《社会主义经济问题》。该书曾是华东局宣传部的推荐书目,还成为全国理工科大学的教科书。1977年,老吴回到上海市委宣传部工作,百废待举。为了加强舆论引导,指导全市的宣传工作,他负责筹办了上海《宣传通讯》,并任主编。这本在全国首创的、朴实无华的小32开刊物,至今发行量还相当高,深受广大干部群众的喜爱。之后,老吴或主编或策划或统筹,编写出版了《四项基本原则》《青工政治读本》《建设中国特色社会主义基础知识》《中国国情简明读物》《理想与人生》等读物,都令读者爱不释手。其中《青工政治读本》再版9次,发行量高达400万册。这在当时是首屈一指的。

80年代末，老吴已年过花甲，但他却又精神抖擞地开创出一片新天地：修地方志，编《上海滩》，荜路蓝缕，自出机杼。他力排众议，紧扣"两个效益"，为杂志取了一个雅俗共赏、老少咸宜的刊名"上海滩"，真正令人拍案叫绝！接着，他根据时任上海市长的江泽民在《上海滩》"创刊词"中定下来的办刊宗旨，提出了"让世界了解上海，让全国了解上海，让阿拉了解上海"，以及"三名三高"（名人写、写名人、写著名事件；高格调、高品位、高质量）等独特的编刊思路；同时，他还发展了新闻界前辈陈虞孙先生所谓"你弃我取"之高见，根据报刊不同特点，提出了"你弃我取，你短我长，你浅我深，你粗我精"的16字组稿方针。有如此高明富于创见的主编，《上海滩》很快在全国史志界独占鳌头，还遍及港澳台地区，远销美国、加拿大、日本、澳大利亚等国家，就连美国一些大学图书馆里，也有几乎被翻烂了的《上海滩》。

老吴健在时，我曾多次下决心，要好好研究老吴的编刊思想，写出论文，用以提高办刊水平。老吴听了，总是谦逊地说："不要提我吴云溥的编刊思想，而应当作为《上海滩》杂志的编刊思想进行研究才更有价值。"由于我才疏学浅，加之生性慵懒，故拖至今日尚未写出论文。倘若他地下有知，定要骂我声"阿糊"了。

老吴生前有句口头禅："人生能吃几只蟹？"是啊，人生苦短。人的一生中，能做成几件事呢？像老吴一生能创造出如此众多"第一"的人，乃是凤毛麟角、人中俊杰了。可是，令人痛惜的是，正当他踌躇满志，计划写出新的"第一"，带领我们《上海滩》昂首跨入新世纪时，却突然倒在了21世纪的门槛上，就像一个战士流尽了最后一滴血，倒在了前进的道路上，没有遗憾，没有痛苦，唯有他生前常有的幽默时的微笑……

（原载《上海滩》2019年第1期）

吴云溥忆述的一件往事

为了更准确地记录、反映吴云溥先生亲述于1965年为《评新编历史剧〈海瑞罢官〉》一文作史料校核的一段历史，我于2021年夏特地拜访了健在的另一位参与校核者朱永嘉先生。写完本文初稿后，我又送请朱先生审核。朱先生审看后，表示属实。

2021年6月17日上午，下着大雨，我们去看望著述颇丰的明史学者朱永嘉老先生。此行，我的确是有一件往事想向他请教并请他证实。

这件往事是我们《上海滩》杂志老主编吴云溥生前告诉我的。

吴云溥，20世纪60年代任职于中共上海市委办公厅，有革命资历，有理论文采，是很有名气的"市委大秘"。

那是在1965年的11月9日上午，曹荻秋市长走进吴云溥的办公室，对吴云溥说，下午2点，你跟我到锦江小礼堂去，有件重要事情要办。吴云溥一边答应，一边安排好下午工作后，于下午1点多便跟着曹市长提前来到锦江小礼堂，在一间会客室等待有关领导。

大概过了2点，会客室一侧有一扇门打开了，从里面走出来一位"女首长"，曹市长和吴云溥一看，啊，是"客人"（当时江青外出时的称呼）！便马上站起来，迎上前去。"客人"向前走了两步对曹市长轻声说，稿子还在修改，请再等一会儿。说完，转身又走进那间房间。曹市长便对吴云溥说，坐下再等一会儿吧。

大概又过了半小时，那间房门又开了，"客人"又走出房间，右手拿着一份文稿校样。曹市长和老吴又赶紧站起来。"客人"对曹市长认真地交待道，稿子都修改好了，但文章中涉及的一些明史错误较多，主席凭记忆做了修改，难免有遗漏，请你们找来《明史》再仔细校对一下。这篇文章明天在《文汇报》发表。说完，她将校样交给曹市长，转身走回房间。

　　曹市长接过校样看了一下，马上对吴云溥说，这件事就交给你去完成。然后，就将校样交到吴云溥手里。

　　吴云溥接过校样一看，原来是姚文元写的《评新编历史剧〈海瑞罢官〉》，再看校样上红笔修改的地方很多，尤其是涉及明史的地方改得更多。吴云溥钦佩地说，我真是佩服"老人家"（对毛主席的尊称）对明史的熟悉，竟然凭记忆改出原稿中这么多错误，而且还标出了某位明朝皇后的名字。

　　吴云溥接受了任务，立即去找M某。M某已接到通知，便和吴云溥商量怎么才能校对好这份稿子。吴云溥对M某说，我们两人都不是明史研究专家，我看要完成这个任务，必须请复旦大学研究明史的学者朱永嘉来参与。M某立即同意。吴云溥马上打电话给朱永嘉，请他带好《明史》来帮忙。吴云溥和M某都是朱永嘉的老朋友。朱永嘉接了电话，马上带了《明史》和同事赶到文汇报社，投入对"姚文"的校对工作中。

　　其间，M某曾提出，是否要请作者一起来校对。吴云溥认为，作者对明史不熟，来了也帮不上忙。于是，他们几位一头扎进《明史》中，对文章逐字逐句进行校对，一直忙到半夜12点多才完成。

　　这时，吴云溥摸摸肚子，对M某笑着说，现在已过半夜了，肚皮早饿了。你这里有啥好吃的？M某也笑道，早就给你们准备好了，一人一碗大排面！

　　大家听了齐声叫好！吴云溥笑着对我说，当时能吃到一碗大排面，是很高兴的事。

次日上午亦即 1965 年 11 月 10 日，《文汇报》全文发表了这篇《评新编历史剧〈海瑞罢官〉》。

当我说到这里时，朱老点点头，对我说："的确有这件事。我和吴云溥、M 某彼此很熟悉。那天，我们的确是一起校对到很晚。因为这篇文章中需要弄清楚的问题不少。有一些问题还费了不少脑筋才解决的。"

朱永嘉的话，让我心里一块石头落了地。由于 M 某和吴云溥已经仙逝，当年三位当事人只有朱老健在，今天有了他的佐证，吴云溥对我说的这件往事就可以说完全落实了。

（原载《世纪》2022 年第 2 期）

忘不了，老王那双深情的眼睛

老王有双充满才情的眼睛，明亮、深沉、智慧、多情，甚至还有点调皮，尤其是在他谈笑风生、妙语连珠的时候，同仁们都戏称他的眼睛蛮"花"的。

故而，老王虽驾鹤西去，但他那双深情的眼睛却永远刻在了我的心间。

初见老王，是在12年前（1988年）的金秋。那天，我兴冲冲地赶到《上海滩》编辑部报到。接待我的就是老王。他握住我的手，躬身微笑地自我介绍说，他叫王金耀。随后，他向我简略介绍了杂志的情况。末了，他似乎有些感慨地说："《上海滩》创办不久，还没有形成编辑部的气氛。"我听了，抬眼留意到，他的眼睛里泛起一泓热情、期待的波光。

其实，老王是个性情中人。看似沉稳、练达，可是，一旦碰上令他激动感奋的事情，他便会激昂起来。一天上午，编辑部里静悄悄的，他在审阅我组来的贾植芳夫妇的文章。突然，猛地响起一声拍桌子的声音。接着，只见他手持稿子快步从主编室走出来，大声地对大伙说："这两篇稿子极好！要真正了解中国，就应该读读这两篇文章。"这时，只见他的双眼灼灼发光、异彩迸射。忽而，他的声音低沉了下来："张贤亮的《绿化树》和贾植芳夫妇都写得很真实。"说毕，他长叹了一口气，眼中流出无限痛惜哀婉的神情。

那年，我那不满三岁的儿子从三楼不慎摔到底楼，侥幸未伤毫发。老王闻讯，惊得双目圆瞪，冲着我大声地说："要是发生意外，你们夫妇俩将一生不得安宁啊！"感动得我连连点头，泪水直在眼眶里打转转。

老王是个很要强的人。三年前，他刚任主编不久，竟罹病住院。在病床上，他强忍病痛运筹擘划，支持我大胆推行改版计划。当我有畏难情绪时，他张手一挥，斩钉截铁地说："你大胆地干！出了问题，我负责！"态度鲜明，目光坚毅。之后，工作有了些起色，他总是诚恳地连连推说，他在住院，没干什么事。工作是大家做的，成绩是大家的。态度同样鲜明，目光却柔和了许多。

1999年8月，批判"法轮功"狂飙骤起。我们约了一篇杂文未能如愿，情急之中，电请病势日沉的老王救场。我们担心他的身体吃不消。孰料，他在电话里竟一口答应，并于次日即托人送来一篇题为《薅草岂容懈怠》的文章，果然，是篇佳作。那天，他还在电话里兴奋地朗声告诉我，他已构思好批判"法轮功"的续篇，过几天，精神好些时写出来。我当时猜想，此刻，他的眼中一定在燃烧着炽烈的光芒。遗憾的是，打那以后，老王的病情日泻千里，日夜咳嗽不止，后来咳出的已都是血，再后来，他已不能躺下，只能"坐"床不起……再也无力完成那个"续篇"了。

1999年11月17日，老王永远闭上了他那双如戈壁大漠一样深远的眼睛。悲痛之中，我想起了十多年来老王对我的许多指点和帮助。可惜，由于我心浮气躁，天生愚钝，他生前的许多点拨，我未能理解；他生前的不少教诲，我没能接受。每念及此，我心中都会涌起一阵深深的憾意。真是：

十载追随良师，时时点拨，涓涓细流，不知福也；一朝痛失俊杰，事事茫然，空空巨谷，方觉憾哉！

（原载《新民晚报》2000年3月30日）